编首语

如果从美国民权运动算起，那么人类社会的公益法实践已有五六十年的历史了。而自20世纪90年代中期以来，中国的公益诉讼也从“星星之火”发展到今日的一派蓬勃景象。十几年来，中国公益诉讼案件数量大为增加，案件所涉领域也从最早的消费者权利保护扩展至反歧视、环境保护和弱势群体权利等主题。而与此同时，公益法也逐步走进了中国法律学者的视野，开始成为理论界与实务界共同探讨的热点领域。正是有感于此，我们萌发了主办一个专注于公益法研究的连续性学术刊物的想法，这便是我们编写《中国公益法论丛》的缘起。

作为公益法研究的专业学术园地，《中国公益法论丛》致力于开拓公益法研究的新天地，力图展示公益法研究的最新成果，反映公益法发展的最新动态，探讨公益法实践中的重大疑难问题。蒙各位作者赐稿，在本期论丛中，Edwin Rekosh先生分享了其对中东欧国家公益法策略的总结，Stephen Golub教授介绍了多国诊所法律及相关模式的经验，Mina Titi Liu（刘晓堤）女士以域外专家的视角，结合中国公益法发展的实例，探究了中国公益法发展的独特路径，以肖泽晟教授为代表的众多中国学者也分别就弱势群体的实体和程序性权利保障、公益诉讼的制度建设和策略创新发表了论述。本期既有彭小坤律师从实务角度所作的工伤与职业病公益诉讼的案例评析，也有刘小楠教授、孔繁华教授以及吴淞豫教授等分别针对就业歧视、最低工资以及城市道路和建筑物无障碍建设的调研报告，既有周艳芳博士对美国环境公民诉讼经验的探究，也有朱晓飞博士等基于对中国公益诉讼的观察、思考而作的短评。本期论丛基本实现了我们对理论性、前沿性、交叉性和国际性并重的期许。

可以说，这本论丛的面世，是众多公益法研究者和实践者共同努力的结晶。我们要感谢福特基金会，它为我们的工作提供了最有力的支持。我们要感谢各位赐稿的作者，他们所写的每一个字都是中国公益法发展史上的闪光之笔，是他们为我们的社会以及我们的后代记录了中国公益法的发展历程，他们为中国的公益法的发展贡献了最宝贵的智慧。我们要感谢武汉大学出版社以及本书的责任编辑辛凯先生和策划编辑张琼女士，是他们的辛勤工作使本书得以呈现在读者的面前。最后，我们也不能不向十几年来奋斗在中国公益法研究和实践道路上的众多同仁致以最深的谢意和最高的敬意。正是他们的正直、勇气、坚韧和智慧成就了中国公益法的今天。他们的奋斗为中国公益法的研究提供了最宝贵的经验、最持久的动力和最丰沛的灵感。

一月份的武汉是寒冷的，东湖水面静影沉璧，映照着几棵岸边的枯柳，鸿雁南飞之后的珞珈山格外的沉静，仿佛也卷盖着厚厚的落叶酣然安睡。然而，金色的阳光却依然活泼地洒在这山这水之上，要给武汉的冬天带来几分生气、几分温暖。公益诉讼和公益法运动也正像这温暖的阳光，和平地使处于社会转型期中被忽视的弱势群体的权利得到保护，使社会正义得到伸张，使社会中的每个人都能获得温暖，也照亮了国家迈向法治、人权和自由的道路。我们希望本书能如一缕冬日里的阳光，和公益法运动一起为中国的社会正义带去一丝光明，为神州的芸芸众生送去一丝温暖，为我们的国家呼唤一个更美好的春天。

《中国公益法论丛》编委会

2012 年 1 月 1 日

■ 论文 Articles

公用事业领域离散性弱势群体权益之保障
——以公交IC卡使用者为例

肖泽晟 *

【内容摘要】目前公交IC卡持有人的权利极易受到公用事业经营者行为的侵害或不利影响，而且很难得到救济。这类受到不利影响的IC卡持有人作为离散性弱势群体，可区分为因受违法收费行为侵害的消费者、因经营者的“刁难”而致合法权益难以实现的消费者以及受不公平格式合同条款侵害的消费者三大类型。目前所有的制度对这三类群体的保护都存在缺陷，司法制度在这一方面更是存在先天不足。因此，应为不同类型的离散性弱势群体建立相应的行政保障机制，如制定《格式合同管制法》，建立事前的格式合同公平审查机制以及对格式合同纠纷的行政先行处理机制等。

【关键词】公交IC卡　离散性弱势群体　行政管制　消费者

一、问题的提出

前不久，应电视台的邀请，笔者参与了有关南京公交IC卡挂失方面的讨论，发现公交IC卡公司的许多做法完全是“霸王做法”，如每次办卡收取押金30元/张；每次按50元的整数倍充值，最高储额为500元；在挂失卡被有效查封或自登记日起1年后，卡主凭登记表、办卡证件到指定地点向用户确认的卡内办理转值，公交IC卡公司不承担自遗失至转值期间的余额损失；在退给卡主余额时，按余额的10%收取手续费；卡押金在扣除磨损费后退还，磨损费自购买月起按1元/月计算；卡主可查询挂失卡是否被有效查封，但服务咨询电话却是声讯电话16886111，声讯费将达到0.2元/分钟至1.5元/分钟。

---

* 肖泽晟，南京大学法学院副教授，法学博士。

公交IC卡的运用应该说给市民带来了极大的便利，但由于这些霸王做法的存在，人们一旦丢失公交IC卡，大部分人都不会选择去挂失，因为从IC卡遗失到1年后再转值期间，余额损失风险由持卡人承担，因此，选择挂失往往得不偿失。而公交IC卡公司则可以巧妙利用这一点来达到事实上"丢卡就等于丢钱"的效果，从而借此获取无数丢卡人不要求返还的累计达到几千万甚至上亿元现金的所有权，再加上每张卡的押金和利息，累积下来将是一笔巨大的财富。这笔巨大的财富本来属于持卡人，但现在却事实上归公交IC卡公司所有。

据了解，从2003年以来，尽管各地都有律师起诉公交IC卡公司的霸王做法，但大部分都以调解结案，公交IC卡公司基本没有什么损失，① 相关的霸王条款依然在肆无忌惮地侵犯消费者的权益。这完全可从表1所列五大城市公交IC卡挂失、充值、换卡、退卡方面的做法中可见一斑。

表1　　五大城市公交IC卡各方面的做法

城市	是否收取押金或维护费	是否办理普通卡挂失	充值有无限制	能否换卡并转余额	退卡是否收手续费
上海	20元押金	不办理	充值以10元为单位，最高充值额为1000元	可以，如属乘客损坏的，收取15元重置费	退卡收5%的手续费
成都	20元押金	不办理	充值以10元为单位，最高充值额为500元	不可以，只能办新卡交押金20元，余额不退	可退卡，但退卡地点极少
北京	20元押金	不办理	最高充值限额为1000元	不可以	可退卡，余额超过100元的，按余额的10%收取手续费，退卡点极少

① 《北京律师状告公交一卡通达成调解　获赔押金20元》，http://law.cctv.com/20070405/100333.shtml，2010年6月28日访问；《卡内余额无法迅速冻结　南京律师再告公交IC卡》，http://www.njyoung.com/index.php/a/view/id-15316，2010年6月28日访问.

续表

城市	是否收取押金或维护费	是否办理普通卡挂失	充值有无限制	能否换卡并转余额	退卡是否收手续费
广州	30元押金	不办理	最低充值额为50元，以50元的倍数为单位，最高充值额为500元	不可以	可退卡，余额大于或等于10元的，按余额的10%收取手续费
杭州	30元维护费	办理	每次充值额最低为50元，最高充值额为500元（卡内最高余额为550元）	可以，如属乘客损坏的，要缴纳30元维护费	收卡内余额10%的手续费

俗话说，人多力量大，但为什么持卡人人数如此众多，反而在维权上如此困难？类似的问题在全国范围内的公用事业管制领域还普遍存在，例如，公厕管理者违法收费的问题、医院违反政府定价多收患者价款的问题等。如果仔细分析就不难发现，当公用事业管制面临公用事业经营者与消费者之间利益冲突的处理时，经营者往往可以有效组织起来并对公用事业管制者施加影响，而消费者则因人数众多而难以组织起来，消费者个人又无足够的激励机制去对管制机构施加影响。“因为分散的多数人面临着资讯和组织的难题，人数愈多，就会愈分散，这样的结果，只能是有更多的人无法发挥作用，成了事实上的‘隐形’人，而少数人的力量就更加集中，因而只有后者的利益才能被代表。”① 这种实力上的优劣对比，不仅使得公用事业管制机构很容易为经营者所“俘虏”，从而使得管制决定完完全全体现的是“少数人的偏见”，从而出现马肖（Jerry L. Mashaw）所说的“干预过度”和“保护不足”的情况，②而且当经营者通过违法行为、通过不公平的格式合同以及基于自己的垄断地位不给消费者合法权益的实现提供便利时，分散的广大消费者就成了地地道道的

① Neil K. Komesar. 法律的限度——法治、权利的供给与需求．申卫星，王琦，译．台湾：元照出版有限公司，2006：71-72.

② ［德］哈贝马斯．在事实与规范之间——关于法治与民主法治国的商谈理论．童世骏，译．上海：生活．读书．新知三联书店，2003：232.

弱者，其权益的保障和救济就面临巨大难题。因此，本文将主要以公交IC卡使用者为例，探讨应当如何保障这类弱势群体的权益。

二、公用事业领域离散性弱势群体的类型

由于在公用事业领域，消费者人数众多、不特定且流动性大，相互之间无任何联系，多处于中下阶层，几乎都处于休眠状态，根本无法组织起来成立自己的组织。在信息不对称、信息传播渠道不畅、法律知识欠缺的情况下，其权益极容易受到侵犯，且每个人利益受损的程度往往不一样，很难形成合力。因此，这类弱势群体与其他领域容易识别成员身份的弱势群体如残疾人、妇女、儿童、老年人等存在很大的区别。为了研究方便起见，笔者将这类消费者称为离散性弱势群体。

根据对消费者权益构成威胁的行为的种类之不同，可以将公用事业领域离散性弱势群体区分为以下三种类型：

一是遭公用事业经营者违法收费行为侵害的消费者。如公交IC卡公司违反政府定价或政府指导价违法收取退卡手续费的，权益遭受侵害的IC卡使用者相互之间没有任何联系，但是，在日积月累之下，这类受害者的人数将达到一个庞大的数字，公交IC卡公司将获得巨额违法所得，而单个的受害人基于成本的考虑，也不可能去为了几元钱甚至十几元钱而与公交IC卡公司打官司。

二是因经营者的“刁难”而致合法权益难以实现的消费者。从全国各地公交IC卡公司有关IC卡挂失、退卡的规定来看，即使在允许IC卡挂失的南京，由于从申请挂失到有效查封需要一段时日，而余额转移又要在1年之后，在余额转移之前余额被冒领的风险又规定全部由持卡人承担，再加上交通费用和时间上的花费，使得市民在IC卡丢失之后，只能选择不去挂失。从全国各大城市关于IC卡退卡的情况来看，普遍存在退卡点少、退卡时间有限制、必须持登记表、办卡证件去办理等问题，需要退卡的人考虑到工作忙、余额少、要去退卡面临路途遥远且花费时间较多、办卡证件找不到等问题。在利益衡量之下，许多人都只能选择不去退卡。这样就带来了一个问题，这些不再使用的IC卡中的余额在日积月累之下，就变成一笔庞大的财富，在长期无人问津也无人使用的情况下，它事实上就为公交IC卡公司所有。

三是受到不公平格式合同条款侵害的消费者。根据我国《合同法》第39条第2款的规定，格式条款是当事人为了重复使用而预先拟定，并在订立合同时未与对方协商的条款。格式合同自其产生之日就存在效率与公平、效益与正

义的矛盾。在公用事业领域，格式合同作为经常使用的一种简化交易过程、降低公用事业经营成本的手段，虽然维护了交易安全，节约了交易成本，提高了交易效率，但同时也排除了相对人选择与协商的可能性，尤其是由拥有强大讨价还价能力的公用事业经营者自行制定或者在政府监管机构授权或监管下制定的格式合同，将适用于所有的消费者，因而与立法非常类似，消费者几乎没有协商的机会，不可能对格式合同条款作有利于自己修改（因为所有的消费者都使用相同条款），因而在事实上形成了对消费者的强制，使得缔约地位的平等掩盖了事实的不平等，使当事人处于更加不利的地位。对于目前公交 IC 卡公司规定的大部分条款（如 IC 卡遗失后不挂失、卡坏不换卡以及余额不转移等规定）来说，IC 卡使用者如果不同意，唯一的选择只能是拒绝公交 IC 卡公司确立的条款，不使用 IC 卡。因此，格式合同的使用很容易帮助公交 IC 卡公司在合意的掩盖下实现自己的非法目的，从而使 IC 卡使用者成为弱势群体。

三、现行法在保障离散性弱势群体权益方面存在的缺陷

目前对离散性弱势群体权益提供保障的法律主要是《价格法》、《消费者权益保护法》、《合同法》、《民事诉讼法》、《行政许可法》、《信访条例》、各地的市政公用事业特许经营管理条例（如《山西省市政公用事业特许经营管理条例》将公共交通纳入特许经营范围）等法律、法规，但从总体来看，这些法律法规在保障离散性弱势群体权益方面还存在以下缺陷：

（1）现行《合同法》和《消费者权益保护法》在格式合同效力等方面的规定还存在严重缺陷。根据《合同法》第 39 条第 1 款的规定，公用事业经营者应当遵循公平原则订立格式条款，应采取合理的方式提请对方注意免除或者限制其责任的条款，并按照对方的要求，对该条款予以说明。而结合《合同法》第 40 条、第 52 条、第 53 条的规定，有以下情形之一的，格式合同条款无效：一是提供格式条款一方免除其责任、加重对方责任、排除对方主要权利的；二是造成对方人身伤害的免责条款；三是因故意或者重大过失造成对方财产损失的免责条款；四是经营者以欺诈、胁迫的手段订立合同，损害国家利益的；五是恶意串通，损害国家、集体或者第三人利益的；六是经营者以合法形式掩盖非法目的的；七是损害社会公共利益的；八是违反法律、行政法规的强制性规定的。有学者认为，这些规定存在格式条款提供方须提请对方注意的范围过于狭隘，对条款的说明义务不具有普遍性，不利于相对人利益的保护，以

及在合同效力上存在自相矛盾、自相重复,① 立法规定概念不严密（主张将“未与对方协商”修改为“不能与对方协商”），内容抽象而不具有可操作性（如“合理的方式”），未明确格式合同显失公平时是否适用《合同法》第54条关于可变更或可撤销合同的规定，未对“异常条款”加以规制等问题。②而根据《消费者权益保护法》第24条的规定，经营者不得以格式合同的方式作出对消费者不公平、不合理的规定，或者减轻、免除其损害消费者合法权益应当承担的民事责任，否则该内容无效。这一在20世纪90年代规定的条文更是不适宜去认真对待，因为在公用事业经营者与消费者的关系上，让一项不公平的条款归于无效，那就意味着让消费者不要使用公交IC卡。显然，这样的规定不利于保护消费者的权益。

（2）《价格法》、《行政许可法》（如该法第67条是关于公用事业特许经营者义务的规定③）以及各地的《市政公用事业特许经营管理条例》等法律法规还无法解决因经营者的“刁难”而致消费者权益难以实现以及通过不公平格式合同条款损害消费者权益的问题。例如，《行政许可法》第67条尽管规定公用事业经营者应当向消费者提供安全、方便、稳定和价格合理的服务，并履行普遍服务的义务，但是在经营者不履行方便消费者的服务而给消费者权益的实现制造障碍时，该法并未对特许经营者不履行提供方便服务时应承担的法律责任作出规定，因而只能通过公用事业主管部门加强对经营者行为的行政管制才能保护消费者权益的实现。另外，这些法律和法规都没有就公用事业主管部门应如何对不公平的格式合同进行事前审查和事后监督方面作出任何规定。

（3）目前限制集体上访的制度安排，难以纠正“少数人的偏见”。相对于比较公开透明的立法制度而言，较为复杂的、相对不公开的、不易被察觉的行政规制更可能产生“少数人的偏见”，因此，公众一旦察觉到这一点，就可能就管制政策向管制机构提出反对意见。如果管制机构不作出任何处理，或者态

① 傅强：浅议《合同法》格式条款制度的缺陷．北京行政学院学报，2005（3）：55-57.

② 卢玉梅，魏玉彬．论我国格式合同制度的立法规制．广西大学学报（哲学社会科学版），2009（81）：356.

③ 该条规定：“取得直接关系公共利益的特定行业的市场准入行政许可的被许可人，应当按照国家规定的服务标准、资费标准和行政机关依法规定的条件，向用户提供安全、方便、稳定和价格合理的服务，并履行普遍服务的义务；未经作出行政许可决定的行政机关批准，不得擅自停业、歇业。被许可人不履行前款规定的义务的，行政机关应当责令限期改正，或者依法采取有效措施督促其履行义务。”

度恶劣，就很可能引发集体上访。而集体上访本来是矫正“少数人偏见”的比较合适的形式，但是因为《信访条例》第18条第2款禁止集体上访，即：“多人采用走访形式提出共同的信访事项的，应当推选代表，代表人数不得超过5人”，因此，这样的上访难以矫正规制上的“少数人偏见”。相反，在公众权益救济无望的情况下，一旦有少数人挑动，就非常可能引发群体性事件。

（4）单个诉讼救济成本过高。单个的消费者在权益遭受侵害后单独去维权，由于成本高（获取资讯、调查取证等），收益少，因此往往被人们认为是不明智之举，是“鸡蛋碰石头”。即使他在诉讼中获胜，法院的判决也只能约束个案，不能给其他消费者带来好处。

（5）我国现行代表人诉讼制度存在诸多缺陷。我国《民事诉讼法》第55条规定：“诉讼标的是同一种类、当事人一方人数众多在起诉时人数尚未确定的，人民法院可以发出公告，说明案件情况和诉讼请求，通知权利人在一定时期内向人民法院登记。”这一规定被认为是我国集团诉讼的法律依据。法院公告期满后，由参加登记的权利人推选代表人参加诉讼，法院作出的判决仅仅对参与登记的权利人有拘束力，只间接对未作登记的权利人有扩张力。该制度的缺陷在于，现实生活中难以选出真正代表所有集团成员的代表人（尤其是分散在各个角落的消费者数量极其巨大时，根本不可能推选出代表人），意见难以一致，积极原告容易以损害消极原告的利益为代价与被告达成协议，无法回应“我的利益为什么不能由自己代表”的质疑；巨额律师费用往往诱使律师出于其他动机而联合被告律师与其客户和解，巨额赔偿和大量人力、资源及金钱的投入往往使得被告无法运营甚至破产；法院的判决很难直接对没有进行登记的权利人具有拘束力，许多群体纠纷案件是因为政策原因所致，因而不依靠政府根本无法处理①等。即使采纳美国集团诉讼②制度中的退出制，即“除非明确表示退出（opt out），否则那些被‘牵头原告’（leading plaintiff）声称所代表的人将被视为是原告集团的一员”，③ 集团诉讼制度存在的上述缺陷依然难

① 江苏徐州金山桥集团教育培训纠纷案就是因民办教育政策不适当（教育储备金只能专款专用、纵容名牌公办学校办民校），才致使真正的民办学校因资金链断裂、债务缠身而被断水断电，无法继续上课，上千学生及家长从金山桥学校本部游行到徐州市委，途中还与警察发生冲突。因涉及就学与学生高考等问题，最终这一纠纷是由徐州市委指令金山桥管委会接管学校后，在教育局、区政府和法院的联合努力下才得以解决。

② 美国的集团诉讼也存在诉讼滥用、和解勾结等问题。耿利航．群体诉讼与司法局限性——以证券欺诈民事集团诉讼为例．《法学研究》2006（3）．

③ 章武生．论群体性纠纷的解决机制．中国法学，2007（3）：23．

以避免。这正如一位学者在评价美国的集团诉讼时所说：

> 被告可以利用一部分原告的消极态度来抛出对积极原告有利而对消极原告不利，或者对原告的律师有利而对作为一个整体的原告不利的协定。我们有相当的理由怀疑那些积极的原告能否充分地代表未来受害者（即消极原告）的需求。积极的原告往往急于从被告处获得损害赔偿，从而默许那些较难察觉的、不甚明显的损害得到远远不够的赔偿。积极的原告一旦摆脱了侵害行为，即便有大批的消极原告还在承受着损害之苦，他们很可能都不会在意是否需要对那些侵害行为采取预防性措施。①

事实上，在对离散性弱势群体权益保障方面，所有的制度都可能失灵，但是，相比政治的与行政的手段而言，司法程序面临着更大的失败风险。因为通过司法发挥解决纠纷、恢复社会正义作用的前提条件是当事人诉诸司法的问题应当具有可裁判性，② 同时要有明确的纠纷双方当事人。当涉案人数少和案件复杂性低的时候，权利是强大的，救济手段也是确定的，由法院运用简单的规则就可以解决，因而这是侵害规则盛行的领域。与之相反，

> 随着潜在的原告或者被告数量的增加，采取行动的成本就随之增加，诉讼的演进亦变得愈发复杂起来。各方人数的大量增加意味着诉讼成本的增加，因为这会带来程式上的种种规定、各项动议和宣誓作证的通知，以及审判之前其他形式的准备工作，等等。③

人数的增加意味着各方进行协商的难度增加和达成能够给各方都带来附加价值的一致性方案的可能性减少，意味着更多的各执一词和协商失败的更大可能性。随着人数的增加，困扰市场交易集体行动的问题也同样困扰着司法程

① Neil K. Komesar. 法律的限度——法治、权利的供给与需求．申卫星，王琦，译．台湾：元照出版有限公司，2006：56-57.

② 可裁判性是指法官只能在特定场合，在特定的人的请求之下才能介入纠纷解决。可裁判性包括有讨论余地（即未被裁决过）、审判的条件成熟、法官具有审查的能力与资格等。［美］凯斯·R. 桑斯坦．就事论事——美国最高法院的司法最低限度主义．泮伟江，等译．北京：北京大学出版社，2007：57.

③ Neil K. Komesar. 法律的限度——法治、权利的供给与需求．申卫星，王琦，译．台湾：元照出版有限公司，2006：25.

式，法院在进行利益衡量时就各方的损失和收益作出精确评估的可能性、人们请法院评理的可能性，以及人们在法庭上进行充分抗辩的可能性等都在降低。简单地说，“人们彼此欺骗、作出投机行为的倾向以及为对付这种欺骗和投机所要进行的安排和监督而带来的成本等因素，都使得交易的成本增加了，这就是为什么一项涉及少数人的安排通常比涉及人数众多的安排更容易成功”。①

四、离散性弱势群体权益行政保障机制的创新

在传统民事救济制度存在严重缺陷，如侵害人的资力不足以清偿实际损害，或受害人无法或不愿提起损害赔偿的要求，或者民事诉讼程序费力耗时，或者过失标准存在不确定性时，行政管制就具有补充或代替的功能。② 在美国，现代行政的专业化和争议数量众多使得法官无法恰当、迅速地解决行政争议，因此，国会不得不授予行政机关司法权以解决部分民事争议和轻微刑事案件。③ 这都说明基于群体性纠纷处理的效率的考虑，行政权应当在保障离散性弱势群体权益方面发挥其应有的作用。

（1）创新消费者权益遭违法收费行为侵害时的救济机制，通过行政权的行使来达到消费者受侵害的权益得到赔偿的目的。以公交 IC 卡公司违法收取押金、退卡或者换卡手续费等的行为为例，物价部门在对经营者违法收费的事实予以认定后，除依照《价格法》规定处以罚款并责令改正违法行为外，不应直接没收违法所得，而应当依照国务院批准的《价格违法行为行政处罚规定》第 14 条④和国家发改委《价格违法行为行政处罚实施办法》第 10 条的规定，责令公交 IC 卡公司首先承担民事责任，即责令其限期退还违法多收的费

① Neil K. Komesar. 法律的限度——法治、权利的供给与需求 . 申卫星，王琦，译 . 台湾：元照出版有限公司，2006：19.

② 简资修 . 经济推理与法律 . 台湾：元照出版有限公司，2006：231.

③ 美国最高法院在得到普遍认同的 1932 年 Crowell v. Benson 案的判决中，认为法律可以授权行政机关裁决工人赔偿案件。在国会认为某些民事争端由于法官的观念、知识和时间的限制不宜由法院审理时，国会可以授权行政机关受理。王名扬 . 美国行政法 . 北京：中国法制出版社，2005，309、312.

④ 《价格违法行为行政处罚规定》第 14 条规定，属于《价格法》第 41 条规定的消费者或者其他经营者多付价款的，责令经营者限期退还。难以查找多付价款的消费者或者其他经营者的，责令公告查找。……经营者拒不按照前款规定退还消费者或者其他经营者多付的价款，以及期限届满没有退还消费者或者其他经营者多付的价款，由政府价格主管部门予以没收，消费者或者其他经营者要求退还时，由经营者依法承担民事责任。

用；公交 IC 卡公司找不到持卡人的，责令其公告查找；在退还期限届满尚未退还持卡人多付的价款的，现行做法是“由物价部门予以没收”，笔者建议将来能够区别对待，即：对于违法多收取的押金或者换卡手续费，可责令公交 IC 卡公司将其作为持卡人的充值处理；对于违法多收的退卡手续费，在找不到退卡人的情况下，才由物价部门予以没收，并专款用于公共交通事业。同时，物价部门应严格依照《价格违法行为行政处罚规定》第 18 条规定，在公交 IC 卡公司拒不改正价格违法行为时，在其所有的售卡点公告其价格违法行为，直至其改正为止。考虑到“责令限期退还多收价款并对期限届满后没有退还的价款予以没收”的行为与罚款处罚都是以对经营者多收他人价款的违法事实得到认定为基础，与《价格违法行为行政处罚规定》第 7 条规定的处罚决定具有几乎相同的目的，因此，笔者建议将实务中物价部门实行的多次告知程序予以合并，即将告知程序提前到经营者多收他人价款的违法事实得到认定之后。

（2）应由法律直接规定，持卡人所持 IC 卡中的余额在长达五年的时间里都没有使用一次的，视为持卡人已将 IC 卡中的余额捐赠给了当地的公共交通事业。因此，对于因公交 IC 卡公司不采取便民措施而致消费者事实上不再使用的 IC 卡中的余额，在经过五年的期限后，公用事业主管部门有权代表持卡人将其收为国家所有，并专门用于当地公共交通事业。按照贡献原则，此笔被公交 IC 卡公司无偿吸纳并“催眠”的存款，国家有代表持卡人享有优先于公交 IC 卡公司的一切债权人受偿的权利。这样规定的目的是为了防止公用事业经营者滥用其优势地位，以合同的形式掩盖其事实上没收应由持卡人使用的资金的目的。

（3）制定《格式合同管制法》，建立事前的格式合同公平审查机制以及对格式合同纠纷的行政先行处理机制。众所周知，古典契约自由理论忽视了两大问题：一是具有法律上平等地位的当事人之间在经济地位上可能存在着事实上的不平等；二是基于这种事实上的不平等，所谓自由缔约的结果可能是不公正的。因此，完全将契约自由原则适用于事实上不平等的公用事业经营者与消费者之间的社会关系，就只能产生侵犯消费者权益的结果。为了防止出现这种不公正的结果，对格式合同进行行政规制就成为许多国家和地区普遍认同的措施。这种行政规制包括事前规制与事后规制，事前规制主要是制定合同示范文本、审核特定行业的经营者制定的格式条款等，而事后规制则主要是指由专门的政府机构对正在适用的格式条款予以审查，对认为是不公平的条款发布禁止使用的禁令。

针对格式合同的规制，韩国早在1986年就制定了《格式合同管制法》，并在1993年将执行这一法律的权力由原来的经济计划委员会移交给韩国公平交易委员会行使。根据该法规定，韩国公平交易委员会有权对不公平条款发布变更的命令以及有权要求授权制定或批准这些不公平条款的政府相关部门予以变更。公平交易委员会既可以依职权也可以依照主张格式合同条款不公平的消费者的申请展开调查。有权申请调查的主体既包括对格式合同条款享有法律上利益的任何人，也包括韩国消费者保护委员会（半官方机构）以及任何消费者组织和商业企业的联合体。公平交易委员会收到申请后，必须首先判断争议条款是否违反《格式合同管制法》。如果发现这样的条款是不公平的，则公平交易委员会可以采取诸如更正命令、要求更正的建议或要求的纠正措施。① 考虑到我国现行《合同法》与《消费者权益保护法》在有关格式合同规定上的缺陷，为更好地保护消费者权益，我国也应参照韩国和德国等国家的做法，制定《格式合同管制法》。该法除了具体规定格式合同条款无效的情形②之外，还应授权行业主管部门对格式合同条款进行事前审查的权力，并设置专门的行政机构负责处理格式合同纠纷，并授予其向经营者发出变更不公平格式合同条款的命令的权力。一旦发生格式合同纠纷，该行政机构享有优先管辖权，并有权在听取行业主管部门意见的基础上对格式合同纠纷作出裁决。当事人对裁决不服，有权向法院提起行政诉讼附带民事诉讼。由于行政机关在处理格式合同纠纷时，不仅可以认定格式合同条款是否公平，而且可以采取责令经营者修改格式合同条款等其他行政措施，从而一次性解决行业中的潜在争议，避免同类纠纷的发生，因此，由行政机关先行处理格式合同纠纷，可以在很大程度上弥补目前的代表人诉讼制度之缺陷，降低消费者维权成本。

---

① Meongcho Yang, Administrative Regulation of Standard Form Contracts: Korean Experience, pp. 310-311. in the Institute of Comparative Law in Japan Chuo University, *Toward Comparative Law in the 21st Century*, Chuo University Press 1998.

② 依照德国《定型化约款管制法》的规定和德国联邦法院的意见，如果定型化约款约定持卡人就信用卡冒用的损害，在挂失后方免负责任，则因为该约款将发卡机构可控制范围内的危险转由持卡人负担，应属无效。信用卡冒用的风险在发卡机构设计信用卡时先天上即已存在，且发卡机构可就此风险并透过保险方式予以转移，因此，让持卡人就信用卡挂失前所生冒用损失负无过失责任的约款，因有违诚信原则，依法应属无效。持卡人在信用卡遗失后未即时挂失，应就所生损失负责的约款，也同样因违背诚信原则而无效。孙创洲．现金卡契约相关法律问题研究．台湾：元照出版有限公司，2010：362-364.

结语

从制度比较的视角来看，在人数少、复杂性低的时候，人们在制度的选择上往往是好中选优，而在涉及人数众多、争议事项非常复杂时，也许人们不得不劣中选优。而通过加强对公用事业经营者的行政管制，以保障离散性弱势群体的利益，就属于“劣中选优”的结果。笔者相信，在建立起对离散性弱势群体权益的行政保障机制之后，不同保障机制之间将形成一种竞争态势，这种竞争将会反过来促进各项保障制度得到更公平、更有效地实施。为此，除了发挥行政权在维护消费者权益方面的作用外，我们还应取消对公用事业领域中的消费者集体上访的限制，应禁止营利性机构担当公交 IC 卡的管理者，应建立低成本资讯制度，充分发挥媒体公开报道对公用事业经营者的监督作用。例如，韩国《格式合同管制法》的实施之所以取得了相当大的成功，一定程度上要归功于媒体对格式合同案件的广泛报道。在韩国，只要公平交易委员会的会议一结束，在首尔出版的每个报纸都会报道那些受到谴责的格式合同条款清单。这样一来，经营者害怕这些报道会损害其公众形象，所以很愿意遵守韩国公平交易委员会的决定，并尽力避免采纳一些有问题的条款，而有关案件没有涉及的经营者，也会尽力避免在格式合同中包含这些受到谴责的条款。①

① Meongcho Yang, Administrative Regulation of Standard Form Contracts: Korean Experience, p. 318. in the Institute of Comparative Law in Japan Chuo University, *Toward Comparative Law in the 21st Century*, Chuo University Press, 1998.

组织部能不能当被告

刘家海*

【内容摘要】公民、法人或者其他组织对具有国家行政职权的机关和组织及其工作人员的行政行为不服，依法提起诉讼的，属于人民法院行政诉讼的受案范围。党委组织部行使了《公务员法》规定的公务员录用的行政职权，作出了不予录用的具体行政行为，理所当然应承担被告的法律责任。党委组织部门如果不想做被告，那么最好的办法就是将公务员录用各项具体的行政工作交由各招录机关和政府人事主管机关来做，自己不要代替行政机关直接面对社会报考人员发号施令。

【关键词】组织部　公务员　行政诉讼

一、案件及专家讨论意见的报道

中国新闻网2009年9月1日报道，徐州一名女性考生王某先育后婚，报考公务员政审被淘汰。① 此事经媒体报道后，引起了社会各界的强烈关注。9月7日，王某以该案件在徐州市有重大影响为由，以特快专递的形式向徐州市中级人民法院提交了诉状和有关资料，分别将中共铜山县委组织部以及徐州市泉山区人口和计划生育局诉至法院。王某请求人民法院分别确认上述两单位的行为违法，并判决两单位公开赔礼道歉。行政诉状称，原告王某于2009年2月报考了江苏省的公务员考试，报考单位是江苏铜山县检察院。3月22日，进行了笔试，面试通过后，5月22日最终成绩揭晓。6月6日，王某体检通

---

* 刘家海，广西南宁市规划管理局邕宁分局局长，经济师。

① 邵国栋．徐州女子报考公务员政审被淘汰　被认为先育后婚．中国新闻网，http：//www.chinanews.com.cn/sh/news/2009/09-01/1843775.shtml，2010年9月27日访问．

过。6月底，作为拟录用人员的原告王某进入了政审阶段。原告认为，目前国家公务员和地方公务员招录中，并没有生育后登记结婚不得录用为公务员的明确规定，目前为止没有法律条文对未婚先育作为不能录用为公务员的依据。而且当时原告的年龄已经属于晚婚晚育，符合生育政策的年龄要求，而且孩子出生之后补办手续未受到任何行政处罚，并且领取了独生子女父母光荣证。原告还认为，江苏省公务员考试要求中，对政审要求的第9款：不能违反国家计划生育政策。但是，国家计划生育政策没有禁止先育后婚的规定。而且，国家公务员政审标准对于计划生育的要求是超计划生育者政审不合格，而被告在执行该规定时成了违反计划生育政策者不合格，属于扩大范围，偏离了国家公务员政审的原意和作用。

9月9日，正义网又作《专家激辩"先育后婚考公务员遭拒录"事件》①的报道。报道称，这起"先育后婚考公务员遭拒录"案件被媒体报道后引起了社会广泛关注，针对当事人的行政诉讼行为，正义网记者采访了中国人民大学法学院博士生导师杨建顺教授、中华全国律师协会行政法专业委员会副主任袁裕来律师和中国人民大学法学院讲师、法学博士王贵松。采访讨论的问题主要在三个方面，即组织部能不能成为行政诉讼对象？状告计生局，法院应否受理？先育后婚是否构成拒录公务员理由？

对王某将中共铜山县委组织部诉至法院的行为，三位专家一致认为欠妥。杨建顺教授解释："对组织部的行政诉讼不能成立，因为我国行政诉讼法规定，被告一方是国家行政机关及其工作人员，而铜山县委组织部不是'行政机关'，故而不适用。"袁裕来律师认为这与我国目前许多人都不是太清楚行政诉讼法有关，"乱诉现象比较严重"。王贵松说："从招录公务员的行为性质上来说，这是一个行政行为。将中共铜山县委组织部列为被告是欠妥的。"有鉴于此，三位专家称原告王某将中共铜山县委组织部诉至法院，恐将不会被法院受理，当事人应寻求其他途径表达主张。王贵松指出，当事人可以最后发布录用公告者为被告提起行政诉讼。袁裕来律师也认为，徐州中级法院应该向当事人讲清不受理理由，并应给出相应建议，比如，如果拒录行为系铜山县委组织部作出，则应建议当事人向党委、上级党委组织部门进行申诉；若该行为由政府机关作出的，则应当建议当事人变更起诉对象。

对法院应否受理状告计生局的问题，专家们表达了不同看法。"从适格的

---

① 郝传玺．专家激辩"先育后婚考公务员遭拒录"事件．正义网，http://news.jcrb.com/xwjj/200909/t20090909_260797.html，2010年9月27日访问.

被告上来说，状告人口和计划生育局的‘婚育证明’则是可以的。”三位专家首先都肯定了计生局作为被告的资格。但同时认为，法院是否受理尚需视情况而定。在袁裕来律师看来，计生法的条文非常清楚，应该理解为先结婚、后生育，而先育后婚则违反了计生法规，虽然当事人后来纠正了错误，但其违法行为却已是不争的事实。杨建顺教授也承认，按照我国的“计生法”，先育后婚确属违法行为。但他一再强调当事人王某是违反了计生法的“程序规定”，并未违反计生法“最重要、最核心”的实质：一对夫妻只生一个孩子，因为原告已领取了“独生子女父母光荣证”。而王贵松则支持当事人这一诉求：“计生局认定当事人违反《江苏省人口与计划生育条例》第21条的规定是错误的。”因为当事人补办结婚登记的行为应具有溯及力，可以使王某的合法婚姻关系的时间提前到具备结婚实质要件之时。而“泉山区人口和计划生育局对《江苏省人口与计划生育条例》第21条第1款的理解有偏差”。“‘男女双方经依法登记结婚且均未生育过的，即可生育一个孩子，’结合全条来看，这是一个权利性的规定，而不是义务性的条款，即登记结婚后均未生育过的，有权生育一个孩子，而非只有经过登记结婚，才能生育。”

至于先育后婚违反计生法是否构成拒录公务员理由？袁裕来律师认为，公务员首先必须遵守法律、执行法律，计划生育作为我国目前的一项基本国策，也为宪法所规定，“《公务员法》规定公务员录用的条件之一为‘拥护中华人民共和国宪法’，作为行将成为公务员的考生，更应遵守才是。当事人违反计生法是不争的事实，因此，拒录理由成立”。而对于当事人所提出的“国家计划生育政策没有禁止先育后婚的规定及公务员法并未明确规定先育后婚不得录为公务员”，袁裕来认为“法律法规并不能穷尽所有的情形”。杨建顺和王贵松则持相反意见，他们认为《公务员法》规定的不得录用为公务员的第三点“有法律规定不得录用为公务员的其他情形的”，其中“其他情形”只有“法律规定”的才合法，不可随意扩展。公民享有成为公务员的基本权利，不得通过政策等非法律的方式剥夺。王贵松还认为，结合《人口与计划生育法》以及《行政机关公务员处分条例》的有关规定，计划生育中的超生问题可能属于《公务员法》规定的情形之一，自然在录用时也不能录取有严重超生情形的人。但“在本案中，当事人已经领取了‘独生子女父母光荣证’。很明显，这根本不是什么超生问题，更谈不上是‘情节严重的’超生问题”。因此，两位专家表示，在笔试、面试和体检均合格的情况下，不录用该考生是不符合法律规定的，先育后婚尚不足以构成被拒录的要件，这至少不是一个充分的、理直气壮的理由。

二、组织部当被告理所当然

对专家认为计生局可以做被告而组织部不能做被告的看法，我们认为是错误的。

通常而言，行政机关对公民、法人或者其他组织作出了具体行政行为，公民、法人或组织作为行政相对人不服，提起行政诉讼，属于最典型和最普遍的行政诉讼受理范围，这是没有问题的。计生局是行政机关，其对原告作出“婚育证明”的行为是行政确认行为，当然属于具体的行政行为，三位专家都肯定了计生局作为被告的资格，这是对的。但专家认为，法院是否受理尚需视情况而定，即视是否违反计划生育法规而定，这就有问题了。因为原告是否违反计划生育法规是判断具体行政行为是否合法的依据，不是判断是否立案受理的依据（不知道是报道内容不完整还是专家的分析不周全）。另外，原告真正要面对的是，即使在受理对组织部的诉讼的前提下，法院也可能会提出，计生局出具“婚育证明”是为组织部作出考察（政审）不合格不予录用决定的证据材料，计生局在组织部的决定行为中只是“证人”，没有参与作出不予录用的决定，不是“被告”，所以，不予受理对计生局的诉讼。从实务上看，原告违反计划生育规定是事实，即使立案受理对计生局的诉讼，结果也必然是判决计生局出具证明的行为合法，对解决公务员录用的争议没有任何法律上的意义。

我们认为组织部做被告是理所当然的。至于行政机关都不愿意做被告，党委部门更加不愿意做被告，那就是另一回事了。

其一，按照原先《行政诉讼法》的书面文字规定，行政诉讼的被告确实是仅指“行政机关”，① 组织部是党委的机关，不是行政机关，所以确实是不能做行政诉讼的被告。用袁裕来律师的话来说，是“没有资格作为行政诉讼被告”。但是，在国家的行政管理中存在大量非行政机关行使行政职权作出行政行为的情况，和将行政机关职权交由非行政机关行使的情况。因此，仅仅将名义上的行政机关列为被告，必然使许多的行政管理行为逃脱法律的监督，特别是逃离司法的监督。所以，行政诉讼的司法实践需要将行政机关作延伸的解释。《最高人民法院关于执行〈中华人民共和国行政诉讼法〉若干问题的解

① 《行政诉讼法》第2条规定，公民、法人或者其他组织认为行政机关和行政机关工作人员的具体行政行为侵犯其合法权益，有权依照本法向人民法院提起诉讼。

释》(第1条第1款) 规定:"公民、法人或者其他组织对具有国家行政职权的机关和组织及其工作人员的行政行为不服，依法提起诉讼的，属于人民法院行政诉讼的受案范围。"作为被告的名义上的行政机关，已经转变为实质意义上的行政机关，即已经变成了"具有国家行政职权的机关"。依此，如果组织部行使了应当属于公务员录用主管机关性质的职权，作出了不予录用或者取消录用等的行政行为，则理所当然应当承担被告的法律责任。

其二，在《公务员法》实施之前、《国家公务员暂行条例》实施期间，国家公务员限于行政机关和行使行政管理职权的部分参照公务员管理的事业单位，公务员录用是政府人事行政主管机关的管理职权范围，其他党政群机关虽参照公务员管理，但其干部录用等均是由党委组织部门主管。《公务员法》实施后，行政机关和其他党政群机关的"干部"均纳入"公务员"范围，但原来政府人事主管机关和组织部的干部管理分工仍然维持，并没有随之纳入政府人事行政主管机关的管理范围，因此，公务员录用主管机关包括了政府人事行政机关和党委的组织部。在公务员录用工作的性质上，政府人事主管机关与党委组织部并无二致，如果政府人事行政主管机关能做被告，则组织部当然也能做被告。专家既然也认为招录公务员的行为性质是行政行为，认同行政机关可以做被告，却认为组织部不能做被告，显然不通。就本案的公务员录用争议而言，检察院的公务员录用是组织部管理，人事局不参与具体的工作，人事局不可能凭空做被告；计生局只是出具一个"婚育证明"，无权参与检察院的公务员录用的任何工作，也不可能做公务员录用争议案的被告。所以，如果诉讼成立，则只能是组织部做被告。

其三，在2004年笔者诉广西公务员招考年龄歧视案中，南宁市青秀区法院在立案受理前事先请示南宁市中级法院，后者认可了广西人事厅和组织部的被告资格。只不过是在办理立案手续时为了不那么"刺激"组织部，才在工作人员的要求下将组织部的被告身份改写成"第三人"而已。立案以后，经过法官"做工作"，笔者撤回了对组织部的诉讼。在开庭审理时，人事厅的代理律师还在法庭上提出，第三人实质是被告，故列组织部为第三人进行诉讼不当。因此，组织部作为被告是有法律权威的司法实践先例的。现在，袁裕来在法律博客网的讨论中认为组织部"没有资格作为行政诉讼被告"，"即使组织部参与诉讼，也只能作为第三人。"袁裕来律师忘记了第三人就其诉讼权利义务和地位的性质上说，就是原告或被告性质的。组织部既然可以做第三人，自然就可以做原告或被告，所不同的仅仅在于：原告或被告是诉讼一开始就参与其中，是诉讼得以成立的主体要素，而第三人是诉讼开始后才"申请参加诉讼，或者由人民法院通知参加诉讼”(《行政诉讼法》第27条）而已。本案中，由于人事局和计生局均未参与检察院公务员录用的任何工作，均不可能做公务员录用争议案的被告。如果没有被告，则诉讼不可能成立，那么组织部如何做得了第三人呢？

综上，组织部做被告理所当然，并无不当。党委组织部门如果不想做被告，则最好的办法就是将其他党政群机关公务员录用各项的具体工作交由各招录机关和政府人事主管机关来做，自己不要直接面对社会报考人员。事实上，根据《公务员法》第10条的规定，各级公务员主管部门指导同级各机关的公务员管理工作。事无巨细都要自己经手和出面与法定职能不符。此外，《公务员法》还规定具体的公务员录用工作均由招录机关负责，地方各级招录机关最后才将拟录用人员名单交由公务员主管部门审批。① 因此，党委组织部门（和政府人事主管部门）插手录用工作各环节的具体事务，实际上是越权的违法行政行为。

有人担忧，党委组织部门不具体管理公务员录用工作是否与党管干部的原则不符，或者意味着放弃党管干部的原则。我们认为这种担忧是没有必要的。首先，从现行的法律体制看，公务员录用的对象是主任科员以下的非领导职务，这仅仅是干部管理体制和干部管理工作中极小的一部分，对干部队伍的主体并不会构成什么影响（但是其体现的干部管理面向社会所展示的公平、公开、公正和竞争的原则，对民主法治建设的长远影响却是很有价值的。从这个意义上说，将来不排除更高层次的公务员录用也会采取面向社会公开考试的办法进行）。

其次，从党管干部的组织形式看，党委组织部门与政府人事部门普遍采取了交叉任职的办法，人事主管机关的行政长官担任组织部门的副职领导，人事主管机关的其他领导职务实质也由党委组织部门任免。即使是在各单位自主管理的干部管理上，也是由该单位党委或党组进行实质上管理。所以，不管采取何种形式，都是党管干部。党管干部的原则不会丢。

当然，说组织部可以做被告，并不等于说本案的问题就可以解决，更不等于说原告提出的问题可以解决。虽然就行政诉讼案件而言，确认被告违法是可以成立的（因为根据《公务员法》的规定，考察（政审）、公示和确定拟录用人员名单的职权归招录机关（本案为检察院）行使，组织部代替检察院行使职权已是越权违法之举），但是在行政诉讼立案难、审理难、执行难的问题总

① 参见《公务员法》第26条、第27条、第29条、第30条的相关规定。

体上还没有得到改善的状况下，组织部当不当被告，都不太可能给出一个令当事人和法学界觉得合理的裁判。况且，违反计划生育被冠以违反“国策”的帽子，支持原告的诉求可能会被社会误解为支持原告违反计划生育的行为，所以，就争议和诉讼的事件而言，原告诉求得不到支持的结局是可以预见的。如果没有一个适当的外力介入使问题得以妥善处理，那么恐怕最后只能以原告陷入无休止的申诉而“告终”。

三、法庭之外“被告”更难堪

在笔者刚写完前面两部分文字的时候，《法制日报》(2009 年 9 月 16 日第 5 版)① 报道徐州市中级人民法院已经对王某的起诉作出了处理。对起诉铜山县委组织部，要求确认组织部行为违法的诉讼，法院认为“铜山县委组织部并非行政主体，其作出的行为不受行政诉讼法调整，故起诉人的请求事项不属于行政审判权限范围”，依法裁定对该案不予受理；对起诉徐州市泉山区人口和计划生育局行为违法的诉讼，告知其应依法到有管辖权的基层法院泉山区人民法院起诉。我们在前文说过，王某违反计划生育规定是事实，即使立案受理对计生局的诉讼，结果也必然是判决计生局出具证明的行为合法，对解决公务员录用的争议没有任何法律上的意义。至此，基本可以断定，王某想通过法律途径解决公务员录用争议的做法已经行不通了。王某如果坚持向铜山县组织部的上级机关信访申诉，那么最大的作用也不过是揭发组织部违规操作从而阻止递补人员的录用以解心头之恨而已。

对组织部来说，如果能够“理直气壮”地坐到法庭的被告席上，那么收获一个“行政行为”“合法”的判决并非不可预期。这样，所有的压力将由法院承担。不立案受理，法院是脱身了，结果是对组织部更为不利。因为在案件和法庭之外，面对政治和社会的道义审判，组织部在这个“被告”席上将完全“裸体”，没有办法隐蔽和遮掩了。根据从中国新闻网和天涯社区提供的背景材料分析，我们认为组织部犯了“狂”、“急”、“乱”等三大无可挽回的错误。

“狂”可能来自对传统权力过分自信而无视法律规定的职权变化。组织部管干部的观念根深蒂固，但是《公务员法》已经规定由招录机关（用人单位）

① 丁国锋．先育后婚考公务员被淘汰者起诉　法院告知其依法诉讼．法制日报（第 5 版），2009-09-16.

负责公务员录用的资格审核、体检实施、考察、公示，确定拟录用人员的名单报省级或者经授权的设区的市公务员录用主管机关审批。① 铜山县组织部赤膊上阵，直接操作政审（考察）、公示，并作出不予录用的决定，显然已经违反了《公务员法》的规定却不自觉。

"急"表现为没有程序意识，不按程序办事。7月21日，徐州市委组织部已发布公告称包括王某在内的110位同志符合录用条件，予以公示，公示时间2009年7月21日至7月27日。7月24日铜山县组织部告知王某因被举报不能录用，7月27日，徐州市委组织部对递补人员进行公示，日期为7月27日至8月3日。王某指出，自己被告知政审不合格是7月24日，25日、26日是周末，27日递补人员即公示了，家在外地的递补者的体检、政审是何时进行的？经对报道中提供的"婚育证明"图片进行辨认，该婚育证明的落款时间应为7月23日。所谓举报，到底是什么人、什么时候举报的，在普遍被认为是"门难进、脸难看、事难办"的行政机关，能如此神速地说动计生局出具这个"婚育证明"？此外，我们觉得，既然是徐州市委组织部在发布的公告中宣布了王某符合录用条件，那么在公告期间即使发现有不符合录用条件的情况，也应当由徐州市组织部处理为宜，而不应该由铜山组织部急急忙忙作出不予录用的决定。

"乱"是在事发后的处理过程中进退失据。王某称自己对迅速让人递补提出质疑并向中央组织部反映后，铜山组织部又迅速上报徐州市组织部将递补公示向后推四天，改为7月31日至8月7日。通过互联网的搜索引擎还可以搜索到徐州市组织部7月27日的公示，只是内附的名单链接无法打开了。这种欲盖弥彰的做法只能使人们坚信王某所称的"违规操作"黑幕。铜山县组织部对采访的记者称"具体负责此事的领导出差在外地，其他领导不清楚情况"，也是一种极容易引起负面联想的做法。徐州市组织部公务员管理处有关负责人对媒体称王某未被录用的事"程序还没到公示阶段，而是在政审时其被淘汰"，显然与事实不符。

应当承认，地方的一些计划生育措施在宪政和人权的角度看虽然是不甚完善，但在当今的政权体系中以违反计划生育处理或处罚个体的单位和个人仍然具有不可争议的合法性和正当性。然而，如果对不予录用王某的事件处理过程中确有"违规操作"的黑幕，或者因为处理不当令社会普遍确信有"违规操作"，那么，再怎么放大王某违反"国策"都无法反证铜山组织部违法行政的

① 参见《公务员法》第26条、第27条、第29条、第30条的相关规定。

合法性和正当性了。

四、组织部当被告彰显法治

后来，王某追加徐州市委组织部和江苏省委组织部为被告诉至江苏省高级人民法院，最后被驳回；起诉徐州市人事局，也被法院认为对王某政审后不予录用，并非徐州市人事局作出的决定而裁定不予受理。这个结果在笔者的预料之中，因为本案或者说本事件中作出不予录用决定行为的是组织部和检察院，实际上与人事局无实质关系和形式上的牵连，王某诉组织部、检察院受阻后起诉人事局，笔者认为确实是被告不适格；而组织部、检察院一旦成为法庭上的被告，在法律逻辑上很可能将遭遇败诉，因为这样的政治风险，本案的态势只能是即使本来认为一审法院驳回起诉有问题，二审法院也只能驳回王某的起诉。

对徐州市泉山区人口和计划生育局的诉讼，2010 年 2 月 4 日终于开庭审理，但是王某在开庭前于 2009 年 11 月 25 日申请泉山区人民法院提请江苏省人大对《江苏省人口与计划生育条例》作出立法解释，法院一直没有答复。王某在徐州市泉山区人民法院受理此案后提出书面申请，要求法院追加中共徐州市委组织部、铜山县委组织部和铜山县人民检察院为第三人，直到开庭前法院也没有作出答复，至开庭后主审法官当庭表示合议庭不批准王某的申请。笔者认为，法院和有关方面对王某提出的问题和诉求的敷衍塞责乃至打压的态度是明显的。

纵观本案，笔者认为党委组织部行使了《公务员法》规定的公务员录用的行政职权，作出了不予录用的具体行政行为，理所当然应承担被告的法律责任。党委组织部门如果不想做被告，则最好的办法就是将公务员录用各项具体的行政工作交由各招录机关和政府人事主管机关来做，自己不要代替行政机关直接面对社会报考人员发号施令。而笔者所期待的是，法院在遭遇类似的行政案件时，能不推卸责任，以无惧、无偏、无私、无欺之精神，践行“司法为民”之宗旨，发挥司法的能动性，维护法律正义。笔者也衷心希望王某及众多敢于向社会不公宣战的律师们最终能赢得他们的胜利。

论行政诉讼弱势一方诉权的保护*

——对最高人民法院《关于依法保护行政诉讼当事人诉权的意见》的解读

茅铭晨**

【内容摘要】违法限制处于弱势地位的公民、法人和其他组织的诉权，是当前我国行政诉讼实践中无法回避的突出问题，制约了行政诉讼制度功能和作用的有效发挥，严重影响社会和谐稳定、司法公信力以及党和政府形象。最高审判机关通过《意见》表达了对行政诉讼受案范围的新认知，回应了多年来要求界清和拓展行政诉讼受案范围的强烈呼声，对我国行政诉讼制度的当下运行和未来走向影响重大。学界不应因《意见》非属司法解释而缺乏关注。

【关键词】行政诉讼　诉权　受案范围

相对于行政机关，认为行政机关的行政行为侵害其合法权利、向人民法院提起行政诉讼寻求司法救济的公民、法人和其他组织无疑是弱势群体。在行政诉讼中，这一弱势群体诉权保护的状态，是我国法治发展水平的重要标志，也是司法公信力的重要体现。2009年11月9日，最高人民法院印发了《关于依法保护行政诉讼当事人诉权的意见》(以下简称《意见》)。深入解读《意见》，有助于我们窥见我国行政诉讼制度运行状态，审视我国司法实践中权力限制权利的结垢，思考弱势群体诉权保护的对策。《意见》对行政诉讼受案范围的新认知，对我国行政诉讼制度的当下运行和未来走向影响重大，尤其值得细细解读。

---

* 本文系作者主持的2010年度国家社会科学基金项目“行政行为可诉性研究”(批准号：10BFX032)、2009年教育部人文社会科学研究规划基金项目“中国行政登记法律制度研究”(批准号：09YJA820072) 及2010年中国行为法学会部级法学研究课题“行政行为可诉性研究——理论重构与制度重构的对接”[批准号：(2010) 学研041] 的阶段性研究成果。

** 茅铭晨，浙江财经学院法学院教授，法学博士。

一、当前权力限制诉权的十二大“招数”

《意见》是在当下我国行政诉讼制度运行中存在通过司法权（确切地说，是行政权求助于或压迫于司法权）限制公民、法人和其他组织诉权等问题的现实背景下出台的。笔者通过解读《意见》，结合在长期的行政诉讼实务和行政诉讼法学研究中的发现，把当前行政诉讼中权力（形式是司法权，实质则是行政权与司法权的结合）限制权利（诉权）的常见做法归纳为如下十二大“招数”：

1. 把外部行政行为解释为内部行政行为①；

2. 把具体行政行为解释成抽象行政行为②；

3. 以“刑事侦查行为”掩盖公安行政行为③；

4. 将《中华人民共和国行政诉讼法》(以下简称《行政诉讼法》）及《最高人民法院关于执行〈中华人民共和国行政诉讼法〉若干问题的解释》(以下简称《司法解释》）规定的可诉权利解释成仅限于人身权、财产权，以权利救济范围有限为由来缩小受案范围；

5. 以不是独立的行政行为为由，把实际上独立的行政行为（例如，批准延续许可证有效期的行为④）排除在受案范围之外；

---

① 《中华人民共和国行政诉讼法》第12条第1款第3项规定，“行政机关对行政机关工作人员的奖惩、任免等决定”不属于人民法院行政诉讼受案范围。我国行政法学界把这一规定概括为“内部行政行为不可诉”。实际上，“行政机关对行政机关工作人员的奖惩、任免等决定”并不能涵盖所有内部行政行为。经过追本溯源式的考证，我们猛然发现，在内部行政行为可诉性问题上，一向自誉为走在制度前面的行政法学界对制度作了保守解释，对于造成我国行政诉讼受案范围的狭窄“难逃其咎”。

② 《中华人民共和国行政诉讼法》第12条第1款第2项规定，人民法院不受理公民、法人或者其他组织对“行政法规、规章或者行政机关制定、发布的具有普遍约束力的决定、命令”(学界称其为“抽象行政行为”）提起的诉讼。

③ 《最高人民法院关于执行〈中华人民共和国行政诉讼法〉若干问题的解释》第1条第2款第2项规定，“公安、国家安全等机关依照刑事诉讼法的明确授权实施的行为”不属于人民法院行政诉讼的受案范围。

④ 《中华人民共和国行政许可法》第50条规定：“被许可人需要延续依法取得的行政许可的有效期的，应当在该行政许可有效期届满30日前向作出行政许可决定的行政机关提出申请。但是，法律、法规、规章另有规定的，依照其规定。行政机关应当根据被许可人的申请，在该行政许可有效期届满前作出是否准予延续的决定；逾期未作决定的，视为准予延续。”

6. 以涉及公共利益为由，对原告的权利不予救济①；

7. 以涉及国家机密、影响社会稳定等为由，对政府信息公开义务引起的案件不予受理②；

8. 在法律规定之外另行规定限制当事人起诉的其他条件，曲解行政诉讼法和相关司法解释关于起诉条件、诉讼主体资格、起诉期限的规定，对当事人的起诉不予受理；

9. 混淆起诉权和胜诉权的关系，以当事人的诉讼请求明显不成立为由限制或者剥夺当事人的诉讼权利；

10. 以具体法律、法规未规定诉权为由，限制诉权③；

11. 以否定利害关系为手段，限制第三人诉权④；

12. 以服务地方中心工作等为借口，制定各种违法限制行政案件受理的"土政策"⑤，拒绝受理某类依法应当受理的行政案件。

---

① 在有些行政案件中，公共利益只是法院不受理案件的一个幌子。例如，被拆迁人对房地产管理部门对已经过期失效的拆迁许可证批准延期的行为不服提起诉讼，认为拆迁人的拆迁证因没有按时延续早已失效，并且应当被注销。即使重新办理拆迁许可证，也得按照获得新拆迁许可证当年的补偿标准，而不应该按照先前获得许可证的年份的补偿标准进行补偿。该行政争议所涉及的实质性权利实际上是房地产开发商对被拆迁人的补偿，属于私人利益之争。但有关法院为维护开发上的利益，却以旧城改造涉及公共利益为由，对被拆迁人的合法权利不予救济，导致被拆迁人上访。

② 《中华人民共和国政府信息公开条例》第 33 条第 2 款规定："公民、法人或者其他组织认为行政机关在政府信息公开工作中的具体行政行为侵犯其合法权益的，可以依法申请行政复议或者提起行政诉讼。"《最高人民法院关于依法保护行政诉讼当事人诉权的意见》规定，要"依法积极受理政府信息公开等涉及公民其他社会权利的案件"。

③ 例如，有的法院以《社团登记管理条例》这一行政法规未明确规定对社团登记行为可以向人民法院起诉为由，拒绝受理公民对民政部门社团登记行为的起诉。笔者认为，社团登记属于行政许可，而行政许可的可诉性在《行政诉讼法》和《行政许可法》中都可以找到明确的法律依据。

④ 例如，有的法院将《司法解释》第 13 条第 1 款第 1 项"被诉的具体行政行为涉及其相邻权或者公平竞争权的"中的"公平竞争权"缩小解释成经营性竞争，否定其他领域的竞争具有利害关系；有的法院把被诉行政行为对原告权利的否定阐释成具有排除利害关系的效力，等等。

⑤ 例如，有的地方法院规定，凡对房地产部门延续房屋拆迁许可证有效期的行为起诉的，一概不予受理。

二、权力限制诉权的危害

《行政诉讼法》施行20年来，人民法院依法受理和审理了大量行政案件。总体上说，在化解行政争议、维护人民群众合法权益、促进行政机关依法行政、维护社会稳定等方面发挥了积极作用。但与此同时，行政诉讼“告状难”现象依然存在。一些法院受行政机关的干扰，对不少该受理的案件不予受理、该救济的权利不予救济，以司法权力限制诉权，已经成为当前人民群众反映强烈的突出问题之一，危害极大。

（一）诉讼渠道不畅，影响社会和谐稳定

行政诉讼制度是法治社会为公民、法人和其他组织设置的一条以理性方式和法律途径维护行政权作用下的自己的合法权利的渠道。诉讼渠道不畅，就会导致公民、法人和其他组织通过理性方式和有序的法律途径维护自己合法权利的渠道堵塞，把矛盾推向法院之外，导致试图通过上访、网络“晒”怨、横幅标语、大字报、游行静坐、群体事件、甚至暴力对抗等非法律、甚至不合法途径解决问题的现象增多，非理性行为加剧，影响社会和谐稳定。

（二）诉讼渠道不畅，影响司法公信力

有案不收、有诉不理、应救（济）不救（济），严重背离司法权源于人民、属于人民、服务人民、受人民监督的根本属性，削弱人民法院行政审判“为大局服务，为人民司法”的职能作用，影响司法公信力，破坏行政诉讼制度的严肃性。

（三）诉讼渠道不畅，影响党和政府形象

以权力限制诉权的种种做法，虽然维护了特定行政机关的“脸面”，也使特定法院避免了陷入矛盾的漩涡，但却与国家和社会的整体利益严重冲突，破坏了党和政府的整体形象和威信，导致公民、法人和其他组织将对一家行政机关和一家法院的意见转向对党和政府整体上的不满，损害党和政府与人民群众的血肉关系。

三、对《意见》关于受案范围表述的解读

我国行政诉讼受案范围在司法实践中存在边界不清、范围过窄等问题，是

行政诉讼“告状难”的核心问题，也是长期以来行政法学界研究的主要热点问题之一。这次最高审判机关通过《意见》表达了其对行政诉讼受案范围的新认知。据笔者观察，由于最高法院不是通过司法解释、而是以向下级法院印发《意见》的方式来表达其对行政诉讼受案范围的新认知的，该《意见》并未引起学界的足够关注。笔者认为，最高法院对行政诉讼受案范围的新认知，在相当程度上表达了最高审判机关对有关行政诉讼受案范围长期争论的立场，回应了多年来要求界清和拓展行政诉讼受案范围的强烈呼声，不仅对当下各级法院把握行政诉讼受案范围具有现实的指导性和约束力，而且对我国行政诉讼制度的未来走向也将产生重要影响，应当引起学界的高度关注。

笔者通过对《意见》的解读，将最高法院对行政诉讼受案范围的新认知归纳如下：

第一，肯定了我国现今《行政诉讼法》和相关司法解释设计的行政案件受案范围，是符合“我国国情和现阶段的法治发展程度”的。这实际上间接表达了最高法院认为当前司法实践中行政诉讼受案范围边界不清、范围过窄的根源，主要不在于制度本身，而在于对制度的理解和执行发生偏差。而这种对制度理解和执行的偏差与不良的司法环境密切关联。由于司法独立性不够，导致一些法院不能“全面准确理解和适用”行政诉讼法和相关司法解释，甚至制造“借口随意限制受案范围”。因此，要界清和拓展行政诉讼受案范围，与其说首先要修改行政诉讼法，莫如说首先要净化和改善行政诉讼的司法环境。

第二，认为解决当下人民法院受理行政案件基本上限于行政诉讼法列举的可诉具体行政行为、行政诉讼法“概括式肯定”形同虚设、单行法律法规的可诉规定对法院受理案件缺乏约束力的问题，是当务之急，强调：

——“凡是行政诉讼法明确规定的可诉性事项，不得擅自加以排除”。《意见》的这一表述，实际上揭示了当前一些法院对即使属于行政诉讼法明确规定的可诉性事项，有时也制造借口不予受理的现状，进一步强调“列举式肯定”对人民法院受理行政案件的约束刚性。

——“行政诉讼法没有明确规定但有单行法律、法规授权的，也要严格遵循”。《意见》的这一表述，意在强化《行政诉讼法》第11条第2款“人民法院受理法律法规规定可以起诉的其他行政案件”的适用刚性。

——“法律和司法解释没有明确排除的具体行政行为，应当属于人民法院行政诉讼受案范围”。《意见》的这一表述，大大强化了具体行政行为可诉这一“概括式肯定”的可适用性、可适用面和适用的刚性，提高了“概括式肯定”对人民法院受理行政案件的约束性地位，肯定了多年来学界的强烈主张，即我国行政诉讼受案范围应当是，除法律明确排除的外，其他行政行为都应属于人民法院行政诉讼受案范围。

第三，回答了我国行政诉讼保护的权利是一个开放的权利系统，并不限于人身权、财产权。

长期以来，一些法院限制和否定公民、法人和其他组织诉权的重要理由之一，就是把行政诉讼保护的权利解释成只限于人身权、财产权，即认为我国行政诉讼保护的权利是一个封闭的权利系统，声称人民法院受理因人身权、财产权之外的权利受行政行为侵害而起诉的案件没有法律依据。笔者认为，我国现行行政诉讼制度其实并未将可诉的权利限于人身权、财产权。理由一，《行政诉讼法》第2条概括地规定，可诉的权利为"合法权益"，并未限于人身权、财产权。理由二，《行政诉讼法》第11条第1款第8项"兜底条款"虽然表述为"认为行政机关侵犯其他人身权、财产权的"，但该"兜底条款"最多也只是对第11条第1款进行"兜底"，而不是对所有可诉权利进行"兜底"，即最保守的理解也只是第11条第1款均涉及人身权、财产权。何况，事实上，该款前7项实际上并不一定都限于人身权、财产权。例如许可证和执照就不一定限于人身权、财产权（如驾驶执照）；违法要求履行义务之"义务"也不一定限于人身、财产方面的义务（如违法要求取得驾驶执照前须掌握一百句日常会话英语）。因而，这一"兜底"，是对未列举穷尽的"兜底"，而不是对列举情形的概括。理由三，《行政诉讼法》第11条第2款"除前款规定外，人民法院受理法律、法规规定可以提起诉讼的其他行政案件"的规定，更未将可诉的权利限于人身权、财产权。理由四，《司法解释》也"没有拘泥于人身权、财产权的概念，而是采取权益判断的方式，以行政职权对相对人合法权益的影响决定是否属于行政诉讼的受案范围。"① 因此，把人身权、财产权之外的权利挡在司法救济大门之外，并不符合现今我国行政诉讼制度。《意见》对此作了正面回应，要求各级法院"不仅要保护公民、法人和其他组织的人身权和财产权，而且也要顺应权利保障的需要，依法保护法律、法规规定可以提起诉讼的与人身权、财产权密切相关的其他经济、社会权利。"例如，其明确要求各级法院要"依法积极受理政府信息公开等涉及公民其他社会权利的案件"②。不仅如此，"顺应权利保障的需要"这一表述，体现出最高人民法院

---

① 胡建森. 行政诉讼法学. 上海：复旦大学出版社，2003，12：26.

② 即《意见》认为，公民法人和其他组织因行政机关不依法履行在政府信息公开工作中的义务而受到的权利侵犯，该种受侵犯的权利不属于人身权、财产权，而属于社会权利。

肯定了我国行政诉讼保护的权利是一个开放的、且是可以与时俱进的权利系统。这对随着我国民主法治的不断推进，相应地不断扩大行政诉讼司法救济范围，具有重要意义。

第四，明确了我国行政诉讼监督的客体——行政行为也是一个开放的系统，应当“随着形势的发展和法治的进步”以及“行政行为的方式不断丰富，行政管理的领域不断拓展，人民群众的司法需求不断增长”而不断拓展。《意见》要求，各级人民法院要依法受理“各种新类型案件，积极回应人民群众的现实司法需求。要依法积极受理行政给付、行政监管、行政允诺、行政不作为等新类型案件；依法积极受理教育、劳动、医疗、社会保障等事关民生的案件；依法积极受理政府信息公开等涉及公民其他社会权利的案件；积极探讨研究公益诉讼案件的受理条件和裁判方式”。即使对新类型案件拿不准的，也“应当在法定期间先予立案，必要时请示上级人民法院，不得随意作出不予受理决定”。最高审判机关这种开放性的思维和态度，对拓展“可诉行为”意义深远。

综上，最高法院对行政诉讼受案范围的新认知，是在其对当前我国行政案件受理难、审理难、执行难的严峻而紧迫的形势的客观认识基础之上形成的，也是在其对行政诉讼制度在保护人民群众的合法权益、促进依法行政、化解行政争议、维护和谐稳定中的重要作用的认识基础之上形成的，同时，也是其对多年来在行政诉讼制度研究中各种热点争议的回应和对今后我国行政诉讼制度走向的考量。“行政诉讼制度是保障最广大人民群众利益最有效、最直接的法律制度之一，是新形势下解决人民内部矛盾的一种有效方式，是维护社会和谐稳定的重要手段。行政诉讼受理渠道是否畅通，是这一优良司法制度能否有效发挥功能和作用的前提。”“只有畅通行政诉讼渠道，才能引导人民群众以理性合法的方式表达利益诉求，最大限度地减少社会不和谐因素，增进人民群众与政府之间的理解与信任。”为此，《意见》要求，要通过完善工作机制、改进工作作风、加强对行政案件受理工作的监督、营造行政案件立案受理的良好外部环境等途径，努力建设行政诉讼弱势群体诉权保护的法治环境。

社会行政法视野中的社会弱势群体权利保障

马存利 *

【内容摘要】社会行政法是当代行政法走向福利国家的一种体现。行政法由“秩序行政”走向“社会行政”代表了行政法实现社会正义的价值追求、彰显服务行政理念和积极主动行政的思想。社会行政法对社会弱势群体的保护表现在国家对弱势群体保障体现的是“权利”而不是“恩赐”，社会行政法体系应包括了社会济贫法、社会安全法和其他法律。社会行政法对社会弱势群体的保护在程序法上表现为公开、透明、平等、参与、沟通和协商。

【关键词】社会行政法　社会弱势群体　权利

一、社会弱势群体的含义

“弱势群体”一词首次在正式的官方文件中出现是2002年九届人大五次会议，朱镕基总理在所做的《政府工作报告》中指出：“对弱势群体给予特殊的就业援助。”这表明政府态度由以往对弱势群体存在与否的含糊其辞转变到当前的积极而明确的关注。

目前，学术界没有对“弱势群体”的概念形成统一认识。如郑杭生将“弱势群体界定为那些依靠自身的力量或能力无法保持个人及其家庭成员最基本的生活水准、需要国家和社会给予支持和帮助的社会群体”；① 陈成文在其专著《社会弱者论》中，提出社会弱者群体“是一个在社会资源分配上具有经济利益的贫困性、生活质量的低层次性和承受力的脆弱性的特殊社会群

* 马存利，山西财经大学法学院副教授，法学博士。

① 郑杭生．转型中的中国社会和中国社会的转型．北京：首都师范大学出版社，1996：32.

体”;① 在欧美社会政策和社会福利文献中，弱势群体主要是从丧失劳动能力和缺乏独立生活能力的角度界定的，他们是社会生活和社会福利制度中的“依赖人群”。按照国际社会学界、社会工作和社会政策界达成的基本共识，所谓社会弱势群体是指那些由于某些障碍及缺乏经济、政治和社会机会而在社会上处在不利地位的人群。法学视野中的弱势群体，实质上是权利弱势群体，是指那些自身权利行使受到各自的能力、所处的社会环境等的制约，合法权利的现实化在实质上存在障碍的人群。

从以上定义和特征来衡量，当今社会应纳入社会弱势群体的有：城市低收入者、生活无着的下岗职工及失业半失业人员、城市流浪人员、农民工、贫困农民、生活困难的伤残疾病人员、老年人群以及包括贫困学生、白血病患儿在内的弱势青少年群体等。②

二、行政法的变迁：从“秩序行政”到“社会行政”

从行政法的价值的历史演变而言，行政法在整体上大致上可以分为“秩序行政法”和“社会行政法”。③ 前者以保障经营自主权和其他公民自由权利，后者以实现公民社会权和其他公法受益权，作为确定政府职能和评价政府活动合法性的基本标准。当然这只是价值逻辑上的先后，而非历史逻辑的先后。社会行政法是市场经济走向自由、公平和正义的必经阶段，公平正义是市场经济社会中的基本伦理诉求，不仅是社会稳定的条件，也是社会主义和谐社会的内在要求。所以，发展社会行政法，赋予公民以社会权和其他公法受益权，是维持市场作用、保障公民平等发展权和保持经济繁荣所必需的，是实现可持续的发展目标和实现使全体社会成员共享发展成果的社会目标所必需的。

社会行政法的核心概念，是公民的社会权和其他公法受益权以及政府的给付义务。这两个核心概念是开放的，从保障个人和家庭的基本生存权，如就业、教育、医疗和养老，逐渐发展为全体社会成员共同生存和发展的权利，如环境、资源和安全等。随着人的全面发展和“生活幸福指数”的变化，其内容还将逐步丰富。从秩序行政法向社会行政法的变迁，是市场经济条件下行政

① 陈成文．社会弱者论．北京：时事出版社，2000：21.

② 郑功成．社会保障与弱势群体保护．中国网，http：//www. china. com. cn/chinese/zhuanti/264640. htm，2010 年 5 月 29 日访问.

③ 于安．新行政法构建由“秩序”到“社会”的价值嬗变．法制日报，2007-11-29.

法发展不可逾越的阶段。美国经历了20世纪60年代“权利革命”以后在20世纪70年代实现了向“公共利益行政法”的转型或者重塑，其法律标志之一是联邦最高法院1970年的“古克德伯诉凯利（Goldberg v. Kelly）”① 判决。按照美国教授的说法，行政法的作用已经不再限于保障个人免于遭受未经授权的政府行为的侵害。虽然自那时以后美国行政法又发生了许多变化，特别是美国里根担任总统时期进行的政府改革以后，但是行政法在实现重大社会目标和保护群体性社会利益方面的作用继续保持下来。

三、社会行政法的理念和价值

（一）社会行政法体现了社会正义

社会行政法的构建，最根本的还是社会公平正义观念的转变。秩序行政法的基本价值观是，在自由竞争中落伍致使生活无着，完全可以归因于个人能力低下或者先天条件不济，既不是社会制度的问题更不能说是政府失职。因为只有公平竞争才是正义之真谛。但是依照社会行政法的价值观，一个正义的社会，不仅给人们提供平等竞争的机会，政府维护这一竞争的秩序，而且社会和政府还有责任实行“分配正义”，以使每一个社会成员享有基本保障和有尊严的生活。正像德沃金所说的：把人视为平等之身来对待的政府应该对每一个成员表示同等的关怀与尊重②，而为了要满足这个目的，政府必须保证“资源平等”。政府要为社会中天生或是后天劣势的少数人的权利提供了充分的保障，保证他们拥有平等的资源或者防止受到歧视而被剥夺了本应拥有的资源，根据“把人们当做平等个体来对待”的原则，少数人的潜在损失必须受到关心，政府应当补偿给他们没有拥有而本应拥有的那部分资源。

（二）社会行政法彰显服务行政理念

在行政权的发展和演变过程中，经历了不同的阶段。当一国法制尚处于起步阶段时，行政权的行使以“命令—管理”（command-and-control）为模式，表现在行政是对一国政治、经济、文化等秩序的设计，对有关行政管理关系的设

① Goldberg v. Kelly, 397 U. S. 254（1970）. 第262-263段.

② 沈宗灵. 现代西方法理学. 北京：北京大学出版社，1992：136.

定，对有关社会越轨现象的矫正①。尤其是在威权主义统治之下，行政法治精神所突出的是管理理念。然而，随着一国政治、经济、文化等事物的不断发展，行政的管理理念已经不能适应社会公众对行政权的企求。尤其进入市场经济比较高级的阶段，行政权的管理属性就显得越来越滞后。我们知道，西方福利国家理念的出现就要求政府行政系统由对社会的控制转化为对公众提供更多的公共服务，由管制国家（regulatory state）理念向服务国家（service state）理念的转化也使行政法的格局发生了深刻变化。显然，在“服务行政”的行政格局之下，行政法中的管理论已经制约了政府服务功能的发挥。由此可见，服务政府对传统行政法体系、对传统行政法的构成、对传统行政法的走向等都产生了非常大的冲击，其中社会行政法概念的出现就是服务行政的必然结果。而服务行政的理念是社会行政法产生的大背景也是不争的事实。

（三）社会行政法是积极主动性的法

从行政法的功能实现方面而言，有这样一个类型上的划分，即“消极行政法”与“积极行政法”。② 消极行政法是指被动地维护现有社会关系和现有社会秩序的行政法。学者们将治安行政法视为典型的消极行政法，因为此类法律的作用在于维护已经形成的社会秩序，保护已经形成的社会关系，其在法与社会的关系方面所体现出的是更多的消极性。积极行政法则不同，它在于形成新的社会秩序并创设新的社会关系，有关科技、教育、环境等之类的行政法规范就属此类。其作为促进社会发展的行为规则，在法与社会的关系中所表现出来的是积极性。要实现从治安管制型政府向服务型政府的转变，政府还必须改革政府职能，调动社会各方积极因素，共同提供公共服务——这是政府的给付，也是公共服务的分权化，更是实现民主的必由之路。③

首先，政府不仅要提供企业和民间组织不能或不愿提供的公共服务，而且还要动员民营企业、民间组织参与提供公共服务，并明确其责任。同时，政府对公共服务的生产和供给要进行有效监督。在政府财力有限的情况下，适当引进社会资本协助政府完成公共政策，或协助国有企业民营化，以利减轻政府财

① Richard B. Stewart, Administrative Law in the Twenty-first Century, *New York University Law Review* 78 (2003): 438.

② 涂怀莹. 行政法原理. 台湾：台湾五南图书出版公司，1983：52.

③ Van Berkel, Rik, and Vando Borghi, Review Article: The Governance of Activation, *Social Policy & Society*, Vol. 7, No. 3, 2008: 393-402.

政负担，是目前各国政府积极推动的方式。民营化（privatization）在20世纪初至80年代期间已成为一项相当优势的经济趋势，特别在英、美两国。民营化通常与工业导向（industrial-oriented）或服务导向（service-oriented）企业相关，如矿业、电力、铁路与水利等。我国也在尝试于相关公共服务，如办学、办医等方面积极推行民营化，民间参与公共服务事务，不但可以解决政府资金与人力等短缺问题，还可以提高公共服务质量，扩大公共事业规模以及促进行政机制的改进。所以，民间资本进入社会公共领域，是政治改革的一项新课题①。

其次，推进中介组织的改革与发展。中介组织可以为政府的宏观调控提供信息咨询，为政府制定、执行规划、政策提供建议和参考，中介组织还是为市场、为社会提供公共服务的一支生力军。此外，在基础建设和公用事业发展方面，就要打破行政垄断和国有垄断，让各类企业都参与这些经济性公共服务的供给。

四、社会行政法对社会弱势群体的实体法保护

（一）从“恩赐”到“权利”

从英国最早1601年的《济贫法》起，对贫困者的保护，多是以慈善事业的面目出现，体现的是社会对他们的恩赐。进入20世纪，政府的职责发生了重大转变，为公民提供“生存照顾”逐步成为政府最主要的职责和义务。人人有继续维持生存的权利，对于这一点，社会的信念是既强烈又坚定的。② 既然生存是每一个公民的权利，既然给公民提供“生存照顾”是政府的义务，那么为因遭遇困难而无法正常生活的人提供给付和救助，也就成为政府不可推卸的责任，同时政府的这一职责就是公民所享有的无偿获得救助和给付的权利。行政给付行为是公民一项“权利”而非政府的“恩赐”，是政府应尽的义务。“社会慈善事业管理人员认为，一个人不仅要懂得法律所赋予自己的权

---

① ［德］魏伯乐，［美］奥兰·扬，［瑞士］马塞厄斯·芬格．私有化的局限．王小卫，周缨，译．上海：上海人民出版社，2006：159.

② ［美］夏洛特·托尔．社会救助学．郗庆华，王慧荣，译．上海：三联书店，1992：1.

利，而且还要认识到自己有权利根据法律达到救济，这一点极为重要。”① 政府官员需要转变观念，从管理者向服务者转变，从权力主体向义务主体转变，从义务本位向权利本位转变。而作为行政法律关系中的一方主体，公民也必须形成行政给付是自己应有的权利而非是某个官员或某个政府部门对自己的恩赐的观念。

（二）健全保护弱势群体权利的社会行政法体系

要针对我国经济转轨、社会转型出现的新特点新趋势，推进法律的改革和创新，建立一整套保护弱势群体权利的法律体系。

1. 济贫法

社会行政法的发展源自于 1601 年英国《济贫法》② 的建立。《济贫法》是伊丽莎白女王时代的成文法，通过课征教区家庭的济贫税，来建立贫困是公共责任的原则。之后，这个概念传到了早期的殖民地——美国。在这段期间，各种的社会福利服务开始由地方志愿团体、宗教协会与地方小区来提供，尤其是处理乞丐、心理病、孤儿、弃婴或被忽视的儿童领养、少年犯、盲人等问题。但是这种由地方独占的责任在国家扩张，及农村小城镇都市化、工业化的社会里，其应付福利问题的能力逐渐减弱。州与联邦政府在社会福利方面所扮演的角色在美国的政治与社会政策中变成一个关键且富有争论性的问题。

2. 社会安全法

在社会福利制度活动的演进方面最有意义的一大步是起因于经济大恐慌的觉醒，和在 1935 年通过的《社会安全法案》(*Social Security Act*, 1935)。罗斯福总统称此法为“结构的基石已经被建立，但尚未完成”，1935 年后美国社会福利的发展与改变比历史上任何时期更迅速，社会安全是社会福利渐渐发展的成分。社会安全此术语源自美国，但已成为一般被接受且应用在不同国家的不同计划。在美国社会安全制度泛指在社会安全制度下的整体范围计划，较限制的意义指老年、遗属、残障保险计划（OASDI）。美国的社会安全计划具体表现在 1935 年的《社会安全法案》及之后的修正案③，此法案提供六项广泛的

---

① ［美］夏洛特·托尔．社会救助学．郗庆华，王慧荣，译．上海：三联书店，1992：5.

② EM Leonard, *Early History of English Poor Relief*, Cambridge: University Press Edition, 1900: 134-135.

③ Social Security Act of 1935, [H. R. 7260], http: //www. ssa. gov/history/35actpre. html, 2010 年 5 月 29 日访问.

计划：社会保险、公共救助、社会服务、老年与残障者的健康保险、穷人医疗费用之给付、孕妇与残障儿童的健康服务。社会福利工作到这个阶段，不但确定为国家的责任，而且同时也奠定了专业化的地位，成为国家设施的一种措施。

3. 其他辅助法律

完善《劳动法》对社会弱势群体的保护，要修改和完善劳动立法，及时反映劳动关系中的新问题，强化劳动者权利的法律保障机制。《世界人权宣言》第23条规定："人人有权工作，自由选择职业，享受公平和良好的工作条件和失业保障。"工作权是一项综合性权利，如结社自由、罢工权、社会保障权等。现阶段，要完善就业保障制度，还要对职场上出现的形形色色的就业歧视现象作出规定，制定相应的《反歧视法》，保障弱势群体平等工作权。

（三）社会行政法注重公共服务

社会行政法注重提供公共服务。按照国际惯例，公共服务首先是面向困难群体、弱势群体的福利服务，正是在这一过程中社会工作的基本价值得以实现。尽管国际社会工作的服务领域和服务对象有所拓展，但是为贫弱者、基本生活处于困境者提供支援和服务仍是社会工作的主要任务。中共中央十六届六中全会通过的《中共中央关于构建社会主义和谐社会若干重大问题的决定》在建设社会主义和谐社会总任务关注到困难群体的问题，并且冀图通过社会保障制度来解决这些问题。同时，决定也指出，当前我国在就业、社会保障、收入分配、教育、医疗、住房、安全生产、社会治安等方面关系群众切身利益的问题比较突出，这表明党中央对解决广大群众的民生问题给予了特别关注，也更加关注公共服务。

五、社会行政法对社会弱势群体的程序法保护

（一）公开、透明原则

公开原则是我国作为人民民主政权的社会主义国家的要求，其中的"民主"应包括政治上的民主，即人民可以广泛参与到民主政治中。公开原则让人民充分了解行政执法的过程，为参与政治提供了前提。同时，公开原则使程序为人们所预先了解，增强了行政行为的可接受程度。首先，公开原则要求行政程序本身公开，让人们了解程序的流程和程序中的权利义务分配，这是程序

公开的基础；其次，行政程序的行使过程公开，防止行政机关暗箱操作，体现公正，这是程序公开的重点；最后，行政程序的结果、信息公开，这是对程序实体上的要求，以保证事实公开与形式公开相统一。第一，计划（Planning）。一个国家或社会福利的目标和政策，须作综合性、持续性的研究与安排，并作好有效规划与资源规划等。在行政计划的范围及内容上须考虑下列几点：(1) 事先决定行动的主题；(2) 根据目标和政策制定方案与服务设施和项目；(3) 分层计划，包含机构整体、各部门、各个工作人员等，三者必须是连贯性的；(4) 计划期限，分近程、中程、远程；(5) 预算的编订与分配；(6) 行政计划执行，须考虑特殊事故的发生。第二，组织（Organization）。建立权威的正式机构，由此机构安排工作，界定与协调已完成的目标与目的。有效的组织系统与工作调配，关系社会福利的目标政策的实现。

（二）平等原则

平等原则是指行政行为的作出应与先前行政行为保持一致，体现法律面前人人平等的原则。虽然在行政关系中行政主体与行政相对人的地位并不平等，但行政相对人之间的权利地位应当是相等的。法律平等应体现正义观念，即每一个人必须得到他所应当得到的东西，相同的情况必须给予相同的待遇，不同的情况必须给予不同的待遇。① 可见，法律的平等并不是平均主义，而是有原则的区别对待。平等原则有效地控制了行政主体的自由裁量权，增加了行政主体对行政程序实体内容的公正操作性和相对人对行政程序实体内容的预见性。平等原则要求行政主体在行政程序方式、步骤、空间和时限的适用上对相同情况下的行政相对人给予同等对待，同等处理，不同情况应合理的区别处理，保证行政程序适用前后的统一协调。

（三）参与、协商和沟通

虽然行政行为具有单方性，其作出无须通过相对人的意见，但行政相对人作为行政法律关系中的当事人，是其中不可缺少的组成部分，应当赋予其参与的权利，以保障行政程序顺利进行。② 参与原则要求行政程序在设置上应考虑行政相对人参与的实际可能性，在方式、时限等方面给予足够的渠道和便利，保证其意见充分表达；同时，除特殊紧急情况，行政相对人的参与应作为某些

---

① 王名扬．比较行政法．北京：北京大学出版社，2006：52.

② 章剑生．行政程序法学．北京：中国政法大学出版社，2004：6.

可能严重影响自身权益行政行为的生效要件；另外，其他法规也应落实对参与相对人人身安全的保护，保证其参与的积极性。有好的沟通才会有有效指挥，因此沟通时需注意：（1）考虑所有的有关事实后，作出合理的决定；（2）显示积极的兴趣、奉献于机构有关目标之履行；（3）使其贡献获得属下的肯定与信任，以提高他们在机构中的地位；（4）有效授予责任与权威；（5）培养个别与集体的创造力；（6）有效的授权与可否授权判断；（7）其他。沟通是指领导程序中最主要的技术，社会福利行政的主管与工作人员的沟通，需运用技术采取双线的沟通（two-way communication）方式，民主式的领导和双边式的沟通，是促进工作关系和达成目标的有效的方法。

被征地农民权利救济制度存在的问题及完善建议

何翠凤*

【内容摘要】近年来，随着我国经济的快速发展和城镇化进程的加速推进，农民集体土地大量被征收。在土地征收过程中，由于法律规定的不完善和政府滥用征收权，农民的权益屡屡受侵害，而按照我国目前的法律，对被征地农民缺乏有效的救济保障。“有权利必有救济”、“有侵害必有保护”，现代行政法治要求对行政主体实施行政行为所造成的侵害必须予以法律上的救济。考察我国目前的法律制度和实践，我国被征地农民救济制度存在救济范围狭窄、救济手段单一、制度设计不合理等问题，结合域外经验，应从扩大救济范围、丰富救济手段、完善行政裁决和行政复议制度、建立土地征收纠纷的全方位的行政诉讼制度等方面加以完善。

【关键词】土地征收　被征地农民　救济权

近年来，随着我国经济的快速发展和城镇化进程的加速推进，农民集体土地大量被征收。在土地征收过程中，由于法律规定的不完善和政府滥用征收权，农民的权益屡屡受侵害，而按照我国目前的法律，对这类纠纷缺乏有效的救济制度。很多受侵害的农民上告无门，只好通过上访、静坐或聚众闹事等暴力或非暴力行为表达自己的声音。中国社会科学院2004—2005年“社会形势分析与预测”课题报告显示，在当前困扰中国的七大社会问题中，“农民失地引起的社会矛盾加剧”排在首位，因征地引发的农村群体性事件占全国农村群体性事件的65%以上。① 2004年以来，在130起农村群体性突发事件中，

---

* 何翠凤，山东经济学院法学院教授，法学硕士。

① 2003年8月至2004年6月，中国社会科学院农村发展研究所国家社科基金课题组和国家软科学重大项目课题组，联合对当前中国农村社会形势进行专题研究。于建嵘．农民维权抗争集中土地纠纷，土地成农村首要问题．瞭望东方周刊，2004-09-06.

有87起是由土地问题引发的，占总数的67%。① 因此，建立对被征地农民的有效的救济机制是现实迫切的需求。在土地征收制度中赋予农民有效的救济权利，对监督、约束政府征地权的行使、保护耕地、保护集体和农民的合法权益，进而促进社会的稳定与构建和谐社会都具有重要意义。本文试在分析我国被征地农民权利救济制度现状及存在问题的基础上，提出完善建议。

一、我国被征地农民权利救济制度存在的问题

目前，我国对被征地农民的权利救济制度存在许多问题，主要表现在以下几个方面：

（一）救济范围不全面

行政机关因为征地侵犯被征地农民合法权益的情形主要有三种：征地不合公共利益目的、违反土地征收法定程序和征收补偿不合理。目前，只有征收补偿有明确的救济措施。《土地管理法实施条例》第25条第3款规定，"征地补偿、安置方案报市、县人民政府批准后，由市、县人民政府土地行政主管部门实施。对补偿标准有争议的，由县级以上地方人民政府协调；协调不成的，由批准征收土地的人民政府裁决。征地补偿、安置争议不影响征用土地方案的实施"。由此可见，土地征收行政裁决制度规定的裁决范围只限于征收补偿。对被征地农民土地权益侵害最严重也是最难以抗拒的政府滥用土地征收权的违法行政行为——征地不合公共利益目的、违反土地征收法定程序、征收主体不合法等，法律没有规定相应救济制度。根据我国行政诉讼法和行政复议法的规定，救济机关只受理行政相对人对行政主体的具体行政行为侵犯其合法权益不服提起的申请，因此，现实中，司法机关和复议机关常常以政府的征地决定是抽象行政行为为由不受理征地纠纷。对于违反法定程序的征地行为，被征地农民的救济权利也是空白。《土地管理法》第48条规定，"征地补偿安置方案确定后，有关地方人民政府应当公告，并听取被征地的农村集体经济组织和农民的意见"。《征用土地公告办法》(国土资源部令第10号）第14条也规定，"未依法进行征用土地公告的，被征地农村集体经济组织、农村村民或者其他权利人有权依法要求公告，有权拒绝办理征地补偿登记手续。未依法进行征地补偿、安置方案公告的，被征地农村集体经济组织、农村村民或者其他权利人有

① 王红茹．土地纠纷急催征地制度改革．中国经济周刊，2006（9）：26-27.

权依法要求公告，有权拒绝办理征地补偿、安置手续”，这些法律对政府不公告或者不听取农民和集体经济组织的意见的违反征地程序的行为，规定了拒绝办理征地补偿登记手续和征地补偿、安置手续的自力救济措施，但是被征地农民有哪些公力救济措施，法律没有提及。实践中，法院对这类案件也倾向于不予受理。因此，由于立法的盲点和缺位，以及复议机关和司法机关的种种考虑，目前，我国对于土地征收纠纷，能够提起行政复议的，只有补偿，能够提起诉讼的也只有补偿。我国司法机关和复议机关在被征地农民合法权益的维护问题上没有发挥应有的作用。

（二）被征地农民的权利救济主要是行政救济，救济手段单一

目前，我国现行法律法规规定的土地征收的救济手段主要是行政救济。在整个土地征收过程中，法律都未给被征收农民提供适当的司法救济途径。如上所述，《土地管理法实施条例》第 25 条第 3 款规定的征地补偿纠纷的行政裁决方式，这是目前我国土地征收纠纷的主要解决方式。该法对当事人如果不服行政裁决，则可否提起行政复议和行政诉讼没有作出规定。最高人民法院对法院是否受理征地补偿纠纷态度不一。如 1991 年最高人民法院发布的《关于执行〈中华人民共和国行政诉讼法〉若干问题的意见（试行）》中曾规定，“公民、法人或者其他组织对行政机关依照职权作出的强制性补偿决定不服的，可以依法提起行政诉讼”，但是，这个意见在 1999 年被废止。最高人民法院 2005 年出台司法解释，“拆迁人与被拆迁人或者拆迁人、被拆迁人与房屋承租人达不成补偿安置协议，就补偿安置争议向人民法院提起民事诉讼的，人民法院不予受理，并告知当事人可以按照《城市房屋拆迁管理条例》第 16 条的规定向有关部门申请裁决”，可见，最高人民法院倾向于不受理此类纠纷。因此，对于征地补偿类纠纷，被征地农民的救济权利很难得到司法保障。

我国《行政复议法》第 30 条第 1 款规定，“公民、法人或者其他组织认为行政机关的具体行政行为侵犯其已经依法取得的土地、矿藏、水流、森林、山岭、草原、荒地、滩涂、海域等自然资源的所有权或者使用权的，应当先申请行政复议；对行政复议决定不服的，可以依法向人民法院提起行政诉讼”。据此，对自然资源类的侵权争议适用行政复议前置程序。土地征收纠纷，属于自然资源侵权纠纷的一部分，当然也要经过行政复议前置程序才能起诉。该法第 30 条第 2 款还规定，“根据国务院或者省、自治区、直辖市人民政府对行政区划的勘定、调整或者征用土地的决定，省、自治区、直辖市人民政府确认土地、矿藏、水流、森林、山岭、草原、荒地、滩涂、海域等自然资源的所有权或者使用权的行政复议决定为最终裁决”，根据这项规定，征收一经省级政府决定，不论其是否符合公共目的或是否违反法定程序，被征地农民无权再申请救济，这完全排除了司法机关对土地征收这部分纠纷的介入权。

由于土地征收纠纷的敏感和复杂，加上一些历史遗留问题，在实践中，我国法院也以不予受理来回避司法机构对被征地农民权益的保护责任，即使个别受理，大多也是驳回诉讼请求。四川省自贡市1300多位被征地农民为维护自己土地财产权屡告屡败，就是司法处理此类问题的缩影。

（三）行政裁决和行政复议救济制度设计欠缜密，缺乏基本公正

1. 行政裁决制度设计缺乏基本程序正义

首先，法律规定粗疏。《土地管理法实施条例》第25条对裁决制度只作了原则性的规定，对裁决的具体办理机构、申请时效、具体程序、裁决的期限、裁决的效力等都没有进一步的说明，制度设计粗疏，难以达到预期效果。例如，裁决没有规定期限，当事人寻找救济的过程便有可能被无限期拖延下去。另外，该实施条例规定，征地补偿、安置争议不影响征收土地方案的实施，这意味着被征地的农民还在寻求救济，土地征收方案就已经被执行，被征地农民的权利很难得到切实保障。

其次，政府一身兼三职，有损程序正义原则。在现行的行政裁决制度设计中，政府既是征地决策者、征收的执行者，又是征收争议的裁决者，一身兼三职，违背了自己不做自己案件的法官的正当程序原则，其中立性和公正性很难让人信服。同时，国土资源部门作为同级人民政府的下属职能部门，对同级政府的土地征收行为难以查处。

最后，排斥司法救济。由于太看重行政裁决的便利，过于强调在行政系统内解决争议，导致司法诉求的渠道被架空。

2. 行政复议制度存在诸多问题

首先，复议范围狭窄。据《行政复议法》第2条规定，行政复议只受理公民、法人或者其他组织认为具体行政行为侵犯其合法权益，向行政机关提出的行政复议申请，不包括抽象行政行为，政府的征地决定常常被作为抽象行政行为排除在行政复议范围之外。

其次，复议程序欠缺公正。根据《行政复议法》第14条的规定，“对国务院部门或者省、自治区、直辖市人民政府的具体行政行为不服的，向作出该具体行政行为的国务院部门或者省、自治区、直辖市人民政府申请行政复议”。自己做自己案件的法官，其效用大打折扣。另外，我国的行政复议属于行政机关的内部监督机制，行政复议一般由设立于行政机关内部的法制机构行使，法制机构隶属于行政机关，缺乏独立性。然而，接受行政复议、裁决的部门和征地政府部门同属一级政府领导，相互之间存在着利益关系，难免会受到政府其他部门的影响与制约，其在处理土地征收争议案件时的公正性难以得到有效保证。

最后，《行政复议法》规定，复议期间不停止对行政决定的执行，《土地管理法实施条例》第25条也规定，“征地补偿、安置争议不影响征用土地方案的实施”，按照该规定，征地争议不影响土地的征收。征地行为涉及实施中变更土地用途，土地已经被使用，补偿已经在实施，再行恢复已不可能，所以行政复议的撤销、变更决定就没有任何意义。鉴于恢复原状的难度，或者撤销征地的处理难以实现等原因，实践中，行政复议机构大多数不会作出撤销决定，而是在补偿标准上采取协调或者寻求其他保护农民权益的办法。而这时农民已经失去了土地，也就失去了与政府讨价还价的砝码，即使政府在补偿标准上有所迁就，对农民的权益补救也是有限的。因此，有必要改变这一规定。

3. 其他救济手段存在诸多弊端

目前，我国被征地农民主要采取的救济手段还有信访和行政协调，而信访和行政协调等救济途径由于制度本身存在的问题，也难以发挥效用。

《土地管理法实施条例》第25条规定的协调制度，类似于我国诉讼制度中的调解。该制度也有进一步斟酌之处。一是调解应当建立在双方当事人自愿基础之上，如果规定为一种普遍的前置措施，则有违自愿的本质；二是该条规定由县级以上政府进行协调，而市、县政府正是作出征地补偿安置方案、引起行政争议的行政主体，让争议的一方当事人对另一方当事人进行调解，其操作性和合理性令人怀疑。①

信访是解决被征地农民诉求的具有中国特色的渠道。有统计说，在我国，六成土地争议是通过信访解决的，但是信访既不是司法渠道，也不是行政司法渠道，是非常不完全的救济措施，其办事方式主要是采取转办、交办的形式，把土地争议转送给由有处理权力的行政机关依法办理，然后对办理情况督查、督办、通报。它自身不能纠正违法或不当的具体行政行为，不能否定具体行政行为的法律效力，也不能责令有关行政主体对行政相对人受损害的合法权益进行补救。并且，信访机构也是政府的工作部门，处理此类问题会从维护政府权

① 方军．论征地补偿安置争议的法律救济途径，http：//www.chinalaw.gov.cn/article/dfxx/zffzyj/200704/20070400013345.shtml，2010年6月1日访问.

威性角度出发，尽力维护政府的行政行为，因此，它不能从根本上解决政府滥用征收权导致耕地连年减少的问题，也无法充分地保护被征地农民的合法权益。

二、被征地农民权利救济制度之完善建议

建立科学合理的权利救济机制是化解征地纠纷、保障被征地农民权益的迫切要求。科学合理的救济机制应该保证被征收农民在权利受到侵害时不仅可以方便地申请救济，而且可以通过多种救济途径，得到及时有效的救济。根据这一标准，我们应该建立多层次、多种选择、相互衔接的多元化救济机制，各种救济方式之间相互补充，相互协调，形成保护农民权益的合力，以切实维护被征地农民的合法权益。针对我国土地争议救济机制存在的问题，笔者认为，应从以下几个方面加以完善：

（一）扩大救济范围，把土地征收纠纷全部纳入救济制度

1. 不符合公益目的的土地征收行为应纳入权利救济范围

从本质而言，土地征收是为实现公共利益而对私人权利进行限制的权力行为，因此我国立法对征地的公共利益目的作了明确规定。我国宪法第 10 条第 3 款规定：“国家为了公共利益的需要，可以依照法律规定对土地实行征收或者征用并给予补偿。”《土地管理法》第 2 条第 4 款、《物权法》第 42 条也作了同样规定。从这些条文我们不难看出，目前在我国征收集体土地的目的只能是为了公共利益。因此，为了监督政府依法行政，保护被征地农民权益就必须对征地行为目的合法性进行审查。

现今的法律资源对行政机关侵犯被征地农民土地权益的具体行政行为提供了一定的救济保障。根据《行政复议法》第 6 条和《行政诉讼法》第 5 条规定，行政相对人对行政主体影响其合法权益的具体行政行为可以依法提起行政复议或行政诉讼。《行政复议法》第 30 条第 1 款也规定：“公民、法人或者其他组织认为行政机关的具体行政行为侵犯其已经依法取得的土地、矿藏、水流、森林、山岭、草原、荒地、滩涂、海域等自然资源的所有权或者使用权的，应当先申请行政复议；对行政复议决定不服的，可以依法向人民法院提起行政诉讼。”由此，我们可以看出如果被征地农民认为行政机关的征地行为不合公益目的、违反法定征地程序、补偿标准不合理侵犯了其合法权益，则可以提起行政复议；若对行政复议决定不服，则可以提起行政诉讼。

但在实务中，复议机关和司法机关的两种观点阻碍了这条规定的实现：一种观点认为，征地决定是内部行政行为。征地决定一般是由市、县政府提出申请并逐级上报到省国土厅或国土资源部，由国土资源部对申请依法进行审查后，代省政府或者国务院作出的。因此，征地批复是上下级机关之间的内部公文，属于上级机关向下级机关作出的内部指示，批复的内容对行政相对人不直接发生法律效力，因此是内部行政行为。内部行政行为不可复议，也不可诉讼，因此相对人对省政府征地批复不服，不能申请救济。另一种观点认为，征地决定针对的是某块土地，影响的是不特定多数人的利益，是抽象行政行为①，抽象行政行为按照现行法律，不能单独提起行政复议，也不能提起诉讼，因此不能申请救济。笔者认为这两种观点都是值得商榷的。

第一，征地决定不是内部行政行为。《土地管理法》第45条规定："征收下列土地的，由国务院批准：（1）基本农田；（2）基本农田以外的耕地超过35公顷的；（3）其他土地超过70公顷的。征收前款规定以外的土地的，由省、自治区、直辖市人民政府批准，并报国务院备案。"第46条规定："国家征收土地的，依照法定程序批准后，由县级以上地方人民政府予以公告并组织实施。"根据这些规定，市、县政府没有土地征收权，只有省级政府和国务院才有权征收土地。省级政府和国务院行使征地权的具体方式就是对下级行政机关拟定的征地方案予以批准，名为征地批复，实为征地决定。市、县政府通过公告的方式送达上级政府的征地批复，并不是做出了一个独立的行政行为，是征地批复对被征地农民产生了必然的和确定的不利法律后果，实际影响了其合法权益，因此，征地批复不是内部审批行为，而是具有外部效力的具体行政行为。被征地农民对之不服，应当有权申请救济。需要说明的是，《行政复议法》没有规定对国务院的具体行政行为的复议途径，因此，国务院的征地决定不属于行政复议的受案范围。同时，根据《行政复议法》第30条第2款规定，权属案件实行复议前置，这也就意味着对国务院的征地决定，被征地农民不能提起行政诉讼，因此，国务院的征地批复具有终局性。

第二，征地决定不是抽象行政行为。有关土地征用政府文件虽然针对的是

---

① 自贡土地征用案中，争议的行政行为包括三项：自贡市管委会的征地及拆迁行为，自贡市93（75）号文件，以及四川建委房发（1999）0125号文件。根据法院判决意见，管委会进行土地征用及拆迁的依据是后两份文件，而后两份文件属于抽象行政行为，人民法院无权审查这一类行政行为的合法性，因此不予受理。程洁．土地征用纠纷的司法审查权．法学研究，2004（2）：51.

某一地区的土地，针对的是多数人，但是影响的权利人是特定的、具体的，并且对被影响的人而言，都是一次性的，不存在“反复适用”，将之作为“抽象行政行为”排除于司法救济制度之外不妥。土地征收纠纷的标的不是征地文件，而是征地行为，政府文件只能证明土地征收行为的存在，该文件本身不影响土地征收行为的可诉性。

2. 违反法定征收程序的征地行为应纳入权利救济范围

土地征收是宪法授予政府的一项强制性权力，是政府对农民集体土地财产权最严厉的行为，为规范征地行为，相关法律对征地从申请批准、事前调查、目的性批准到征收实施与反馈规定了严格的程序。《物权法》第43条规定：“不得违反法律规定的权限和程序征收集体所有的土地。”《国务院关于深化改革严格土地管理的规定》(国发［2004］28号）第14条规定了拟征土地公告程序，《土地管理法》第46条、《土地管理法实施条例》第25条、《征用土地公告办法》(国土资源部令第10号）第3条规定了征地公告程序，《国务院关于深化改革严格土地管理的规定》(国发［2004］28号）第12条、《土地管理法实施条例》第25条及第48条、《征用土地公告办法》(国土资源部令第10号）第7条及第8条规定了补偿公告程序，用以保障被征地农民的知情权。另外，2004年国土资源部发布的《国土资源听证规定》第3条、第12条、第19条和第20条还规定了听证程序，保障被征地农民的参与权。这些程序对保障被征地农民的合法权益具有极其重要的意义。如果违反，被征地农民的实体权益很容易受到损害。如《土地管理法实施条例》第46条规定，要先签订补偿协议然后才能实施征收。集体经济组织及其成员可以作为谈判筹码的就是手中的土地，如果征地机关违反了先签补偿协议后征收的程序，则农民权益就无法得到保障。因此，应重视程序的价值，赋予被征地农民对违反征地程序的行为单独提起救济的权利。实践中，集体土地征收中违反程序的情形主要包括：征收机关未履行公告义务①、未履行登记义务②、迟延履

---

① 《土地管理法实施条例》第25条规定，征地程序中有“两公告”的义务，但在实际征地过程中，公告往往没有按法定程序实施。

② 《土地管理法实施条例》第25条规定，在第一次公告后，被征收土地的所有权人、使用权人应当在公告规定的期限内，持土地权属证书到公告指定的人民政府土地行政主管部门办理征地补偿登记。征地补偿登记是以后补偿、安置的依据，是集体经济组织及其成员获得补偿和安置的基础。土地部门不及时、准确地为被征地农民办理相关登记手续，农民的权益就无法得到保障。

行征地补偿、安置责任①、先征收后补偿②、遗漏必要的步骤，等等。只要有这些情况，就应允许被征地农民依法采取救济措施。

3. 未给予合理补偿的征地行为应纳入权利救济范围

我国2004年通过的宪法修正案将第10条第3款修订为，“国家为了公共利益的需要，可以依照法律规定对土地实行征收或者征用并给予补偿”。《土地管理法》第2条第4款规定：“国家为了公共利益的需要，可以依法对土地实行征收或者征用并给予补偿。”征地补偿、安置方案报人民政府批准后，双方没有异议的，必须严格按照征地补偿、安置方案对集体经济组织及其成员进行补偿和安置。而实务中，征地补偿、安置违法的情况却经常出现。根据《土地管理法实施条例》第25条第3款规定，我国目前征收补偿纠纷的主要救济手段是行政裁决。能否进行行政复议或行政诉讼，是直接复议或诉讼，还是裁决后再复议或诉讼，法律没有明确规定。有学者认为未给予合理补偿的案件属于民事案件，应通过民事诉讼的途径来保护被征地农民的土地权益③。实务中，这种观点也较普遍④。笔者认为这种观点值得商榷。因为根据我国现行

① 《土地管理法实施条例》第25条第4款规定，“征收土地的各项费用应当自征地补偿、安置方案批准之日起3个月内全额支付”迟延履行征地补偿、安置责任的情况在实际操作中经常发生，群众意见很大。

② 《土地管理法实施条例》第25条规定，要先签订补偿协议然后才能实施征收。被征地农民可以作为谈判筹码的就是手中的土地，如果先交地再签补偿协议，则无法保证其合法利益。

③ 丁文，温世扬．土地征收侵权责任机制研究．浙江社会科学，2006（4）：69.

④ 另外，我国《土地管理法实施条例》第25条第3款规定：“对补偿标准有争议的，由县级以上地方人民政府协调；协调不成的，由批准征用土地的人民政府裁决。征地补偿、安置争议不影响征用土地方案的实施。”该条对补偿安置协议设定的救济渠道是行政裁决，学界普遍认为行政裁决的对象是与行政管理有关的与合同无关的民事纠纷，说明该法将征地补偿安置争议定性为民事争议。1996年最高人民法院颁发的《关于受理房屋拆迁、补偿、安置案件的批复》也持这种观点，它规定：“拆迁人因房屋补偿、安置等问题发生争议，或者双方当事人达成协议后，一方或双方当事人反悔的，未经行政机关裁决，仅就房屋补偿、安置等问题依法向人民法院提起诉讼的，人民法院应当作为民事案件受理；以行政机关裁决的，按行政案件受理。”此规定虽然指的是拆迁补偿及安置纠纷，但其与土地征收及补偿纠纷性质相同，同样适用于土地征收补偿纠纷。2005年最高人民法院《关于当事人达不成拆迁补偿安置协议就补偿安置争议提起民事诉讼人民法院应否受理问题的批复》指出：“拆迁人与被拆迁人或者拆迁人、被拆迁人与房屋承租人达不成补偿安置协议，就补偿安置争议向人民法院提起民事诉讼的，人民法院不予受理，并告知当事人可以按照《城市房屋拆迁管理条例》第16条的规定向有关部门申请裁决。”

土地管理法律法规的有关规定，土地征收是具有强制性的行政行为，任何单位和个人都必须服从政府的决定，征收人和被征地农民明显处于不平等地位。虽然在制定征地补偿安置方案的过程中有关部门要听取被征地农民的意见，但补偿方案是由市、县政府根据法律法规确认的标准单方面决定的，不是平等主体间平等协商的结果，被征收农民没有选择不交易或与其他人交易的权利，而且补偿方案一经送达即对双方当事人发生效力，非经法定程序不得更改，完全符合行政行为的要件。鉴于被征地农民在补偿安置方案确定时享有法定范围内有限的议价权，笔者认为补偿安置协议更符合行政合同的特征。对于行政合同的救济，是适用民事诉讼还是行政诉讼更有利于保护相对人的合法权益，学术界见仁见智。在目前行政诉讼受理难、胜诉难、审查范围狭窄、救济效果间接①的背景下，如果被征收农民可以顺利进入民事诉讼程序，则寻求权利的有效救济未尝不可。不过不能因此否定土地征收补偿纠纷的行政合同性质。笔者认为鉴于我国现实存在的对补偿安置纠纷的行政裁决制度，解决这一问题的最好的办法是建立行政诉讼附带民事诉讼制度，这样可以对补偿安置纠纷一揽子解决。

4. 主体不合法的征地行为应纳入权利救济范围

《土地管理法》第 45 条规定，“征收下列土地的，由国务院批准：（1）基本农田；（2）基本农田以外的耕地超过 35 公顷的；（3）其他土地超过 70 公顷的。征收前款规定以外的土地的，由省、自治区、直辖市人民政府批准，并报国务院备案”。第 44 条规定了和征地密切相关的用途转用审批权限。《中华人民共和国土地管理法》第 78 条对“无权批准征收、使用土地的单位或者个人非法批准占用土地的，超越批准权限非法批准占用土地的”规定了严厉的制裁措施。在现实中，征收主体不合法的行为非常普遍，将这类行为纳入行政复议和行政诉讼范围，有利于监督有关行政机关依法行使土地征收权，保护耕地资源及被征地农民的合法权益。

（二）丰富救济手段，取消行政救济终局制度，让司法审查介入土地征收全过程

司法救济具有行政救济无法代替的客观性、公正性、中立性和正当性。司

① 《行政诉讼法》第 5 条规定，人民法院只审查具体行政行为的合法性。第 54 条规定，人民法院只能对显失公正的行政处罚行为作变更判决。征地补偿纠纷更多涉及的是合理性问题，按目前法律，人民法院无权直接作变更判决，只能作撤销判决，判决撤销裁决行为，由政府重新作出新的行政裁决。

法救济是进行公民权利救济的最高与最后的方式，是公民在其他救济失败后寻求权利保障的最后一条途径。从比较法的角度看，西方国家大都将土地征收的全过程纳入到司法救济程序，并将司法救济作为解决纠纷的最终途径。因此，借鉴国外成熟的立法经验，我们在制度设计的时候，也应当让司法救济全面介入土地征收纠纷。

如前所述，我国现行立法对于司法能否介入以及如何介入农村土地征收纠纷缺乏明确规定。出于种种考虑，人民法院对于当事人的起诉大多不予受理，即使个别受理，也是驳回诉讼请求。目前，我国法院偶尔会受理的土地征收纠纷主要是征收补偿纠纷，这一司法介入是在土地征收的后期——补偿阶段，并且争议并不影响征收土地方案的实施，因此对被征地农民权益的保障极为有限。例如，影响极大的广州大学城案件①中，尽管征地程序严重违法，因为征地行为已经发生，所以法院最终仍然在认定程序违法的前提下，支持了政府的征地和拆迁决定。因此，为了更好地保障被征地农民的合法权益，应当让司法救济在土地征收的最初阶段就介入进来，让司法救济介入土地征收的全过程。

首先，扩大司法救济范围。将超出公共利益范畴、未遵循法定程序、征收补偿不合理、政府越权征收、违规征收等侵犯被征地农民合法权益的行为全部纳入司法救济范围，加强司法权对行政权的监督制衡，充分保障被征收农民的权利。

其次，取消行政机关在土地征收方面的终局裁判权。修改《土地管理法实施条例》第25条和《行政复议法》第30条的规定，明确被征地农民对裁决和复议决定不服，有提起行政诉讼的权利，让司法救济成为监督土地征收违法行为的最后一道防线。

再次，在土地征收诉讼中适用诉讼停止执行原则。由于大规模的土地征收涉及多数人的利益，并且一旦征收，被征地农民的权益就无法挽回，因此，应当在立法中规定，在行政诉讼的过程中土地征收行政行为应当停止执行。

最后，完善土地征收纠纷行政诉讼制度。在土地征收普遍牵涉地方政府重大利益的情况下，为了保证人民法院能够有效抵制地方政府的不当干预，土地征收案件可以提高管辖级别或实行异域管辖；鉴于目前立法难以清晰界定公共利益含义的情况，最高法院可以出台一些司法解释指导法官审理此类案件，法官也可以发挥其能动作用，借鉴法国行政法官适应时代需要打造出的土地征收

① 广州大学城案．民主与法制时报：广州大学城拆迁风波的背后，http://news.sina.com.cn/c/2004-05-25/11303326485.shtml,2010年5月10日访问.

损益对比分析方法作为评判土地征收公用目的合法性的标尺①；至于判决形式，法院可以根据情况对此类纠纷作出维持、撤销、履行的判决，如果被诉行政行为对被征地农民造成了损害，则也可以判定被告对给被征地农民造成的财产损害进行赔偿。若对于补偿安置纠纷，则应当重视调解程序，立法应允许法院作出变更判决②，以便更有效地救济被征地农民的权益，节约救济成本。

（三）完善行政复议制度，扩大行政复议受案范围

行政复议作为土地征收与补偿救济的重要途径，有其不可取代的优点。第一，涉及土地征收及其补偿的案件，具有很强的专业性，涉及的利益主体范围也很广，影响面大，而行政机关具有相关的专业知识，掌握政策准确、全面，并具备平衡各方利益的能力，能很快查清事实，准确适用法律，作出公正决定。第二，行政复议比诉讼审查范围宽，不仅可以审查合法性问题，而且可以审查行政行为的合理性问题，并且对下级政府的不合理行为可以直接做变更决定，救济面广，对错误行政行为的纠正更为彻底。特别是土地征收补偿纠纷，根据《中华人民共和国行政诉讼法》第 54 条第 2 款规定，法院不能直接作变更判决，只能判决撤销或部分撤销原具体行政行为，而行政机关在重新作出具体行政行为后，又往往会引起新一轮的诉讼，不仅效率低下，而且增加了被征地农民的救济成本。第三，由上级行政机关对下级机关的土地征收及补偿行为进行复议，所作出的决定能得以有效执行，错误的行政行为能得到及时纠正，相对人的合法权益能得到更好的保护。第四，行政复议期限短，不收费，更为经济。因此，在目前我国司法内外部环境皆不如意、行政权一支独大的背景下，完善行政复议的救济制度，对当事人的权益保护具有重要意义。笔者认为，在现有制度框架下，可对行政复议制度作如下完善：

首先，取消《行政复议法》第 30 条第 2 款复议终局的规定，允许当事人对行政复议行为不服提起行政诉讼，加强司法权对行政机关土地征收权的监督。

---

① 张莉．法国土地征收公益性审查机制及其对中国的启示．行政法学研究，2009（1）：137-138.

② 目前，我国法院的变更判决只适用于行政处罚显失公正的情形。这涉及我国法院审查范围问题。根据我国《行政诉讼法》第 5 条规定，人民法院只审查行政行为的合法性，一般不审查合理性问题，因此变更判决适用范围有限。笔者认为为了节约救济成本，更好地保护相对人的合法权益，应赋予法院对行政处罚、行政裁决等行政行为进行合理性审查的权力，对这类行政行为的不合理情形适用变更判决。

其次，扩大复议受案范围。把所有征地纠纷都纳入复议范围，保障被征地农民的救济权。

再次，加强行政复议机构建设，完善行政复议程序，使其保持相对独立性，以公正解决纠纷。

最后，立法应明确行政复议期间停止土地征收的执行。《行政复议法》第21条第4款规定“法律规定停止执行的”停止行政行为的执行，为我们进行制度修正提供了足够的空间。在将来修订《土地管理法》或制定土地征收法时，应明确规定复议期间停止土地征收行为的执行。

（四）重视协调和信访制度的沟通功能，充分发挥行政裁决在解决土地征收纠纷方面的效用

1. 重视协调和信访制度的沟通功能

如果一个制度可以使当事人付出较少的时间、精力和成本维护自己被侵犯的权益，则我们就应该给其存在的空间。虽然目前我国协调和信访制度被多方诟病，笔者仍然认为，从构建和谐社会的角度出发，协调和信访制度仍然具有重要的作用。征地纠纷涉及人多面广，处理不当容易造成社会不稳定。协调制度保障被征地农民的参与权，给予被征地农民充分发表意见的机会，有利于化解矛盾，解决纠纷。何况，我国受传统儒家文化的影响，自古以来就有着无讼息讼思想，当遇到冲突与摩擦时，民众总是希望息事宁人，协调制度具有广泛的群众基础。

从实践层面来看，信访制度目前仍是我国被征地农民首选的救济方式①。这与我国的体制、农民的观念有关。从建设法治国家的视角出发，征地纠纷应该转入正规救济渠道去解决。对信访这种救济方式只能予以削弱乃至逐步取消，而不能通过制度安排予以强化，但是信访制度所具有的协调功能值得我们重视，信访从一定意义上说就是谋求更高一级政府的协调解决。

目前，安徽、浙江、湖南、重庆、天津、山东、江西等地已经展开试点工

---

① 上访是失地农民的首选方式。以内蒙古自治区为例，2003年初到2005年6月的两年半时间，因土地征收引发的群众到自治区党委、政府集体上访共1005批次8042人次，分别占同期集体上访总量的17.8%和17.2%，居各类信访问题的第二位。这还不包括自治区国土资源厅同期受理的集体上访717批次6294人次。土地信访问题不仅持续保持高位，而且呈现增长态势。据国家信访局通报，该区集体进京上访总量出现下降趋势，但以土地问题为核心的三农问题集体上访却仍很突出，占集体进京上访总量的35.1%，同比上升6.4%。连辑．关于土地征收引发信访问题的调研报告．内蒙古工作，2006（8）.

作，探索地方土地征收协调裁决机制。以浙江为例：浙江省政府于 2007 年 2 月出台了《浙江省征地补偿标准争议协调裁决办法》。不仅明确规定实行先协调后裁决的原则，而且在协调程序中吸取了听证程序的特点，如及时告知当事人协调的时间、地点，审查各方提出的理由、证据，并且做好协调笔录等，同时，还规定无论协调是否成功，都要向申请人出具书面结果。笔者认为，以后协调制度中还应着重强调协调自愿原则，充分尊重被征地农民的意愿，政府不能以势压人；另外，还应明确规定，协调不成，及时裁决。

2. 建立公平、公正的行政裁决制度，充分发挥行政裁决对被征地农民权利的救济作用

行政裁决作为集体土地征收补偿救济的重要方式，具有其他救济方式不可替代的优点。首先，按照《土地管理法实施条例》第 25 条的规定，裁决机关是征地补偿决定的上级机关，我国行政系统实行领导从属体制，下级服从上级，处理决定易于执行。其次，土地征收纠纷专业性强，裁决机构内置国土资源部门人员，对于纠纷所涉及的专业问题了解更全面，更具权威。再次，以行政方式解决争议，效率高，比较经济。最后，行政裁决审查内容广，不仅可以审查合法性，而且还可以对补偿方案和标准进行合理性审查，并有权在认定标准或方案不合理时对其进行直接变更。在我国行政话语权远远大于法院，政府对农村社会的影响力远远大于法院的现有体制下，将行政裁决作为被征地农民救济方式之一，具有重要意义。但是行政裁决毕竟是体制内解决问题的方式，只能是救济制度的一部分，并且不应该是主要部分。鉴于此，笔者认为应从以下几个方面完善：

第一，完善立法。在修订完善《土地管理法实施条例》或制定专门的土地征收法时，由法律对裁决的承办机构、裁决申请时效、裁决程序、裁决期限、裁决效力等作出详细的规定，使行政裁决制度更具操作性。有学者主张扩大行政裁决范围，把所有的征地纠纷都纳入进来，笔者不敢苟同，因为行政裁决的对象是民事纠纷，土地征收行为不合公益目的或违反法定程序等属于行政争议，纳入行政裁决范围不当。

第二，改变行政裁决一裁终局的做法。对于目前学界将“行政裁决设定为权利救济的前置程序”的主张，认为这样可以节约成本，提高效率，笔者持保留意见。给予当事人充分地选择救济途径的权利无疑更有利于保护相对人的合法权益，因此，应允许被征地农民在行政裁决、行政复议、行政诉讼等救济方式中自由选择。同时，笔者认为，应由法律作出明确规定，对裁决机构作出的裁决，被征收农民有提起行政复议或行政诉讼的权利，通过复议和诉讼加

强上级行政机关和司法机关对政府征地行为的监督管理，规范征地权。

第三，设立专门的裁判机构确保裁判公正。目前，我国行政裁决设置有失程序公正，严重影响了行政裁决的公信力。为保证裁判的公正性，使被征地农民权益得到有效救济，我们可以借鉴英国土地裁判所制度和我国的劳动仲裁委员会制度，设立专门的裁决机构，独立于批准和实施征地的政府部门。裁判员可以面向社会聘任；在程序上可以参照仲裁模式进行，可以召开听证会；其裁判具有法律效力，可由当事人申请法院执行。当然这种制度具体如何运作，和其他权利救济体系如何衔接，仍有待进一步探讨和研究。

被征地农民是重要的弱势群体，对被征地农民提供充分有效的权利救济是保障弱势群体合法权益的重要部分。在我国目前被征地农民权益受到严重侵害的情形下，建立和完善被征地农民的权利救济机制，不仅有利于保护被征地农民的合法权益，而且有利于扶正在土地征收过程中倾斜的天平，匡扶社会正义，实现社会的安定团结和和谐发展。当然救济制度的建构是长期的过程，也是一个系统的工程，需要方方面面的不懈努力。我们相信随着国家法治进程建设的加快，被征地农民的权利救济制度一定会很快建立起来。

论任务分配规范在中国残疾人保障事业中的作用

湛中乐　苏　宇*

【内容摘要】《残疾人保障法》中规定了大量任务分配规范，这些规范除了价值宣示作用外，还通过“以虚御实”的方式调控着整个权力责任系统、引导着下位法规范的具体制定，其价值导向也对司法过程的法律适用产生一定的间接效力。不仅如此，这类规范还为改革尝试及开拓性举措提供合法性支持和约束。它们也隐含了提倡服务行政、增强公共服务的回应性的要求。我们需要理解它们的复杂功能，并且积极用好这类规范。

【关键词】残疾人保障法　任务分配规范　合法性　服务行政

《中华人民共和国宪法》第33条第3款规定：“国家尊重和保障人权。”第45条第3款规定：“国家和社会帮助安排盲、聋、哑和其他有残疾的公民的劳动、生活和教育。”残疾人作为弱势群体中的重要一群，其权益保障之事业为世界所瞩目。2007年，我国签署了《残疾人权利公约》，公约规定：“本公约的宗旨是促进、保护和确保所有残疾人充分和平等地享有一切人权和基本自由，并促进对残疾人固有尊严的尊重。”我国在2008年修订了1990年制定的《残疾人保障法》，① 以此法为中心，与原有的残疾人保障方面的法规、规章

---

* 湛中乐，北京大学法学院教授，法学博士；苏宇：北京大学法学院博士研究生。本文系出席2010年7月中国行政法年会的论文稿。

① 1990年12月28日第七届全国人民代表大会常务委员会第十七次会议通过；2008年4月24日第十一届全国人民代表大会常务委员会第二次会议修订。

相连接，构筑了一个残疾人保障法律规范体系。①

析读这一法律规范体系，我们不难发现，其中大部分规范是对国家、政府和有关社会组织之公共任务的一种方向性规定。例如，《残疾人保障法》第4条规定："国家采取辅助方法和扶持措施，对残疾人给予特别扶助，减轻或者消除残疾影响和外界障碍，保障残疾人权利的实现。"第18条规定："地方各级人民政府和有关部门应当根据需要有计划地在医疗机构设立康复医学科室，举办残疾人康复机构，开展康复医疗与训练、人员培训、技术指导、科学研究等工作。"这类规范占据了《残疾人保障法》的绝大部分，在有关法规、规章中也占据一定比重。可以说，它们构成了残疾人保障法律规范的主要类型，甚至在中国也是相当一部分其他弱势群体法律保障的重要规范类型。但面对这种规范类型，公法学界或者未加关注，或者简单地认为这种规范仅仅是一种姿态宣示或抽象导向，很少深入其现实机理和功用去进行分析。这不能不说是一种遗憾。要深入理解中国特色的行政法治进程（也是未来可能的行政法治进路），就必须读透这些富有政策意味的法律条款，明白此类规范在中国弱势群体保障事业中的大量存在究竟意味着什么。本文将从残疾人保障法律规范体系入手，对此类法律规范在残疾人保障事业中的作用进行分析，深入解读它们的法理和功用，进而冀图窥一斑而知全豹，审视政府任务分配规范在当代中国的弱势群体权益保护事业，乃至更广泛的行政领域中所扮演的独特角色。

---

① 在行政法规层面，参与构建这一法律规范体系的包括1994年制定的《残疾人教育条例》和2007年制定的《残疾人就业条例》；在部门规章层面，主要是《残疾人就业保障金管理暂行规定》(1995) 和《海关总署关于残疾人专用品免征进口税收暂行规定》及其实施办法（1997）。在地方性法规层面，各地制定的残疾人保障法规名称不一，例如，《浙江省残疾人保障条例》(2009)、《太原市残疾人保障办法》(2007)、《广州市残疾人权益保障条例》(2008) 等；在地方政府规章层面，主要针对残疾人就业、车辆管理、扶持或扶助规定等方面作了立法，例如，《江西省残疾人就业办法》(2010)、《昆明市残疾人机动轮椅车管理规定》(2009)、《山东省残疾人优惠扶持规定》(2008) 等。

一、任务分配规范①：现状与观点

在我国的公法和“第三部门”立法中，任务分配规范极为常见。从我国的立法现状看，这类规范的逻辑构成有两种基本模式：模式I是某一主体“应当”履行某一任务②，即“主体+应当+行为”模式；③ 模式II是某一主体履行某一任务，即“主体+行为”模式，例如，《残疾人保障法》第45条规定：“政府和社会促进残疾人与其他公民之间的相互理解和交流，宣传残疾人事业和扶助残疾人的事迹，弘扬残疾人自强不息的精神，倡导团结、友爱、互助的社会风尚。”这一表述实际上既包含对既有事实的法律确认，亦涵盖了未来的任务要求，此类规范通常原则性程度比前一类更高。这些规范所指涉的主体，包括国家、政府、政府的下属部门或机构，法律、法规授权的组织甚至不具备公权力因素的部分组织及团体。④ 个别规范还将“社会”，甚至“全社会”也

---

① “任务分配规范”这一术语为本文所拟，此前学界与此相类似的术语是“法定任务范围分配”(gesetzliche Aufgabenzuweisung)，Vgl J. Ipsen，Allgemeines Verwaltungsrecht，3. Aufl，2003，Rn. 831；台湾学者张锟盛从这一概念转换出一个类似概念“任务分配授权规范”。张锟盛．行政法学另一种典范之期待：法律关系理论．月旦法学，2005（6）．实际上，在德国法学中，虽然概念的语素构造不同，但gesetzliche Aufgabenzuweisung与本文所使用的“任务分配规范”有十分相似的一面。在德国的医药卫生、风险规制、大学自治等方面的讨论中均使用了这一概念。详细注释此处从略。

② 此处之所以采用“任务”而非“职责”的概念，除注释3中所陈述的理由外，尚包含以下三点考虑：第一，它们源起于计划经济任务体制的思维方式，是一种社会动员的任务模式；第二，从文本上看，它们并非典型的职责规定，而是一种任务要求，至少在法律规范层次还没有形成具体的职责；第三，它们在实际执行中也不是当作各个部门的职责，而是一项面向未来逐渐实现的任务。因此，以下讨论此类法律规范时均使用“任务”的概念。

③ 这里的逻辑联结词仅仅采取了规范逻辑三种基本模态（禁止、应当、容许）中的一个，并且没有采取任何否定表达式，因为在法律规范的相关表述里，唯有“应当……”才真正地表达一种任务分配。

④ 如果规范的主体为私人，或明显地具有私主体属性且仅要求对某一法定要求的遵守，未对其提出超出自身组织内部运作范围的积极任务，则该规范属典型的“义务规范”，与本文所分析的“任务分配规范”有别。

当做一种接受法定任务的主体。① 法律对这些主体分配的任务，则可谓种类丰富、五花八门，在《残疾人保障法》(2008 年修订版本，下同）中，任务分配规范的构成可以归纳如表 1 所示：

表 1　《残疾人保障法》的任务分配规范构成

主体	模式	条款② (下列条款以数字形式说明,x(y)表示第 x 条,第 y 款)	任务摘要
国家	I,II	4;6(1)(2);7(2);10(1);11(1)(2);12;21(1);28(1);30;33(1);34;36(1);38(1);38(4);41(1);46;49(2);50(3);52(1);54(1)(3);57	特别扶助、消除歧视、减轻外部障碍;保障政治参与;鼓励对残疾人提供捐助和服务;残疾预防;统计调查;抚恤优待(残疾军人等);保障受教育权平等;举办特殊教育师范院校、专业;保障劳动权;实行按比例安排残疾人就业制度;鼓励和扶持残疾人自主择业、自主创业;给予税费优惠;保护残疾人福利性单位的财产所有权和经营自主权;保障盲人保健和医疗按摩人员从业的合法权益;保障残疾人享有平等参与文化生活的权利;保障社会保障权,保障和改善残疾人生活;鼓励社会力量举办有关机构;逐步完善无障碍设施;研制、开发适合残疾人使用的信息交流技术和产品;鼓励和扶持设备开发等

① 除了前述《残疾人保障法》第 45 条外，尚可参见本法大量其他条款（下详）、《中华人民共和国传染病防治法》(2004 年修订）第 16 条第 1 款、《中华人民共和国农业法》(2002 年修订）第 8 条第 1 款、《中华人民共和国未成年人保护法》第 27 条第 1 款(2006 年修订)，等等。

② 为节省空间,“条”用阿拉伯数字表示,“款”用加括号的阿拉伯数字表示。其中,第 7 条第 3、4 两款视为对本职工作的强调,不属于专门的任务分配要求;第 25 条第 2 款、第 33 条第 2 款为规范结构完整的义务条款,第 36 条第 3 款、第 5 款、第 37 条第 1 款、第 49 条第 1 款为不完整但规范要素清晰且可补充完整的义务条款;故不列入。

续表

主体	模式	条款 (下列条款以数字形式说明,x(y)表示第x条,第y款)	任务摘要
社会	I,II	7(1);19(2);21(3);32;44;45;46(2);52(1);54(3)	理解、尊重、关心、帮助残疾人;支持残疾人事业;对康复人员进行技术培训;帮助完成义务教育;举办残疾人福利企业;保障和改善残疾人生活;促进理解和交流;逐步完善无障碍设施;研制、开发适合残疾人使用的信息交流技术和产品等
政府	I,II	5(1)(2)(4);15;16;17(1)(2);18;19(2);21(2)(3)(4);30;35;36(2)(4)(6);41(1)(2);43;44;45;48;50(1)(4);52(2);53(3)(4);54(2)	纳入规划和预算;制订纲要、规划及计划;听取残疾人意见;建立和完善康复体系;在医学机构设置康复科室;对康复人员进行技术培训;为残疾人接受教育创造条件;帮助完成义务教育;提供免费教科书、补助和资助;统筹规划就业;举办残疾人福利企业;组织和扶持农村残疾人从事生产劳动;确定优先和专产的产品、项目;开发适合残疾人就业的公益性岗位;丰富文化生活;促进理解和交流;给予社会救助、护理补贴;给予交通便利和优惠;规划、协调、监督无障碍设施建设;推进设施改造、维修保护等
政府部门	I,	5(3)(4);13(1);15;16;17(2);18;20;24;27;29;36(2);41(1)(2);43;44;51;53(3)(4);54(2);56	听取残疾人意见;表彰和奖励(四类对象);建立和完善康复体系;鼓励和扶持社会力量兴办康复机构;在医学机构设置康复科室;组织和扶持残疾人康复器械、辅助器具的研制、生产、供应、维修服务;合理设置残疾人教育机构;开展成人教育(含扫除文盲);组织和扶持盲文、手语的研究和应用等;确定优先和专产的产品、项目;建立和完善捐助、服务渠道;推进设施改造、维修保护;为残疾人参选提供便利等

续表

主体	模式	条款（下列条款以数字形式说明，x(y)表示第x条，第y款）	任务摘要
残疾人联合会及其开办机构	I,II	8;37(2);51	代表残疾人利益、维护合法权益、团结教育残疾人；发展残疾人事业；组织开展免费的职业指导、职业介绍和职业培训；建立和完善捐助、服务渠道等
残疾人所在单位	I	27;38(3);39	开展成人教育（含扫除文盲）；提供适当的劳动条件和劳动保护；对残疾职工进行岗位技术培训等
基层自治性群众组织\农村基层组织\社会组织	I	27;35;47(2)	开展成人教育（含扫除文盲）；组织和扶持农村残疾人从事生产劳动；鼓励、帮助残疾人参加社会保险
专业机构和事业单位	I,II	16;17(3);19(1);21(3);25(1)(3);26	按法律要求（共8点）开展康复工作；开展康复训练活动；开设康复课程；帮助完成义务教育；对有能力的残疾人实施普通教育并提供便利；招收残疾幼儿；实施学前教育、义务教育、高级中等以上文化教育、职业教育；具备适合的场所和设施等
公共场所	I	55	创造条件提供信息交流服务、优先服务和辅助性服务
其他		22;23;31;37;55	[残疾人教育方针及就业政策；公共交通工具的设施要求]

从表1中我们可以看到《残疾人保障法》除了第八章“法律责任”，几乎可以看做一个面向整个政治共同体的任务分配序列，可见任务分配规范在我国现行弱势群体保障法制中占据多么重要的地位。对于这种占据主流地位的任务分配规范，学界或者将其直接忽略，或者简单地否定其法理意义和现实价值，最典型的批判声音有如下几种：

（1）将此类规范看做是“不可操作的规范”。有学者认为，此类行政法规范设定了权利义务关系却不能实现权利义务关系；是一种让权利义务关系永远停留在应然状态的行政法规范；它欠缺行为规则的客观标准，没有调整实质性的社会关系。① 在这种批评视角中，潜在一种习惯性的取向，即以某种模式的标准法律规范为参照对象，观察到任务分配规范中某些要素（如法律后果、效力规定等）的缺省，而对其存在形态作出批判。②

（2）将此类规范看做是法律原则而非法律规则。有学者在指出此类规范属于法律原则的同时，注意到这样一个现象：我国的整个立法工作呈现出这样一种布局——法律规定原则、法规确定规则、规章细化规则，“无形中把国家立法权的重心由立法机关转到了行政机关，使行政机关成了立法的主角，这不符合分权原则，也有违民主体制”。③

（3）将此类规范看做“框架性法律”的一部分。这一观点有受西方“框架立法”（framework legislation）观念的影响，学者们在中国此类法律规范以及这样一种立法特色与西方的框架立法之间发现了某种相似性，并且借用后者的视角来给前者定位。④ 学者们对此种立法取向有着褒贬不一的态度。

总的来看，这些法律分析各有其道理，但似乎都绕过了两个相互紧密关联的核心问题：第一，这些法律规范是什么性质的法律规范？第二，这些法律规范在社会生活、行政管理和法治事业等领域当中的真正作用是什么？这两个问题的答案似乎简单，但实际上正是对它们不依不饶的追问，才能真正看到这些规范在中国当代弱势群体保障乃至更广阔的社会事业中所起到的作用和它们对于中国行政法治进程的独特意义所在。

---

① 张淑芳．不可操作的行政法规范研究．河南省政法管理干部学院学报，2005（6）：47-49．其虽然没有直接援引残疾人保障法的相关规范，但其所列举的部分规范与《残疾人保障法》中的相关规范非常相似，本质上属于同一类型。可以认为作者已经将任务分配规范纳入了“不可操作的行政法规范”之中。

② 张淑芳．不可操作的行政法规范研究．河南省政法管理干部学院学报，2005（6）：49-54．

③ 马岭．规则之治，还是原则之治？——我国目前立法工作的重心探讨．学习与探索，2004（3）：47．

④ 例如，卢正涛．从法律的依据到法律的规范：法治政府建设之关键．行政与法，2009（11）：35；王保民．中国行政立法的利弊得失．四川行政学院学报，2007（6）：57；一个可以参考，但未给出具体法条例证的论述。李林．全球化时代的中国立法发展（中）．法治论丛，2002（11）：8-10．

二、残疾人权益保障法制观察：任务分配规范之功能与性质

让我们先从前两种见解开始分析。这两种见解本质上采用的是一种传统的法理框架：法律规范=法律原则+法律规则，而法律规则之中又分要素完备和不完备的规则。实际上，仔细考察一下任务分配规范，就可发现一些重大疑点。首先，它似乎很难用要素完备与否的标尺来衡量，对于法律规则中不完整规范的归类，较为经典的一个归纳可参见著名法理学家 A. Kaufmann 的概念框架：完整的法律规范包括构成要件（Tatbestand）、法律效果（Rechtsfolge）和效力规定（Geltungsanordung，将构成要件连接到法律效果）三部分，不完整规范可能欠缺其中一部分，但连接于其他规范则能够将其补充完整。这些规范包括立法定义、援引性规范、解释性规则、普通可推翻推定、不可推翻推定、拟制六个类型。① 但任务规范并不在这些类型之中，甚至根本就没有包含于任何一个典型要件。换言之，它很可能属于另一种法理认知程式中的规范，需要适用不同于法理传统的分析框架。

将此类规范认定为一种法律原则的视角，粗略观之亦未尝不可，但终究没有摆脱一个根本的约束条件，即以规范效力为中心（以司法或准司法方式的法律适用为其视角）的分析方式。在这种视角中，原则与规则的区别，在于其内容层次、明确性和发挥效力方式的不同。问题是，即使此类规范在司法或准司法方式的法律适用中能够起一定的附带作用（详见下文），它们本身亦并非专门为这种法律适用场合准备的。换言之，必须将其放置于一个更广阔的视野中，脱离狭义的法律适用场景，才有可能清晰而现实地认识它们的性质。

这类任务分配规范在我国当前的行政管理和社会生活中发挥的功能，实际上是相当复杂的。在不同层面上，我们可以观察到任务分配规范的数种关键功能：

1. 国际层面：价值宣示与成绩报告

当一项立法成为一种向共同体内所有可能动用到的力量（甚至包括抽象的“社会”、“全社会”）的系统性任务清单时，这意味着什么？先不论涉及国

---

① A. Kaufmann. Rechtsphilosophie，2. Auflage，Müschen，1997，III：第 17-18 段.

家与社会二元划分之类的深层论题,① 它首先是一种全面动员意识的产物，这种全面动员意识与法制的结合，却很可能是改革开放以后的事情。② 如果说当时全面动员仍然是一种习惯性的政治运作方式的话，那么它至今纹丝不动的存续，已不能简单地看做计划经济的残余物，也并非纯粹的惯性政治思维，只因全面动员的外壳下已经裹进了意味深长的新内容。

首先，这是一种重要的价值宣示，也是整体上的价值肯认。对于这种价值宣示在法解释学和法律适用实践上的意义，下文还将详述，这里需要先指出的是这种价值宣示在国际层面的意义。在话语权力日益突出的国际政治中，人权保障价值的宣示与肯认，对于维护话语权、特别是缓和人权话语压力起着重要作用。在构筑话语压力防御框架时，某一领域只要建立了一个现行有效的法律体系，而当中已经至少包含某些宣示性条款时，在国际话语交流中就已经有了基本支架，由这一支架延伸开去，将较容易获得一个完整的价值话语防御阵地。这一点作用已无须多加赘述。从这一点看，这些条款难免在相当程度上涉及政治辩护，甚至可能有将法律作为一种宣传工具、使法律政治化的危险；但在这种辩护中，有益的价值宣示和导向亦同时被建立起来，并且促成了政府在相关弱势群体保障方面的行动；如何能在规范运行的过程中淡化其政治辩护色彩，增强其权益保障导向，防止法律规范的泛政治化倾向，是我们需要进一步加以研究的主题。

对于任务分配规范而言，较为隐蔽的一个功能是在国家义务履行情况的评估中，作为混合计算成绩之依据。在我国人权保障的一系列白皮书中，许多人权保护进展是国家与社会合力取得的。例如，2005 年 4 月发布的《2004 年中国人权事业的进展》指出："农村的扶贫开发继续对残疾人开展专项扶贫，社会各界采取多种形式对贫困残疾人进行帮扶，2004 年共使 127 万残疾人解决

① 法学人往往对触及国家与社会之间关系的论题有一种过度的敏感，容易担心全权主义国家将社会层面吞噬进去，急于表达"必须保卫社会"的立场。这一问题需要视情况而定，实际上《残疾人保障法》之类的法律中，针对社会所规定的一系列任务分配规范，丝毫没有钳制社会乃至吞噬社会层的意图，也很难认为潜在这方面的危机，故本文并不针对此点作政治哲学上的论述。

② 就笔者所能查找的所有改革开放以前的中央层面立法而言，未发现任何以社会为主体的任务分配规范。最早向社会分配任务的法律条文出现在 1980 年。实际上，虽然当时政治的动员意识和操作都处于较高水平，但法律规范中却相对较少地出现动员色彩的要求。较合理的一个解释是，"文革"中被大大强化的全面动员意识，很自然地延伸至"文革"结束后的法制建设中，只是全民动员的导向、方针发生了根本的转变，但动员技术却依然保留了下来。

了温饱。"① 于此回顾《残疾人保障法》第46条第2款，"国家和社会采取措施，完善对残疾人的社会保障，保障和改善残疾人的生活"，即可发现社会的助残帮扶行动已经被纳入国家立法的任务分配之下，从而也成为国家履行人权保障义务的一部分。客观地看，这一功能应值得我们的肯定，因为这里存在双重的特殊性：第一，在很多领域，我们无法截然区分国家与社会层面的行动，尤其涉及半官方性社会组织及部分基金会的时候，往往其行动中混合着国家和社会的双层动力，这种特殊的联结在中国对人权保障事业作出了很大贡献；第二，当前很多社会行动依然有着国家动员的影响，并且正如《残疾人保障法》所"规定"的那样，社会力量在残疾人权益保障领域的合法活动受到国家的鼓励，它们有时也需要依赖政府提供的信息、政策优惠和其他助力。在一种国家与社会力量密切整合的体制下，对人权保障成绩的总体统计亦不失其公平之处，总体统计的需要使得全方位的任务分配规范成为其制度依据与合法性供给的支点。这种功能不应被忽视。

2. 国内层面I——政府：纲领性立法与权责划分

在体制内部，任务分配规范发挥着关键的功能。首先，对于整个残疾人保障法律体系而言，这些规范起着提纲挈领的作用。尽管《残疾人保障法》明显不同于国外的"框架立法"，但这一概念毕竟为我们提供了一种有益的参考视角。在框架立法中，构成"框架"的是一系列的形式权限、程序和宏观目标，尤其强调提供中立性的程序框架与规则；② 而《残疾人保障法》中如果存在"框架"的话，则这种框架就是一个宏观任务列表，更多地带有实体而非程序规范的色彩（还不能简单等同于实体法）。框架立法包含着一系列向未来开放的、规则明确的程序技术；而《残疾人保障法》除了个别条款的立法委任与明确授权外，大部分是笼统的、开放性的任务要求和目标设置。这种立法模式背后"宜粗不宜细"之类的指导思想曾经为来自不同部门法领域的学人所批评；客观地说，学界所批评的弊端也确实在不同程度上存在；③《残疾

① 这一文件的相关陈述还包括："2004年，有330多万残疾人得到不同程度康复。""2004年，4112名残疾学生进入高等院校学习深造，54.3万残疾人接受了职业教育和培训，4万多名贫困残疾学生得到资助。"等。这些都是国家与社会合力取得的成就。

② Elizabeth Garrett, "New Perspectives on Statutory Interpretation: The Purposes of Framework Legislation", 14 *J. Contemp. Legal Issues* 717: 736-740.

③ 例如，赵秉志，王燕玲．改革开放30年刑法立法基本问题研究述评（下）．法学杂志，2009（3）：43；孙书妍．立法技术与法律的有效性——以就业促进法为例，人大研究，2008（6）：24；廖永安，冯杨．我国民诉法修改的若干问题——兼评《民事诉讼法专家修改建议稿（第三稿）》．金陵法律评论，2005（1）：84.

人保障法》部分任务分配规范也过于宽泛和含糊，难以产生确定的效力和可操作性，这都是需要改进的问题。

但正是这样一种任务分配型的立法，在整个残疾人保障法制体系中担当着制度纲领的位置。这种法律担任的是总体权利主张和整体政策导向的角色，大量具体而灵活的措施，包括具体政策工具设计（如残疾人就业保障金管理制度）、政策标准（如残疾人就业比例）和具体实施力度（如处罚措施）被放置于低位阶的法律文件（如《江西省残疾人就业办法》）中，政策标准和辅助执行措施有时也可能被放置于政策性文件中。这种为我们所熟知的“法律—政策”系统可能使得某些关键措施的规范位阶显得偏低，并且似乎使法律显得缺乏充分的实质性决断，但这种状态却正适合中国的国家类型：相比起我们所习惯使用的西方国家（多为立法型或司法型国家①）法治模式而言，中国当前所显示出来的管理型国家特征甚为浓厚，而这一类体制由于其诉诸的是事情的状态、实际的必然性和局势的强迫——本质上是诉诸处境（Situation）和合实际性（Sachgemäßheit），② 正适宜于化整为零的决断。

在这样一种状况下，我们需要更多地以正视现实、体察现实的心态去理解任务分配规范作为看似空泛的总纲，实际上所发挥的作用。在一个领域的法制体系里，规范密度（Normdichte）需要安排为何种分布格局，是颇有智慧含量的。在相似的领域，美国的残疾人法就是规范密度和精细度相当高的法，而德国则没有一个总体上的“残疾人法”。③ 中国的残疾人保障立法，采取了一种典型的金字塔式规范密度结构：最上层是抽象而宏观的任务分配规范，效力位阶越往下，法条和规则就越多，实质性的规范密度也越高，规范内容也就相应越精致。

---

① 关于立法型国家、政府型国家、司法型国家和管理型国家的合法性与正当性．［德］卡尔·施米特．政治的概念．刘宗坤，等译．上海：世纪出版集团，上海人民出版社，2004：191-215.

② 关于立法型国家、政府型国家、司法型国家和管理型国家．施米特．合法性与正当性．氏著．政治的概念．刘宗坤，等译．上海：世纪出版集团，上海人民出版社，2004：196.

③ ［德］维尔特劳特·图斯特，彼得·特伦克．欣特贝格尔．残疾人法——对实践和研究的系统论述．刘翠霄，译．北京：法律出版社，1999：1-8. 但德国有《重度残疾人保障法》(1953 年制定，以后历经多次修改)、《重度残疾人失业保障法》(2000 年制定）以及《社会法典》第 9 章（关于残疾标准、残疾康复和重度残疾人失业保障)。［德］戴蓓蕊．德国的残疾人保障．社会保障研究，2009（1）：73-79.

我们可以将这一安排解读为灵活应对社会变化的需要，解读为法律修订的缓慢与慎重迫使具体规则下移；但如果理解中国社会的权力流以及相应的规范实效发生机制，对此种安排的理解可能更深。中国的权力体系可以分解为“恒常权力”和“当期权力”两类，前者属于制度化、固定化的权力，一般权威位阶越高，权力的作用也就越大，但是往往在当前的政治运作中缺乏有力的代表，它更多地在组织而非任务的意义上发挥作用；对各级行政系统影响更大的乃是当期权力，法律实施和政策执行的效果往往连结于当期权力的直接意志，因为后者有鲜活的、能够立刻施加利害结果的力量，权力位阶从上级方向离执法者越近，权力的作用也就越大。① 在这种情形下，这种金字塔形的规范密度体系是可以理解的，唯有将具体规则相对下移、更紧密地与当期权力相结合才能更现实地提升法的实效；而转型时期社会的多变，自然地带来具体规则的频繁调整，这就使得它可以不断地与当期权力重新结合而保持活力。这时，位于效力位阶高端的任务分配规范，则成为一种“以虚御实”的法门。

下位法规范虽然选择了政策工具和标准，界定着具体的权利义务边界，决定着执行力度，但其运行的各个大的方面均受制于任务分配规范。在第一个逻辑步骤上，任务分配规范直接决定着下位法规范的制定能否启动，此后前者通过以下几个途径深刻地影响着后者：第一，任务分配规范所配置的任务边界控制着下位法规范的权利义务配置可能性；第二，任务分配规范的价值导向无处不在地渗透到下位法规范之中，从而影响着下位法规范的价值取向；第三，任务分配规范为下位法规范提供了重要的制度生长点和参考任务结构，这种参考性的影响力结合其较高的规范权威，对下位法规范的制定也产生了许多间接影响。第四，即比较重要的一点是，在下位法制定的进程中，往往存在某种形式的上下级立法机关及有关部门的互动，下位立法对上位法的某些任务分配条款担负着具体化、细化落实的职责。在2008年《残疾人保障法》修订后，2009年浙江省和呼和浩特市最先出台了相应的残疾人保障条例，其中许多规范就是与《残疾人保障法》中一系列任务分配规范的对应具体化。换言之，任务分配规范通过下位法的对应具体化，调节着整个残疾人保障法律体系。

实际上，在改革开放以来的法制建设进程中，法律层次的任务分配规范，还在高层监督者与下位的规则制定与执行者之间建立了一个基点，引导着各方

① 一个形象的俗语是“县官不如现管”。坊间所流传的“法律不如法规大，法规不如红头文件大，红头文件不如黑头文件大”的现象也形象地反映了这一点。瞿宗斌．论法律难以信仰之现实原因．云南行政学院学报，2005（4）：96.

围绕具体制度建设进行一系列的互动。除了上段所述上下位法律规范之间的静态遵从关系外，高层还可以依据上位法的规定或对上位法的修订影响下位法的变化，只要存在一个以任务分配规范为主体的中心法律，就可以在一定的时机针对某一类任务的实施策动配套立法，“叫停”违反任务分配规范的举措，清理与中心法律不配套的法规和规章，乃至通过修订中心法律来带动下位法的整体修改进程。① 在这种纲领性立法“以虚御实”的推动下，一个“权力—责任”配置体系被初步建立起来。在残疾人保障领域，通常在地方性法规或地方政府规章层次，“权力—责任”体系最终经过各部门及残疾人联合会（“残联”）等组织之间一系列的协商被确定下来，而在这一互动中，《残疾人保障法》所规定的基本任务配置架构，成为各方磋商以及立法者最终决策的重要基础。② 尽管如此，这些规范在调节能力上，还欠缺一种必要的基本刚性；个别区分（如对“政府”和“政府部门”的区分）无配套的制约方式和互动结构，尚未显示出其应有的调节能力。这都是此类规范现存的重要缺陷，是我们需要注意加以完善的地方。

3. 国内层面II——法院：潜藏的法律解释资源

从法律适用上看，任务分配条款所起的作用与法律原则是很相似的，它们所包含的价值宣示与肯认，以及相应的行为导向，可以对下位法或其他法律法规中的相关条款起诠释作用。最为直接的一个领域是残疾人权益保障方面的行政诉讼。从理论上看，在针对行政法律规范中“不确定法律概念”（Unbestimmer Rechtsbegriff）的解释和行政决定之裁量瑕疵（Ermessensfehler）的认定中，任务分配条款均可以通过某种间接途径使其效力渗透到具体的法律适用中。③ 因为针对概念的法律解释实际上是一个价值取舍过程，“评价法学”时代的一系列法律方法工具诸如“类观点学”（菲韦格）、“需要填补的概念”（齐佩利乌斯）、“规范方案”（赖德尔）、“类型”（考夫曼）、“法律论证理论”（亚历克西）、“价值导向思考”、“精神创作”（哈特曼）等均展示了价值衡

① 据笔者了解，2010年有不少地方计划出台残疾人保障条例或残疾人保障法实施办法，包头市已于今年3月出台了《包头市残疾人保障条例》，北京市的相关实施办法也在修订之中。这些都是由《残疾人保障法》修订推动的下位法修订进程。

② 就笔者访谈了解，这一互动的主要部分，就是围绕《残疾人保障法》的相关任务配置，在残联与卫生、劳动、教育等几个部门之间划定职责。在这里，任务分配条款成为各方都试图借助但又无法超越其边界的制度资源，成为各方协商有时隐而不显但却不可或缺的重要根据。

③ ［德］毛雷尔．行政法学总论．高家伟，译．北京：法律出版社，2000：131-135.

量的必要性和规范空间。① 任务分配条款在法律解释活动中所担当的角色，主要是对“规范意向”的展示，以及从“客观的目的论”意义上探寻不确定法律概念的具体含义，② 从目的解释方面推进其他法律规范的诠释。《残疾人保障法》中所包含的任务分配条款规定了双重的目的：既包括法律自身的目的，也包括相关行政主体和社会主体需要遵从的目的，也就是说，它很可能导出一种强化的价值目标导向，从而对具体的法律适用产生一定程度的间接影响。

这种影响在司法实践中亦可寻得。在《残疾人保障法》修订以前，有两个涉及1990年《残疾人保障法》的案例耐人寻味。③ 在张某诉珠海市香洲区人民政府等不履行社会救济义务纠纷案④中，原告左手上臂患肿瘤需进行手术治疗，按照原告的主张，所需费用多达8万元，这一费用标准已远远超过了社会救济的一般标准，两被告提出该手术不属于基本医疗范围，因而不属于《广东省社会救济条例》中所规定的“最低生活保障救济”。原被告双方及法院都援引了《残疾人保障法》第41条的规定：“国家和社会对无劳动能力、无法定抚养人、无生活来源的残疾人，按照规定予以供养、救济。”在本案中，“最低生活保障救济”一语的具体内涵，使行政主体和法院都感到有必要援引任务分配条款进行解释；在法院结合该条认定两被告已经尽了供养和救济义务时，裁判书中没有写出具体推论过程，实际上这里隐藏着一个包含价值推导和诠释的“黑箱”形态的法律论证，我们只能知悉结论，而无法得知具体的论证步骤和过程是什么，但可以肯定的一点是：被告和法院援引该任务分配规范最终都为行政主体的行为提供了合法性支持。而在更早一些的孙庆国诉濮阳市园林绿化队追索工资案⑤中，1990年《残疾人保障法》第30条却起了至关重要的作用，该条规定：“国家推动各单位吸收残疾人就业，各级人民政府和有关部门应当做好组织、指导工作。机关、团体、企业事业组织、城乡集体经济组织，应当按一定比例安排残疾人就业，并为其选择适当的工种和岗位。”在本案中，原告到被告处要求其安排适当工作，被告未予解决，法院根

① ［德］卡尔·拉伦茨．法学方法论．陈爱娥，译．北京：商务印书馆，2004.

② 关于“规范意向”与“客观的目的论”的使用方法，见前注拉伦茨书，第220页。

③ 以下两个案例均来源于北大法宝数据库，http：//vip. chinalawinfo. com/，2010年6月25日访问。

④ （2003）珠中法行初字第15号。

⑤ （1995）濮区民初字第667号；（1996）濮民终字第148号。

据这一任务分配条款（在当时是义务规范①）支持了原告的请求。② 虽然时至今日，当年的义务规范已经部分转化为任务分配规范，③ 但很难截然否认这种任务分配规范仍然存在相当重要的价值影响并由此产生权利主张压力。第一个案例从带有过去义务规范色彩的任务分配规范中寻求合法性支持，证明行政主体已履行法定义务，已经从侧面印证了这一点。

正因《残疾人保障法》中部分关键的任务分配规范，系由计划经济时代的义务规范转变而来，它们与一般的宣示性条款相比可能存在着解释力上的程度差异：它不仅包含着宣示性条款的价值抉择压力，而且还包含着义务性条款

① 当时的情况比较复杂，劳动就业仍带有浓重的国家分配痕迹，当原告提出安排工作要求时，法院不仅援引了《残疾人保障法》，还首先确认了公民的劳动权，认为这是《宪法》、《劳动法》赋予每个公民的权利，应当得到保障。由此看来，当时这一规范实属义务规范而非任务分配规范。

② 1989 年，原告到濮阳市园林绿化队保卫科工作，1992 年，保卫科被撤销，其人员全部充实到一线生产。原告提出他是残废军人，不能参加体力劳动，经原告申请，被告同意原告为本单位办经济实体。1992 年 12 月，原告口头申请停薪留职，但未办理停薪留职手续。自 1993 年元月至 1994 年元月，原告未到被告处上班，被告于 1993 年元月停发原告的工资。1993 年 7 月原告被濮阳市残疾人联合会聘任为濮阳市油城工贸公司经理，由于该公司经营状况不佳，1994 年 2 月，原告到被告处要求其安排适当工作。被告未安排原告工作。原告自 1994 年 2 月开始办理病退手续。1994 年 10 月 1 日，原告正式办理了退休手续，被告又补发了原告 1994 年 8、9 两个月的工资。原告要求补发自 1993 年元月至 1994 年 8 月的工资，被告以这期间原告未到单位上班，已形成停薪留职的事实为由拒绝补发，形成纠纷。法院判决认为，原告自 1993 年元月至 1994 年元月未到被告处上班，被告不应补发原告该段期间的工资，原告虽于 1992 年底口头提出停薪留职申请，但未办理停薪留职手续，不能视为已形成停薪留职的事实。1994 年 2 月，原告要求被告为其安排合适的工作岗位，被告未能及时安排，被告应当给予原告在 1994 年 2 月至 1994 年 8 月办理退休手续过程中一定的生活费。

③ 按比例就业在今天同样是有关用人单位的法定义务，但根据现行《残疾人保障法》的规范语境，其却不具有直接的可诉性（必须依附于劳动法方面产生就业请求权的其他条款），因为相对于计划经济时代，劳动权的请求权已经被特定化了。因此，从受雇者的角度看，这仍然是一个规范任务分配条款。这里需要说明的是，“义务规范”与本文所论的“任务分配规范”不同，前者要求形成特定的、明确的结果（如符合具体规定比例、作出特定的招收入学决定、分配具体工作等）。Max Weber and Martin Albrow，R. Stammler，“Surmounting of the Materialist Conception of History”，Part 2，*British Journal of Law and Society*，Vol. 3，No. 1（Summer，1976）：25. 笔者认为，在受案范围足够宽泛时，义务分配规范逻辑上可以推导出相应权利拥有者的请求权，而任务分配规范则不能，这是两者在法律效果上的最大区别。

的结果状态压力，如负有相关任务者是否给予了充分的供养、救济或达到了按比例安排就业的要求，尽管这种压力水平与典型的义务规范尚有一定距离。目前，由于法律适用过程中法律方法的应用不够成熟和充分，也由于任务分配条款的含糊和宽泛性，司法机关对此类条款的间接效力仍未深入挖掘；在未来，我们需要将《残疾人保障法》中所体现的权益保障价值清晰化，进一步加强司法机关对《残疾人保障法》的适用，使任务分配条款的间接法律效力发挥更为突出的作用，更少地呈现为仅仅停留在纸面上的价值宣示。

由以上种种分析来看，我们关于任务分配规范的定性需要重新思考。单单从规范内容上看，它是一种基于目的程式（Zweckprogramm）而非条件程式（Konditionalprogramm）的法律规范，① 并非采取“构成要件——效力规定——法律效果”的逻辑结构建立，其功能亦不在于肯定或否定某一状态的法律效力，而是旨在从总体上调控某一秩序。在服务行政法和新型秩序行政法中，目的程式规范日益常见，它赋予了行政主体更灵活、丰富的行动选择空间，同时，也相应扩展了司法裁量权（在我国则是政策对行政的试错检验权限和回应能力），保持两者在形成秩序时的均衡。对于这种处于金字塔高端（顶端是宪法规范②）的任务分配规范，我们需要注意它的形成功能（Gestaltungsfunktion）而非仅仅是执行作用（Vollzugsfuktion）。③ 这样一种以目的程式为逻辑支架、以形成功能为功能内核的规范类型，不直接向私主体（整个法律作用过程的末端）直接输出合法性支持，而是给整个秩序框架注入合法性导向与目标。任务分配规范的这些属性，对中国残疾人保障事业的未来发展也将产生重要影响。

三、从任务分配规范到中国残疾人保障事业的未来发展

一般来看，法律规范的典型功能乃是对某一对象或行为输出合法性支持或

① 关于“目的程式”和“条件程式”，Vgl Karl-Peter Sommermann，Staatsziele und Staatszielbestimmungen，Tübingen：Mohr Siebeck，1997：357.

② 在这一金字塔顶端是《宪法》第33条第3款：“国家尊重和保障人权。”该款被法律诠释文献援引为宪法中的规范依据。信春鹰．中华人民共和国残疾人保障法释义．北京：法律出版社，2008：2.

③ 陈爱娥．行政行为形式—行政任务—行政调控——德国行政法总论改革的轨迹．月旦法学，2005（5）：15.

否定其合法地位；然而，任务分配规范的功能却是调控整个合法性[①]输出体系的架构与方向。略加考察便知，这种规范更多地适用于一个国家的“创业年代”，适用于大量举措还有待发展和补充、需要留足公共权力活动余地的年代。因此，任务分配规范的功能并不仅仅是统御一个任务框架，而且它们还在不断为新的开拓性举措和改革尝试提供根本上的合法性支持和引导。这就使得这些规范在当前的时代特别富有意义。

改革尝试和开拓性举措的合法性问题并不为学界所瞩目，但实际上很多时候行政主体和社会主体每一步的迈出，都离不开合法性链条的双重保障及约束：其一，来自在所处级别以上每一级主管机关的支持或默许；其二，来自在所处级别以上每一级法律规范体系一定程度的授权。这两条合法性链条自成系统而又相互牵涉，其合法性输出功能存在一定的差异。来自上级机关的支持或默许，反映着一种权威意志的传递，为改革尝试和开拓性举措提供根本的实质合法性支撑；而规范链条除了输出一些形式合法性支持外，还可以将面临变动不居风险的权威意志一定程度上固定下来。更何况，来自不同层次法律规范的合法性支持，还可能协助改革尝试者或措施创设者为行政系统以外的主体理解和接受、对抗可能的法律风险并帮助各级执法者在面对同级部门或组织时划定权力范围。因此，即使在某些情况下尝试者依靠权威意志和“革新理由”[②]的支持先行改革、开拓，也很可能接着便谋求给这些举措补充一套层级完备的法律规范支点。[③]

任务分配规范看来表述宽泛，似乎很难输出刚性的形式合法性保障及约束。但一般地说，下位法规范已经真正担当这种重任，因为下位法规范所面

① 这里所说的“合法性”包括形式合法性（legality）和实质合法性（legitimacy）。必须指出的一点是，任何一项事业的法治化，仅有 legality 都是不足的，必须补充一定水平的 legitimacy 依据方能真正合法化。甚至 legality 本身也仅仅是 legitimay 的一个类别，可以包络进 legitimacy 中进行分析。David Dyzenhaus, The Legitimacy of Legality, *The University of Toronto Law Journal*, Vol. 46, No. 1 (Winter, 1996): 129-180. 本文仍以这两个概念并置，而以一个整合的“合法性”概念加以统御。

② 在我国的改革进程中，改革创新本身有时候就成为一类独立的合法性（正当性）理由依据，详见苏宇．略论“试点”的合法性基础．政治与法律，2010（2）：77-84.

③ 一个典型的例子是相对集中行政处罚权的改革，这一改革最初仅有《行政处罚法》第16条和国务院法制办公室（当时是法制局）的批复以及国务院的政策性文件作为其依据，但随着改革的深入发展，各地纷纷制定了相应的地方性法规或地方政府规章，以及相应的下位规范性文件，有望逐渐发展成一个层次完备的法制支持系统。在未来，统一规定相对集中行政处罚权事宜的行政法规也有可能得到制定。

对的是具体执法者，是它们和行政相对人、和同级其他部门之间可能引起的合法性纷争。在这种情形下，一方面，任务分配规范是作为下位规范的最高合法性来源，间接提供一定程度的形式合法性支持；另一方面，它也在以一种不同于权威意志的方式输出着实质合法性。它输出的是若干种类的理由——包括价值理由、情势理由和权威理由，而理由是一切实质合法性支持的法理内核。①

在残疾人保障领域，《残疾人保障法》不仅清晰地表述了一套可以转换为合法性论证的根本价值支持，而且也包含了对国际人权保障潮流的回应，表达了国家（和社会）坚持残疾人保障事业的意志。在后两个方面，不能仅仅从字面上看待《残疾人保障法》中的一系列任务分配规范，当这些规范和立法背景、法律目标及其内容来源（部分规范的内容与《残疾人权利公约》有密切的渊源）连结起来时，它们就显示出回应国际公约要求、加强人权保障的情势需要，并且也体现了国家意志的积极姿态。正因为如此，任务分配规范才总体上担纲起合法性输出的主导角色，这些合法性资源既是对积极行政任务、改革尝试和开拓性举措的支撑，同时也构成了对它们的价值和情势压力。

这种压力并不仅仅是针对保障结果，而且容易被忽略的一点是对于任务执行方式和开拓性措施本身的潜在合法性要求。在《残疾人保障法》的任务分配规范中，许多用语如“辅助方法”、“扶持措施”(第4条等)、“创造条件”

① 在政治思想史上，不同类型的理由（reason，很多时候也作“理性”解）一直在为某种权力构成、统治行为或政府活动的实质合法性提供论证，例如，时势和处境理由（ratione temporis ac situationis）、至高理由（ratione supremitatis）、实质理由（ratione materiae）、国家理由（ragione di stato）、法律理由（legis ratione）、本性理由（naturali ratione，主流译法是“自然理性”）等。这些“理由”盛行于近代从博丹到施米特的欧洲公法道统之中，今天已经很少使用了，即使某些概念仍在使用，也已经改变了用法，例如，时势理由（ratione temporis）在今天就基本只在人权申诉领域作“侵害的现时性”判断要件之一部分，这已经大大不同于它原先的含义与功能。但最近又有学者注意到了这一点，如玛蒂尔德·科恩也指出理由与法治、实质合法性之间的关系。玛蒂尔德·科恩．作为理由之治的法治．中外法学，2010（3）：354-366．鉴于“实质理由”和“最高理由”在学术史上的特定含义，容易引起不必要的误解，这里用“价值理由”和“权威理由”代替之。关于价值作为一种关键理由对实质合法性所产生的影响，见 Peter G. Stillman, The Concept of Legitimacy, *Polity*, Vol. 7, No. 1 (Autumn, 1974): 32-56; Edward O. Correia, A Legislative Conception of Legislative Supremacy, 42 *Case W. Res.* (1992): 1129.

(第15条等)、“提供便利和帮助”(第25条等)、“扶持保护措施”(第31条等),以及广泛使用“鼓励”、“帮助”、“服务”、“采取措施”等概念的大量条款,蕴藏着对行政方式的要求——积极的“服务行政”(或进一步提升为“服务型政府”)。在残疾人保障领域,虽然当前部分行政主体如残疾人联合会已经积极承担了大量服务,为残疾人权益保障作出了突出贡献,但从整个公共行政领域看,服务行政的意识和机制并未完全形成。这并不意味着国家及政府未提供优惠政策,或未给予供养、救济、补助等,而是缺乏充分的回应性;而“回应性”(responsiveness)正是当代服务行政的核心要求。在传统行政中,政府对某种需求的回答是“是(否),我们能(不能)提供相应服务”;而在强调回应性的服务行政中,政府的回答应是“让我们一起努力行动满足您的需求。”① 然而当今残疾人保障领域的行政,却常常发生残疾人有困难找到相关政府部门时,相互推诿或一并推给残联的情况;残联自身又缺乏充分的权限和体制内资源去帮助有需求者。造成这一局面的原因并不仅仅是行政主体“怕麻烦”——或者说“怕麻烦”一语隐藏了太多内容。

回应性的达成需要目标、激励、资源(时间、人力、资金和权限)和组织机制支持。我们在高呼“服务型政府”的时候,却很少正视这些制度设计内容。实际上,任务分配规范固然是给出了服务的目标,但达成这些目标的专门性激励却不可避免地呈现匮乏状态——如果对残疾人保障目标给予政府部门有相当吸引力的特别激励,那么上百个类似的行政任务领域也需要同样水平甚至更高标准的特别激励,这样一种激励政策的规模总和是骇人的,我们的行政系统未必能拿出来。而在行政系统外部,我国的民意尽管能产生一定的影响,却尚未像欧美国家那样上升为一种有效的公共选择压力。更重要的是,回应性的服务行政要求负责人员能够灵活地动用体制内资源实现迅速的回应,而不是机械性地通过科层制内常规渠道将输入的需求输送到某一部门的专门处理机构解决,但要现行体制实现这种灵活动用资源的要求,其还得作巨大的制度调整。不仅如此,在当前多数行政部门都负担着繁重的行政任务时,要对社会主体开放提供解决疑难式的回应性服务(部分回应需要持续进行并耗时费力,对于残疾人保障问题尤其如此),很可能是一种难以承受的重担。仅仅有任务分配规范和相应的任务秩序架构、合法性输出体系,只是给合法性约束较灵活

① Robert B. Denhardt and Janet Vinzant Denhardt, The New Public Service: Serving Rather Than Steering, *Public Administration Review*, Vol. 60, No. 6 (Nov.-Dec., 2000): 554.

的服务行政提供了一种可能的行动空间，容许并调控改革尝试和开拓性举措，但自身无力保证一定满足其明确包含的服务目标，以及隐含的行政方式要求。

但无论如何，在这样一种总体上要求转变行政方式、达成社会目标并容许尝试空间的任务分配规范之下，我们总能努力逐渐接近那种规范期待。既然《残疾人保障法》的任务分配规范里一再提到“社会”、“社会力量”和“社会组织”，将整个社会整合到动员力量以内，就应当扩宽社会力量的参与渠道，通过政府与社会、公民的合作和共同努力来超越回应性的障碍。① 当前残疾人保障的社会服务机制虽然已经较此前作了一定的扩展，但总体上看，社会力量的动员和整合仍显不足，与“社会”层面相关的任务分配并没有充分发展的配套下位规则，尤其是激励性、引导性的规则；而且“社会”层面的参与亦不应仅仅限于社会组织，既然任务分配规范及于全社会，就应当设法整合社会众多社会个体，为他们参与服务提供更宽广的入口和更容易获得的指引，全方位地吸引分散的人力资源和物质资源，构建一个与任务框架更成比例、更加匹配的服务网络。这是残疾人保障事业潜在的发展空间，也是《残疾人保障法》的潜在要求。对于法律规范系统类似的其他弱势群体的权益保障事业，同样存在类似的情形，需要我们塑造一个与相应领域任务分配相适应、相匹配的行动框架，调整国家权力，引导社会力量，在法律规范系统的指引下共同为弱势群体保障事业作出应有的贡献。

结语

《残疾人保障法》中的任务分配条款看似比较空泛，最初可能也仅属宣示性的条款，但在日渐发展的中国特色法治事业和残疾人保障事业中，它们却通过不同于西方典型法制模式的路径，展示出独有的属性和功用，对于其他弱势群体保护的法律制度，这些任务分配规范同样起着类似的作用。它们符合了一个国家后发地构建某一领域的法律制度和行动框架时的需要；它们繁盛于国家的“创业时期”，以开放的姿态引导当下、面向未来；它们不是旧的经济体制

① See Eran Vigoda, From Responsiveness to Collaboration: Governance, Citizens, and the Next Generation of Public Administration, *Public Administration Review*, Vol. 62, No. 5 (Sep. -Oct., 2002): 527-540. 需要注意的是，作者强调 collaboration 作为取代 responsiveness 的一个高级阶段，但笔者认为这篇文章可以有另一种解读结论，即通过 collaboration 可以克服追求 responsiveness 所遇到的难以克服的障碍。

和立法模式的黄昏，而是新的法制秩序、新型互动格局的清晨。虽然这些规范仍然存在种种弊端，但我们应当更为清晰地观察它们的运行，把握它们的逻辑，防止其完全收缩到价值宣示和泛政治化的局面中，充分用好它们为进一步的立法进程、为更丰富的改革尝试与开拓举措、为弱势群体的更多保障事业服务。

少数民族教育与就业中的特殊法律问题

——以青海省少数民族为例*

才让塔**

【内容摘要】就业问题是市场经济下存在的不可避免的社会问题，少数民族就业问题是我国农民工问题、大学生就业、下岗工人就业问题之后面临的又一社会问题，它涉及国家民族政策调整和政府的就业方针。而在中国近三年的社会问题中，民族地区稳定的问题也越发凸显，其中就涉及少数民族的教育与就业问题。笔者以青海省民族地区的少数民族为例，对其从升学到就业的问题进行了考察，以促进少数民族教育公平进程中的深层次问题和就业矛盾的逐步解决。

【关键词】少数民族　教育　就业问题

在市场经济条件下，就业对于生活在城镇中的每一个人至关重要，它直接关系到人的生存问题。尤其是随着城市人口的不断增加，就业变得越来越困难。近些年来，我国的就业形势日趋严峻，特别是2008年后由于美国金融危机对全球经济的影响，就业问题在包括中国在内的许多国家都成为一个困扰政府的社会问题。在我国，由农民工、下岗职工和大学毕业生三股势力汇集起来的“就业大军”进入市场，引起的就业问题和社会压力非常突出。人们在关注这些群体就业问题时，却忽略了一个特殊的就业群体，这就是少数民族的就业问题。通过对青海省的少数民族群体就业情况的调查，笔者发现在青海的少数民族就业非常困难。原因是多方面的，但更主要在于同教育密切相关的政府政策倾向。因此，相对于内地汉族的就业问题，笔者在这里把少数民族的就业归结为“三难”。即少数民族学生考学难、少数民族大学生就业难①、少数民

---

* 本文中的少数民族主要指在学习、生活、日常交流操持母语的群体，主要为藏族。

** 才让塔，青海民族大学法学院副教授、北京大学访问学者。

① 少数民族大学生主要指民考民的学生，即用民族语言、文字学习文化课程、参加高等院校入学考试的民族学生。

族农牧民就业难。

青海省位于我国西北地区，地处青藏高原东北部，面积72.23万平方公里，东西长1200多公里，南北宽800多公里，辖6个藏族自治州（其中，海西为蒙古族藏族自治州）、1地、1市、51个县级行政单位，与甘肃、四川、西藏、新疆接壤。青海省是一个多民族的省份，全省总人口551.6万人。2007年底全省汉族人口为296.1万人，有53个少数民族，世居藏族、回族、土族、撒拉族和蒙古族五个主要少数民族，少数民族人口为255.50万人，占总人口比重的46.32%。① 2004年，中央藏区工作会议对青海藏区的地位进行了肯定，青海藏区主要指海南、海北、黄南、果洛、玉树和海西蒙古族藏族自治州（包括东部农业区藏族聚居区域），面积69.9万平方公里，占全省的97.1%；总人口166.8万人，占全省总人口的31.01%，其中，藏族人口121.13万，占省内藏族总人口的73%，占全国藏族总人口的25%，是西藏以外全国最大的藏族聚居区。全国共有10个藏族自治州，其中，青海就占了6个，藏区面积幅员辽阔，人口稀少、分散。少数民族人口比重低于西藏和新疆，居全国第三位。详见图1所示。

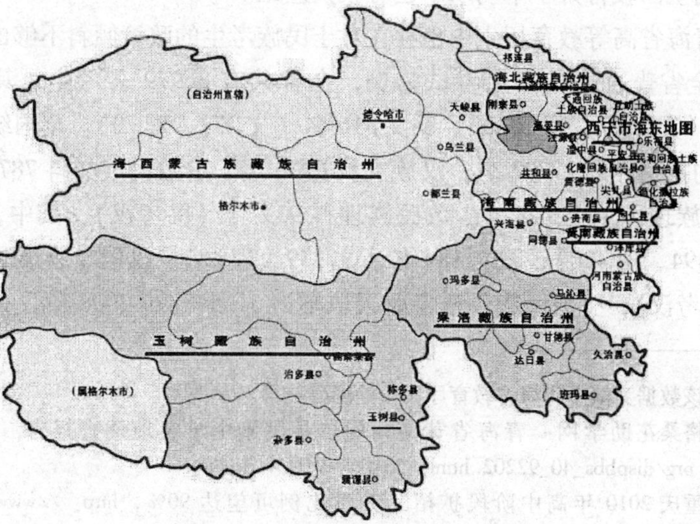

图1　青海省藏族自治州分布图

① 青海新闻网．到去年底青海省少数民族人口为255.50万人，http：//news.qq.com/a/20080510/000910.htm，2010年3月10日访问．

一、"一难"这里主要指少数民族学生考学难、高考难

在青海省共有民族中学包括初高中学校72所，其中，蒙语中学3所，700余人，其余为藏语学校，在读中学生共5.6万人①。如黄南藏族自治州同仁县民族中学2008年学校共有86人达到高校录取分数线，升学率54%，在2009年高考中，学校共有171名学生达到高校录取分数线（本科41人，大专131人），升学率56%。黄南藏族自治州第二民族中学2008年达到高校录取分数线为32.1%（本科7.7%、专科24.4%），2009年达到高校录取分数线为41.9%。② 通过这些数据可以看出青海省高中升学率与西部其他省市差距甚大。③ 另外，根据黄南藏族自治州同仁县教育局的有关资料显示，2008年全县民族中学初中毕业生729人，升入高中340人；2009年758人，升入高中597人；2010年881人，升入高中573人。在这三年中，同仁县初中毕业生2368人，升入高中1510人，升学率63.76%；未升入高中858人，失学率36.23%。④ 而2009年全国初中毕业生升学率85.60%，⑤ 这表明青海省初中升学率同全国教育升学平均水平也有较大差距。

在青海省高等教育招生中也存在对于民族考生的政策倾斜不够的情况。以2009年全省普通高校招生考试为例，全省共有36979名考生，其中，藏文3167名（文2127、理1040）、蒙文316名（文237、理79）。全国统一高考青海录取的招生计划27732名，汉族文科6939名、少数民族文科787名（民考汉）、汉族理科17443名、少数民族理科939名（民考汉），其中，藏文914名（文494、理420）、蒙文184名（文139、理45）。汉语专业录取率70.3%（包括民考汉），少数民族母语专业录取率为31.5%。⑥ 2008年，报考民考汉

① 该数据为笔者青海省教育厅民教处调研获得。

② 格桑花助学网．青海省黄南州同仁县民族中学实地调查报告，http：//bbs.gesanghua.org/dispbbs_40_92202.html，2010年9月4日访问.

③ 重庆2010年高中阶段扩招　升学比例可望达90%，http：//www.12edu.cn/zhaokao/zk/zkzx/201004/435664.shtml，2010年9月15日访问.

④ 笔者在后文中谈到在青海没有专门的民族职业技术教育学校，即便在职校学习毕业后也处于失业，因而称为"失学"。

⑤ 详见教育部．2009全国教育事业发展公报．中国教育报（第1版），2010-08-03.

⑥ 青海新闻网．2009年青海高考招生计划27732人录取率70%，http：//www.fjzsksw.com/gaokao/QH/262726.shtml，2010年3月15日访问.

的考生9740人，录取率73.36%，民考民考生1181人，录取率43.26%；2007年，民考汉8920人，录取率64.55%，民考民2290人，录取率57.86%。① 通过这些数据分析，我们发现青海省少数民族专业高考的学生，高考录取比例比汉语考试录取比例低一半，笔者查看了近三年的全国高考的录取率，平均在60%左右。在青海的少数民族专业的高考录取率也低于全国平均水平。详见图2所示。

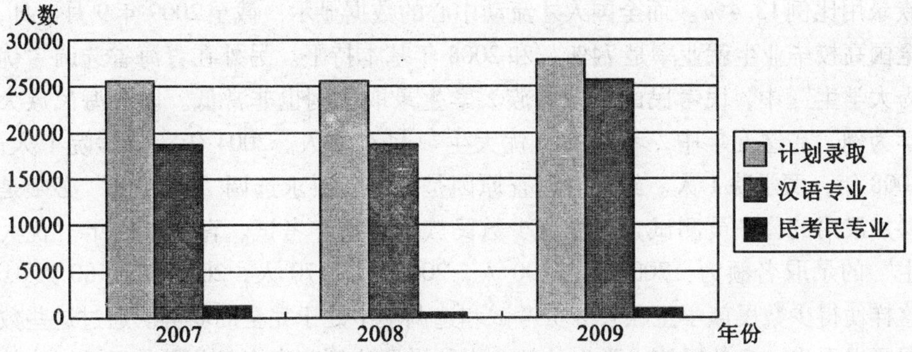

图2　青海省少数民族学生民考民与汉语考生高考招生比例

二、“二难”这里主要指少数民族大学生就业难

教育部部长袁贵仁在2010年全国普通高校毕业生就业工作会议上谈到2010年的毕业生人数630万，再加上往届没有实现就业的，需要就业的毕业生数量非常大。这是针对全国大学生就业的普遍问题，而对于少数民族专业的大学来讲，他们的学生就业更困难。有人认为大学生就业是就业困难群体，②笔者认为少数民族专业大学生是困难群体中的困难群体。

由于青海省是一个经济落后，地理位置比较偏僻，工商业不发达，重工业和轻工业的企业比较少的省份，而且主要公司、企业集中在省会西宁和海西蒙古族藏族自治州。少数民族自治地方经济普遍落后，有些地方甚至没有什么工业企业，如位于青南藏区的果洛藏族自治州，上规模的企业和公司很少，政府的运转基本靠国家财政补贴。因而对于民考民的大学生来讲就业主要以报考公务员为主。2009年，青海省招考公务员的公告彰示公务员考试共录用417人

① 该数据为笔者青海省招生考试办公室调查获得。

② 白秀平．破解当前就业难题的八点建议．行政管理改革，2010（2）：61.

(西部志愿者66人)，汉语岗位录取比例为93.5%。其中：懂藏汉、蒙汉语言文字的公务员岗位27人，其中，1人为蒙汉语言文字，设置少数民族母语岗位的录用比例为6.5%；西部志愿者21人，其中，1人为蒙汉语言文字，设置少数民族母语岗位的录用比例为5%。2008年，共录用481人（西部志愿者67人），汉语岗位录取比例为91.7%。其中：双语31人，其中，蒙语1人，设置少数民族母语岗位的录用比例为8.3%；西部志愿者、村官9人，少数民族录用比例13.4%。而全国人才流动中心的数据显示：截至2009年9月1日，全国高校毕业生就业率是74%，和2008年基本持平。另外在青海省选调“优秀大学生”中，民考民的少数民族大学生录取比例也非常低。以青海民族大学为例，在这五年中，考取的“优大生”只有2人。2004年，蒙学院1人；2008年，藏学院1人。经笔者调查原因是青海省要求选调“优大生”必须是参加汉语的公务员测试，但没有少数民族语言文字考试。青海省历年“优大生”的录取名额为：2007年，100人；2008年，170人；2009年，180人。①这样使得少数民族学生在公务员考试和选调生中处于完全的弱势。通过这些数据可以看出，少数民族大学生的就业岗位设置比例和青海省公务员汉语岗位的比例差距甚大。详见图3所示。

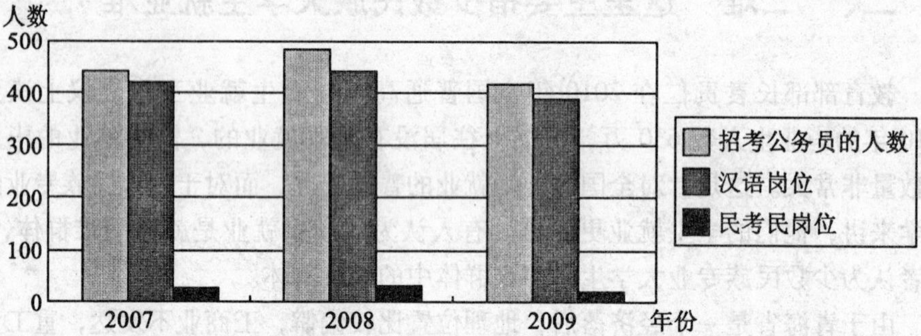

图3　青海省近三年公务员考试少数民族大学生民考民录用岗位比例

① 新浪新闻中心．青海选调2007年应届优秀大学毕业生到基层锻炼，http：//news. sina. com. cn/c/2007-04-23/181612847167. shtml，2010年9月15日访问.

应届生求职网．青海省2008年选调优秀大学毕业生到基层公告，http：//www. yingjiesheng. com/job/000/391/jobshow_280. html，2010年9月15日访问。

考试吧．青海省2009年选调优秀大学毕业生到基层工作，http：//www. exam8. com/zige/gongwuyuan/cunguan/200906/710219. html，2010年9月15日访问.

三、“三难”这里指少数民族农牧民就业难

在青海藏区生活的少数民族从历史上就在这片土地生存。改革开放以来，随着中国经济的快速发展，青海藏区的农牧民改变了以往逐水草而居的生活方式，逐步在向城镇化发展。城镇化使农牧民的生活有了很大的改善，也带来了劳动就业的问题。在青海藏区的少数民族农牧民主要有三类群体：第一类群体，未考上高中和大学需要就业的初、高中毕业生。这类群体每年都在递增：如2009年未考上大学的藏族学生有2253人，蒙语学生有132人；2008年未考上大学的少数民族学生有1549人；2007年未考上大学的少数民族学生有965人。在青海省黄南藏族自治州同仁县三年累计有858名初中毕业生无法升入高中。由于当地的职业学校不能发挥其应有的职能，再加上经济困难等因素，每年有大批初中毕业生没有条件和能力接受高中以上教育。他们在初中毕业后，只能回到农牧区。此外，每年还有一大批高中毕业生，因为没考上大学或经济困难而回到农牧区或滞留在城镇地区。这部分群体非常需要就业，因为他们的家庭基本上都在农村和牧区，生活条件非常艰苦。不能继续学业意味他们只能回家。初高中毕业生只接受到中学阶段一般基础知识的学习，并没有掌握生产所需的基本技能。这部分群体如果在农村，也只能做辅助性的农活；在牧区的，家里已经有专人在放牧。他们成为剩余没有生产技能的人。加之当地没有适宜的职业技术教育，无法提供充分的就业机会，他们回到家乡后，不但不能成为从事农牧业的帮手反而游手好闲，有的甚至走上违法犯罪道路，变成当地社会治安的不稳定因素。

第二类群体，国家生态保护工程所形成的移民群体。自三江源生态保护和建设工程实施以来，青海省已先后建设了86个移民社区，安置生态移民10579户、49631人。三江源地区近5万名生态移民，为生态保护做出了巨大牺牲。六年来，三江源地区生态治理已经取得了初步成效；项目区生态退化趋势明显缓解，生态服务功能效果显现，出境水量有所增加，“中华水塔”功能初步恢复。如青海省玛多县已成为三江源地区生态治理逐见效果的一处缩影。素有“千湖之县”美誉的玛多县重现了昔日湖泊星罗棋布、波光粼粼的“千湖”美景。据不完全统计，目前，该县境内湖泊数量已经恢复到4000多个。这些生态移民为国家的生态保护作出了很大牺牲。由于搬迁移民基本失去了原有的生产资料，而且大多数生态移民都是农牧民，文化水平，尤其是汉语水平普遍较低。他们因世代过着耕种或牧业生活方式，对当今城镇的生存方式不能

适应，自身缺少发展条件和创业生存的技能，移民户普遍存在就业没渠道、发展没门路的情况。① 加之在青海省没有专门的针对少数民族农牧民的双语职业技术学校和培训规划，他们的生存问题日益凸显出来。②

第三类群体：青海农村牧区的剩余劳动力。2006 年，青海省农牧区人口 353.3 万人，劳动力 185.34 万人，由于历史原因和经济社会发展的影响，农牧区劳动力文化素质较低。不识字和识字很少的劳动力 42.6 万人，占 22.9%；小学文化程度 75 万人，占 40.5%；初中文化程度 52 万人，占 28.1%；高中及以上文化程度 15.7 万人，仅占 8.5%。2006 年，全省农村劳动力中从事工业、建筑业、交通运输、贸易业餐饮业等非农行业的劳动力为 61.3 万人。由于青海省地处青藏高原，海拔高，自然条件严酷，每年只能种一季粮食，全省 70% 的耕地为中低产田，生产极不稳定；牧区基本上是依靠天然草场，靠天养畜，抗御自然灾害的能力很弱；加之自然灾害频繁，严重制约着农牧业的发展。此外，农畜产品产量低，加工流通业严重滞后，商品率低，基本上产品以原料形式出售，农牧经济发展缓慢，依靠农牧业解决农牧民就业问题潜力十分有限。据专家推算，靠现有耕地、草场仅能养活 150 万左右的人口，这对于日益增长的农牧业就业需求而言，是一个严峻的挑战。③ 2008 年，青海农牧区的剩余劳动力达到 100 万人④，其中，少数民族劳动就业群体占 40% 左右。少数民族劳动者主要在建筑业、运输业、饮食服务、零售贸易等行业就业，作为特殊人群，少数民族在就业领域处于弱势群体中的弱势。

总结：科学合理地制定民族地区的高等教育和就业政策

改革开放以来，我国在教育改革与发展等方面取得了举世瞩目的成就。党中央国务院采取了诸多措施加快教育事业发展，促进教育公平，并取得了明显成效。特别是中国进入转型社会以来，为了缩小地区之间、民族之间的差距，

① 青海将设立三江源生态移民创业基金，http：//news. sohu. com/20090425/n263613719. shtml，2010 年 6 月 10 日访问.

② 笔者在青海省果洛州玛多县同德生态移民村了解到，有的移民因不能掌握饲料价格、如何计划使用饲料、以及饲养牛羊的成本核算等信息或知识，导致入不敷出。

③ 李培林. 加快青海农村剩余劳动力转移的对策及建议. 青海统计分析，2006（5）：14-17.

④ 沈有梓，任善英. 青海农村剩余劳动力转移的社会保障问题分析，http：//www. studa. net/shehuiqita/100128/08543473. html，2010 年 3 月 17 日访问.

促进教育公平，中央政府和各级地方政府采取了一系列措施，加快民族地区教育的发展。虽然民族教育的发展成绩巨大，但是民族高等教育的发展是不平衡的，且存在许多问题，尤其是在少数民族高等教育公平方面还存在不少问题，直接影响到民考民学生的就业，从而影响民族地区的稳定和发展。从前文的调查显示，青海少数民族在高等教育的入学过程中和高等教育结果不公平的现象仍很突出。对于民考民高考录取率低（见图3）的原因，笔者通过对青海三所高等院校专业的设置进行调研，发现少数民族民考民的专业较少，文科基本上限于少数民族语言文学专业、理科在师范类学校相对多一些，但还是十分有限。另外，虽然根据国家教育政策，民考民的学生汉语水平达到汉语专业的分数线可以进入汉语专业学习，但上线的少数民族学生也屈指可数。因而，在高等教育中出现民考民的录取比例低、专业的选择很有限，没有针对民考民的学生设置相应的教学内容等问题。同时，大多数民考民专业毕业的学生，毕业意味着失业。少数民族大学生毕业后要在就业机会较好的城市找工作相当困难，因为在一些城市中为少数民族提供的适宜岗位很少；在机关、事业单位涉及民族语言文字的岗位和编制基本处于饱和；加之有的少数民族大学生的汉语水平较低，也难以满足用人单位的需求。即使参加公务员考试，设置的岗位非常有限（见图4），因为公务员岗位考试要求少数民族民考民的学生都是汉语考试，而不考虑少数民族语言文字，采取“一刀切”的方式，对少数民族学生而言是实质的不公平。而在现实中，据调查一些民族自治地方因缺少懂得少数民族语言文字的公务员，很多工作没有办法开展和做好。近年来，虽然国家也专门设置了“特岗教师”的岗位，但这只是杯水车薪，只能缓解燃眉之急，不能从根本上解决民考民学生的就业问题。汉语专业的毕业生则不同，如不能考取公务员还可以在省城找到公司、企业的工作，在北京等大城市毕业的大学生还可以打工，不至于找不到维持生计的工作。大多数民考民的学生及家长对于考入高校处于“让我欢喜让我忧”的境地。当然现在有些学校也在做一些尝试，如在汉语专业设置“双语班”，使民考民的学生有机会学习其他专业课程，但设置的专业有限，报考的学生竞争也相当激烈。因此，青海省应当结合民考民少数民族学生的状况，改变少数民族学生民考民教育的单一专业路径，扩大少数民族学生的求学选择，在民族院校和普通高校中设置或增加一定比例的招生人数，同时，要有适当的倾斜和优惠政策保证少数民族学生在整个从业群体中的比例，尤其是保证民族地区公务员招考、各类就业分配统考等对少数民族学生的比例。

对于少数民族农牧民的就业问题，笔者考察了青海省的职业技术学校的设置。在青海省中等职业学校到2008年有43个办学实体，其中，4所为民办中等职业学校；省属中等职业学校15所，西宁市属4所、西宁三县4所、海东六县每县有1所，环湖三州每州有2所，青南三州5所。全省有各类职工培训和农民文化技术培训机构916个，每年有20多万农牧民和职工接受各类形式的职业技能培训，① 但据笔者了解，民族自治地方职业技术学校的职业培训少有高技能内容，大多是舞蹈、演艺、唐卡、服务、工艺类的培训，就连驾驶员培训学校也鲜有双语教学，很多民族地区的少数民族凭借找人替考的方式或走关系取得驾驶证。而在省城西宁市的职业技术学校虽有好的专业，如化工、机械、水电三大省级职业教育，但很少有双语的培训教师和针对藏区民族学生的专项培训。根据青海省教育厅安排，西宁市和六州各中职学校将继续做好面向三江源地区的招生工作，重点招收三江源移民区具有初中文化程度的移民农牧民子女。笔者认为这项工作没有结合藏区及学生特点进行，如在双语教师的配备方面，因为有些民族学生汉语水平非常低，无法适应汉语的教学。当然青海省也在注重藏区职业教育，国务院《关于支持青海等省藏区经济社会发展的若干意见》的出台，为青海省带来了推动藏区发展的政策机遇，职业教育遇到了发展时机。在2009年，青海省准备制定《青海省藏区中等职业教育中长期发展规划》，这将对少数民族就业起到很大的促进作用。问题的关键是如何科学地制定切实可行的规划，让更多的少数民族享受国家对少数民族经济和社会的支持。这就需要有关部门在制定规划的过程中，主动征询当地少数民族的意见和建议，积极让他们参与规划，倾听他们在社会生活中切实的职业技术要求。同时，要防止主管臆断，将部门利益和领导的想象纳入其中，综上所述才能把国家的政策落到实处。

我们认为，少数民族不能充分就业，有自身的原因，如少数民族劳动力受教育水平普遍比较低，劳动能力不高，缺乏职业培训意识，不能掌握市场需求的信息，但这只是表面原因，更深层次的原因在于少数民族就业缺乏政府的引导和行业培训，政府没能很好地履行促进就业的义务。如《就业促进法》第28条规定："各民族劳动者享有平等的劳动权利。用人单位招用人员，应当依法对少数民族劳动者给予适当照顾。" 全国许多省市如河北、海南、湖南、江苏都制定了结合本省情况实施《促进就业法》的办法。2008年，青海省人民政府出台了《关于进一步做好促进就业工作的实施意见》，从内容上看虽然有关于农牧民富余劳动力的转移就业培训，但这份实施意见内容简单，没有一个

① 青海省中等职业教育中长期发展规划2009—2020年．青政办［2009］226号文.

专项的、内容详尽的办法和指导意见，如在民族地区的企业如何保障少数民族就业的比例、如何引导少数民族职业技能培训和配备双语师资等。作为一个大部分地区为藏区的省份，欠缺结合青海藏区实际情况的发展意见。同时，青海省至今也没有制定出结合青海藏区特殊性的《就业促进法》实施办法，这也是促进和保障少数民族就业的一个缺憾。

关于残疾大学生就业的法律思考

马　卉　周章明　张小敏[*]

【内容摘要】残疾大学生就业主要通过公共机构或政府有关部门设立的公共就业服务机构吸纳。由于残疾大学生就业的法律法规政策在保障体制上存有较大的缺陷致使残疾大学生在就业上存在一定的困难，造成此种结果既有法规政策本身制度的成因也有相关机构履行义务上的消极因素。文章借鉴国外保障残疾人就业措施的范式，从法律和政策角度提出残疾大学生就业的对策构想。一是促使政府兑现法定义务的措施制定与制度落实；二是完善就业制度。两者相互作用从而形成解决残疾大学生就业难的长效机制。

【关键词】残疾大学生　就业　保障措施

一、残疾大学生保障的现状及国外范式

（一）国内保障的现状

我国残疾大学生就业主要是集中在公共机构或政府有关部门设立的公共就业服务机构。法律规定县级以上人民政府劳动保障、民政、工会、共青团、妇联在各自的职责内做好残疾人就业工作，残疾人联合会受政府委托负责残疾人就业工作的具体组织实施与监督。在就业服务上，《中华人民共和国残疾人保障法》《残疾人就业条例》与《关于促进残疾人事业发展的意见（2008 中发 7 号）》等相关法律政策规定了各级人民政府应当对残疾人劳动就业统筹规划，并为残疾人创造劳动就业条件。政府和有关部门给予提供就业援助服务，鼓励

* 马卉，武汉理工大学文法学院副教授、武汉理工大学法律服务中心主任；周章明、张小敏，武汉理工大学文法学院民商法研究生。

和扶持职业培训机构提供职业培训，并定期开展职业技能竞赛；残联及其所属的就业服务机构应当免费为残疾人提供就业信息，职业培训心理咨询，职业适应评估、职业康复训练、求职定向指导和职业介绍等服务。在法律责任方面，法规政策要求国家机关、社会团体、企业事业单位、民办非企业单位应当按照规定的比例安排残疾人就业，并为其选择适当的工种和岗位。对达不到规定比例的用人单位要求缴纳残疾人就业保障金以及滞纳金。按照国家有关规定履行保障残疾人就业义务。对于违反规定的相关责任单位、直接负责的主管人员和其他直接责任人员依法给予处分或者处罚。

（二）国外保障的范式

国外很多国家的法律对残疾人就业制定了强有力的保障措施。尤其是日本、韩国、印度、菲律宾、德国、瑞典等国的残疾人就业保障立法，从政策的制定环节、执行监督环节和法律责任环节对残疾人就业权利和利益全方位保护。立法的模式值得我国学习和借鉴。

1. 日本

《日本残疾人雇佣促进法》规定由公共职业安定所收集残疾人求职的信息，向企业提供该信息，并设立了残疾人雇佣支援中心，其主要向作为被帮助对象的残疾人开展必要的职业准备训练，向作为被帮助残疾人和企业提供建议及其他方面的帮助，收集、整理残疾人雇佣帮助者的信息，为残疾人雇佣帮助者提供培训，使其掌握开展帮助活动所需的知识和技能。国家对企业雇佣残疾职工所伴生的经济负担给予雇佣调整金与雇佣补助金。除此之外，对企业征收残疾人雇佣缴纳金、补征金、征收金和滞纳金。①

2. 韩国

韩国法律规定雇主应当根据政府政策雇佣残疾人，在公平地衡量残疾人能力的前提下提供就业机会，实施适当的就业管理，并且培养残疾人工作生活顾问以负责残疾人就业和再就业事务。雇员超过总统令规定的数量的，其录用残疾人必须达到全体雇员的5%。对于违反规定的雇主应当向劳动部长支付雇佣残疾人按基准责任额年度的最低工资60%的责任额，对在指定期内不支付或者不足额支付的给予征收责任额的10%附加税，对到期未给予支付的加收每

① 中国残疾人联合会维权部．国外残疾人立法选编．北京：华夏出版社，2008：8-41.

应支付而未支付 100 韩元时每天 7 韩元的滞纳金。①

3. 印度

印度政府成立特别职业介绍所负责收集就业信息，并由政府发布公告，要求每一个单位的雇主按照规定的日期，用公告的形式向特别职业介绍所提交信息或报告，反映在该单位中已经存在的或可能出现的为残疾人指定的职位空缺情况，该单位应按照公告的内容行事。在落实体制上，印度在中央和地方分别设立有协调委员会和执行委员会。协调委员会是决议机构，执行委员会是执行前者决议的辅助者，在两者之上各级政府享有对他们的指示权。从机制上看，前者负责审查并协调负责处理残疾人事务的政府各部门以及其他政府性和非政府性组织的活动，为政府制定残疾人的政策、方针、立法和计划提供建议或者支持，后者给予监督实施。②

4. 菲律宾

菲律宾对凡在公开的劳动力市场找不到工作的残疾人实施保护性就业。《残疾人大宪章》规定：在社会福利和发展部，卫生部，教育文化体育部以及其他政府机构、办公室、从事社会发展的公司中，应当为残疾人预留 5% 临时、紧急的和合同的职位来安排残疾人就业。在私立机构，国家鼓励私立部门雇佣残疾人，并提供充足的奖励。凡是雇佣满足技能要求或者资格要求的残疾人私立机构有权从被雇佣人员的总收入中额外扣除相当于支付给残疾人全部薪水和工资的 25% 作为奖励。同时大宪章给予司法部长在发现存在潜在违法的情况下，可以向任何符合条件的法院提起诉讼。对于有违法行为的任何人，大宪章在条文中明确规定了经济惩罚的同时也可以处以 6 个月到 2 年不等的监禁。③

5. 德国

《德国重度残疾人法》规定所有的雇主应当雇佣重度残疾人，主动到当地劳动局去调查是否有符合本单位任职要求的残疾者并填补空缺职位，凡是拥有不低于 16 个职位的私人雇主和国有雇主，都应当按照 6% 的比例雇佣重度残疾人。该法进一步规定对以生计为目的而从事工作并未经过康复项目的残疾人

---

① 中国残疾人联合会维权部．国外残疾人立法选编．北京：华夏出版社，2008：42-89.

② 中国残疾人联合会维权部．国外残疾人立法选编．北京：华夏出版社，2008：60-85.

③ 中国残疾人联合会维权部．国外残疾人立法选编．北京：华夏出版社，2008：104-118.

预留不高于10%也不低于4%的职位。对于违反本法规定的，给予征收每月每个空缺保留职位200马克的补偿金，并不免除继续雇佣重度残疾人的义务。①

6. 瑞典

瑞典针对残疾人就业设立了残疾人巡视官办公室，巡视官对雇主享有监督、失职罚款权。设置巡视官的职责在于对和残疾人权利和利益相关的事务进行监督，促使雇主自愿遵守相关法律，不歧视残疾人。②

二、保障就业存在的问题

（一）法规保障机制上的差异性与督导作用失常

（1）法规保障机制上的差异性体现在：①很多政府部门及相关办事机构中残疾人录用率都没有实现法律规定的比例，其法律责任并没有与企业实际承担的一致。例如，《2008年中央、国家公务员录用体检通用标准（试行）》第19条和第20条明确规定了录用公务员的视力和听力标准，但是未对肢体残疾人的录用标准作出明确的规定，而且也未涉及其他残疾人报考的具体标准。③这与残疾人平等就业的规定显然是有冲突的。②相关政策扶持落实不全面不均衡。从现有的法规政策来看，这些问题主要表现在给予税收优惠，和在生产、经营、技术、资金、物资、场地等给予扶持方面存在差异。如在《中华人民共和国残疾人保障法》第36条中规定了国家对安排残疾人就业达到、超过规定比例或者集中安排残疾人就业的用人单位和从事个体经营的残疾人，依法给予税收优惠，并在生产、经营、技术、资金、物资、场地等方面给予扶持。而现实中只在给予税费的优惠方面出台了较多的实施办法。如（财税［2007］92号）《关于促进残疾人就业税收优惠政策的通知》等。然而在生产、经营、技术、资金、物资、场地等方面的扶持从现有的法规政策上却缺乏具体的操作办法。

（2）政府主管部门在残疾大学生就业中的督导作用缺失。尤其表现在对

① 中国残疾人联合会维权部．国外残疾人立法选编．北京：华夏出版社，2008：157-178.

② 中国残疾人联合会维权部．国外残疾人立法选编．北京：华夏出版社，2008：277-284.

③ 张微．残疾大学生就业社会支持系统研究．中国硕士学位论文，2008.

用人单位按比例接纳残疾员工的落实监督上，没有一套明确的督导制度。当用人单位没有雇佣或者所雇佣的残疾员工比例少于法定数额时，往往得不到及时的发现和惩处，致使用人单位在实际中能躲就躲，一旦被查处也只是缴纳保障金而已。这种现象产生的原因是政府没做好事前监督，而事后发现了也没有重罚，而以追求利益为目的的企业显然不会自觉承担对其不利的义务。①

（3）虽然我国法规政策对促进残疾大学生就业作出了法律责任的规定，但它们的实际作用没能得到很好的发挥，致使残疾人的权利停留在法律条文字义上。如《残疾人就业条例》在其“法律责任”部分，只是模糊地提到对于构成犯罪的依法追究刑事责任②，并没有作出具体的刑责规定，更没有像菲律宾《残疾人大宪章》那样既规定财产刑的同时又明确规定罪刑处罚额度。另外，我国法律没有区分直接的和间接的歧视，法律并没有规定针对用人歧视案件的诉讼机制。如《残疾人就业条例》在法律中虽有“禁止歧视”规定，但是对于何种情形属于歧视以及相应的诉讼机制法律还无明文规定。再者法规政策在人事任免制度上给予用人单位较大的自主权，宁愿缴纳残疾人就业保障金也不录用残疾人员的情形仍有发生，此时法律除了财产刑的处罚外并没有给出更好的回应，法律甚至规定“用人单位有用人自主的权利。”这就使用人单位拒绝残疾大学生到单位工作是依法办事，其结果是使法规政策对残疾人就业的硬性指标落空。这种弊端产生于法律的自身冲突。③ 要解决残疾人就业难的现象，法律的这种自身冲突必须加以修正，否则即使政府制定再好再多的奖励办法，也只是一时的激励，而不能形成一个长效的机制。

（二）用人单位没有责任申报空缺职位和积极性的帮助义务

国外法律规定雇主有义务保留或向当地的劳动局调查是否有登记的残疾人适合本单位任职，而违反此项义务的雇主将被处征收罚金或补偿金，如《菲律宾残疾人大宪章》第5条和《德国重度残疾人法》第14条之规定。在这两个国家中，法律课以雇主这种积极性的救助义务，对于残疾人就业不无益处。

---

① 王娅萍．探析残疾大学生就业之困境与对策．法制与社会，2008（21）：175.

② 《残疾人就业条例》第25条规定：“违反本条例规定，有关行政主管部门及其工作人员滥用职权、玩忽职守、徇私舞弊，构成犯罪的，依法追究刑事责任。”第26条规定：“违反本条例规定，贪污、挪用、截留、私分残疾人就业保障金，构成犯罪的，依法追究刑事责任。”

③ 金海燕，谢红梅．普通高校残疾毕业研究生就业问题的观念障碍与政策缺失．学位与研究生教育，2007（10）：44.

另外，《印度残疾人法》规定要求每一个单位的雇主按照规定的日期，用公告的形式向特别职业介绍所提交信息或报告，反映在该单位中已经存在的或可能出现的为残疾人指定的职位空缺情况，该单位应按照公告的内容行事。而相比之下，我国法律对用人单位实行消极的帮助义务，此种情形导致就业服务机构没能很好地了解市场的人才需求关系。这对残疾人就业信息的收集带来了极大的不便，也不利于开展职业介绍。

综上浅析得知，影响残疾大学生就业难的原因是多方面的，主要在于法律政策落实不到位与法规本身的缺陷，以及社会相关机构的作用缺失。

三、残疾大学生就业对策的完善

（一）建立职位申报和录用计划信息机制

任何用人单位都得真实地申报空缺或者预留职位和欲开发职位，或录用残疾人员的计划信息，并且在当地残联登记与公布，对违反的雇主可以参照德国的做法征收每日一定数额的补偿金。在公立的教育机构中必须要求预留一定的职位用以安排残疾大学生就业，预留职位数可以借鉴菲律宾的做法规定为5%。另外，社会就业服务机构之间需要构建信息沟通机制。比如互派联络员、派驻工作人员等，将用人单位申报的空缺或者预留职位和欲开发职位或录用残疾人员的计划信息共享，同时，把残疾大学生求职意向、职业技能水平等信息实现交流，共同为残疾大学生进行职业介绍、职业指导，等等。

（二）法规政策保障机制上的修正

首先，需要制定操作性强的反就业歧视法律。在反就业歧视方面，可以借鉴瑞典《禁止在就业中歧视残疾人法》的模式规定直接与间接的歧视的标准。目前，可以在保障残疾人权益的相关法律中增设这样的条款或者标准。其优点表现在，其一，它可以增强雇主在雇佣残疾员工的法律责任意识，从而自觉履行法律规定的雇主义务，为保证落实按比率就业的要求提供了更强的保障。其二，它将减少司法机关在办理此类案件的司法成本。目前，我国在保障残疾人权益的相关法律中没有具体明细的相关处罚和补偿条款，增设这样的条款可以更好地凸显法律的惩治作用并节约司法资源。对法治进程仍需完善的中国来讲，充分利用司法资源是极其必要的。其三，把歧视的标准明确化不仅有利于社会公众改变对残疾人的偏见，更是便于在反歧视案件中的举证责任的履行，对构建歧视残疾人的诉讼机制不无益处。因此，政府应当依照上述观点制定更加全面具体、操作性强的处罚和补偿的法律条款。

其次，设立残疾大学生求职辅助员和专职巡视督导员制度，加强对残疾大学生的就业援助。残疾大学生求职辅助员可以由政府部门或者社会团体、企事业单位组建，经公开招聘成为求职辅助员。其职责是帮助残疾大学生做好职业的规划，端正求职心态，收集介绍就业信息，相关职业培训，联络、组织企业招聘活动。专职巡视督导员的产生可以同求职辅助员一样，专职巡视督导员主要负责对用人单位和求职辅助员履行各自的职责和义务进行监督，对侵犯残疾大学生权益的行为可以向任何有权受理的法院起诉。①

再次，加大对违规用人单位的处罚措施。加大处罚措施是除去因违约必须缴纳的就业保障金和滞纳金之外给予的惩处。包括财产型与非财产型处罚。该项措施的目的在于引导用人单位积极地履行法定职责。财产型的处罚可以参考《韩国残疾人就业促进和再就业法》的办法，征收应缴保障金10%的附加税；或者按照《日本残疾人雇佣促进法》的办法，对企业征收缴纳金10%的补征金。非财产型的处罚可以借鉴菲律宾《残疾人大宪章》的模式直接在保障残疾人权益的法律责任部分做出明确的刑罚额度的规定。

最后，政府加大对企业吸纳残疾人就业税费扶持政策的开发。凡是积极开发技术性岗位和基础服务岗位并且主要用于接纳残疾大学生就业的企业，既可以在目前法律规定的优惠基础上享受更多补贴和减免的税种，也可以获得更大的优惠额度等。② 同时，可以尝试对企业雇佣残疾人所产生的伴随性负担给予补助，如日本法给予雇佣调整金和补助金等。同时，更应该在生产、经营、技术、资金、物资、场地等方面给予企业扶持，制定明细且针对性强的法规政策，从而鼓励企业设立残疾人创业的资金和技术部门，帮助残疾大学生依靠自身的专业技能发展自己的事业，形成解决残疾大学生就业难的长效机制。

① 关于进一步做好高等学校残疾人毕业生就业工作的通知．残联发［2009］8号．

② 刘志敏．残疾人大学生就业问题与对策．中国残疾人，2005（5）：35．

纳税人公益诉讼制度研究

罗　倩*

【内容摘要】随着经济社会发展，纳税人公益诉讼问题在我国已经凸显，对司法界和法学理论界提出了新课题。纳税人公益诉讼制度虽然出现较晚，但在美国、英国、日本等国已相当成熟，应用广泛。美国的纳税人诉讼制度、英国的令状制度和日本的住民诉讼制度对我国这一制度的构建具有重大的借鉴意义。在借鉴域外先进经验的基础上，应结合国情构建相关制度，形成中国特色的纳税人公益诉讼制度。我国纳税人诉讼制度的建立，应当以宪法为依据，吸收现行行政诉讼法以及相关司法解释的合理规定，通过制定、修改法律来逐步确立和完善。就相关规则而言，诉讼主体、原告资格、起诉期限、行政监察与支持起诉、信息公开、举证责任等方面应当是构建的重点，激励机制与制约机制也是至关重要的。通过纳税人诉讼制度的建立，对政府的公共支出进行监督制约，能够提供给一个纳税人行使民主监督权的舞台，以私权监督、制衡公权。

【关键词】纳税人　公益诉讼　纳税人公益诉讼　制度构建

一、问题的提出

税收是一国之本，是各国政权运行的经济支撑。马克思指出："赋税是喂养政府的奶娘，国家没有税收，就如同肌体没有血液。"这一名言生动地阐明了税收的重要性。英谚云："No taxation without representation."（无代表，不纳税），说明纳税并不是无条件的，而是需要有相应前提和回报的。

就纳税人而言，其两项最基本的权利是征税同意权和用税监督权。我国现有法律对征税过程中的纳税人权利保护相对完善。无论是《税收征管法》，还

---

* 罗倩，重庆市人民检察院第四分院助理检察官，法学硕士。

是《行政复议法》，抑或是《行政诉讼法》，对这个问题都有较详细的规定。在税收征管过程中，相对于征税这种具体行政行为而言，纳税人的“直接利害关系”容易认定，故权利受损时采取复议或者诉讼的途径进行救济无甚障碍。而在用税监督方面，由于相关立法的缺失，而且纳税人很难证明自己跟案件有“直接利害关系”，其提起诉讼往往不会进入审理程序，故救济之路困难重重。从某种意义上讲，这虽然对个人利益的影响甚微，但从更宽广的视角来看，损害了全体纳税人的利益，因而我们应当给予用税监督更多关注。

随着我国经济的持续快速发展，公民的“纳税人权利意识”① 不断增强，相关案例不断涌现。对这种萌芽期的“纳税人权利意识”给予理论研讨，并为未来制度设计提供参考，也是本文写作的主要目的之一。

（一）纳税人公益诉讼个案与问题的提出

2006 年 4 月 3 日，原告湖南省常宁市农民蒋时林（又名蒋石林）向湖南省常宁市人民法院提起行政诉讼。其诉称，2005 年 5 月 12 日和 2005 年 7 月 6 日，被告（即常宁市财政局）擅自违法超出预算，不通过正常的采购程序，违法使用国家资金自行购买两辆高级小轿车。被告作为国家法定的财政管理机关，没有依据法定程序管理和使用国家财政税款，违反了《预算法》、《政府采购法》、《财政违法行为处罚条例》等法律法规，侵害了国家有关财政预算管理制度。原告的诉讼请求为：确认被告拒不履行处理违法购车和给原告答复的法定职责行为违法；确认被告在 2005 年超出财政预算，超出政府小车编制自行购置高级轿车的行为属于滥用国家税款侵害纳税人合法权利的违法行为；依法将违法购置的轿车收归国库，促令被告履行好纳税人管家的职责；被告承担本案的全部诉讼费用。

湖南省常宁市人民法院立案庭于 2006 年 4 月 3 日签收了诉状，4 月 10 日作出了“不予受理”的裁定，理由是“起诉人蒋时林所诉事项不属于人民法院行政诉讼受案范围，不符合起诉条件”。原告不服裁定，依法向衡阳市中级人民法院提起上诉，据称已被受理，但下文未知。

本案引起社会的广泛关注，很多人都认为这种方式是用权利监督和制约权

① 有学者指出，“纳税人意识”，是指在市场经济和民主法治的条件下，纳税人基于对自身主体地位、自身存在价值和自身权利义务的正确认识而产生的一种对税法的理性认知、认同和自觉奉行精神。包子川，李初仁，陈光宇. 纳税人意识与依法治税. 税务研究，2003（5）：68.

力的有效途径。然而，这个案子本身存在诸多问题，极可能导致无果而终。

纳税人提起“纳税人公益诉讼”依据何在？虽然原告的依据是《宪法》第2条以及《行政诉讼法》的规定，然而我国现有立法中并没有具体规定“纳税人公益诉讼”这一诉讼类型。即使原告提起了诉讼，法院也无法找到与之相适应的法律依据予以支撑，诉讼陷入无法可依的困境。

纳税人对用税的监督权从何而来？这种权利需要什么制度保障？这也是本文需要关注的一个重点问题。在我国，关于监督权的规定失之笼统，有泛化虚置之虞。从理论上讲，每个公民都有这种监督权，可是若要细数这些监督权的具体表现及其制度保障，则我们却会茫然不知所措。如何使权利真正得到实现，也是我们应当关注的问题。

如果纳税人能提起纳税人公益诉讼，那么他的身份如何？这主要涉及诉讼理论中的原告资格问题，也是需要首先解决的问题。

纳税人公益诉讼的性质究竟如何界定？我国应该如何构建这种纳税人公益诉讼制度？本文将重点把这个典型案例引发的诸多问题进行分析，试图找到解决纳税人公益诉讼案件的相关问题的有效途径。

（二）研究范围及其限定

1. 实现用税监督权的困境

纳税人公益诉讼是由纳税人为公益而提起的诉讼，不是针对税务机关征税时的行政行为，而是针对税务机关及其他行政机关不合理使用税款的行为。这种用税行为属于财政支出，但不是所有的财政支出都是本文所指的用税行为。一般来说，在教育和医疗领域的财政支出，越多越有利于公益，而政府的日常开销越少越有利于公益。财政支出范围主要是：一是保证国家机器正常运转、维护国家安全、巩固各级政府政权建设的支出，如行政管理、国防、外交、公安、司法、监察等方面的支出。二是维护全社会稳定，提高全民族素质，和对外部社会效应巨大的社会公共事业的支出，如社会保障、科技、教育、卫生、文化、扶贫等方面的支出。三是有利于经济环境和生态环境改善，具有巨大外部经济效应的公益性基础设施建设的支出，如水利、电力、道路、桥梁、环保、生态等方面的支出。四是我国目前经济正处在转轨时期，在市场机制还不完善的条件下，国家对宏观经济运行还应有必要的调控，财政也要留有一定的财力，对经济活动进行适当的干预。上述支出的目的都是为了维护公共利益，即便是用于维持政府正常运转的财政支出，其最终目的也是为了提供更好的公共服务。总体而言，财政支出一般是公益性的政府行为。

因此，本文所谓的这种需要监督的“用税行为”是指行政管理费方面的开支。这方面的开支是为了维护国家机器的正常运转，维护国家稳定经济发展的基础，所以它的存在有其必要性，但为了维护公共利益的最大化，应当将这方面的开支约束在合理合法的范围内。在具体操作的时候坚持量入为出、统筹兼顾以及保持社会效益和经济效益统一的原则。用税行为一旦违反了上述原则，即属于本文所称应通过纳税人公益诉讼予以监督的行为。

2. 纳税人公益诉讼的概念

关于纳税人公益诉讼的概念，学者们对此莫衷一是，见解不一。在描述纳税人公益诉讼时，也有学者用“纳税人诉讼”这一概念。比较有代表性的观点有：

（1）以诉讼类型的角度来界定。

有学者从诉讼类型的角度进行定义：“纳税人诉讼是指一定公共区域内的居民以纳税人的身份，所提起的禁止公共资金违法支出的禁止令（injunction）请求诉讼。”① 这种定义强调的是诉讼结果。也有学者认为，纳税人诉讼，又称纳税人提起的禁止令请求诉讼，指“私人以纳税人的身份，有请求禁止公共资金违法支出和造成金钱损失的违法行为的诉讼提起权”。②

这些定义借鉴了美国现阶段的司法实践经验，明确了诉讼类型，强调了诉讼结果，在司法实践中具有较强的可操作性。但是，我国立法中不存在请求禁止令的诉讼类型，所以这种定义并不适合我国国情。

（2）从所侵犯法益的角度来界定。

有学者从政府征税和用税两个方面存在的违法行为来定义纳税人公益诉讼：“所谓纳税人诉讼是指以纳税人的身份，针对不符合宪法和法律的不公平税制、不公平征税行为，特别是政府的违法使用税款等侵犯国家和社会公共利益的行为向法院提起的诉讼。”③ 这种定义明确了纳税人诉讼的公益性，但不能自圆其说。政府的不公平征税行为本身具有明确的、利益受损的相对人，即利害关系是存在的，很明显是关于私益的诉讼，不属于公益的范畴。

（3）从诉讼主体的角度来界定。

“纳税人以纳税人的身份就公共资金的违法支出向法院提起的诉讼”。④

① 陈晴．纳税人诉讼制度的域外考察及其借鉴．法学评论，2009（2）：130.

② 梁慧星．开放纳税人诉讼，以私权制衡公权．人民法院报，2001-04-13.

③ 施正文．我国建立纳税人诉讼的几个问题．中国法学，2006（5）：146-154.

④ 张献勇．浅谈纳税人诉讼制度．当代法学，2002（10）：22.

这种定义明确了适用范围是用税领域，但过于简略而未涵盖其他关键要素，过于模糊。也有学者认为，“纳税人诉讼是指纳税人（纳税义务人①、扣缴义务人）和举报人以纳税人的身份就税款的征收、减免以及使用向法院提起的行政诉讼”。② 这种定义的优点在于明确了诉讼类型是行政诉讼，同时明确了诉讼主体是“纳税人（纳税义务人、扣缴义务人）和举报人”，这在诉讼中具有较强的可操作性。

（4）从诉讼目的的角度来界定。

“纳税人诉讼是指纳税人以其纳税人身份提起的请求禁止财政公共资金违法支出、行政机关违法行为的诉讼，目的在于保护公共利益免受侵害”。③ 这种定义的主要不足是未规定诉讼类型，不便于实践操作。

（5）以司法救济的角度来界定。

“纳税人诉讼制度是指纳税人对国家和政府的违法以及不合理的财政支出提起行政诉讼，并要求给予司法救济的权利”。④ 这种定义指明这样的权利需要救济，但并未阐明如何救济。而且在行政诉讼中，只有行政处罚显失公正的不合理情形才能进入诉讼程序。立法之所以如此规定，是因为合理与否的认定难度较大。鉴于理论研究的滞后和法律规范的阙如，纳税人很难诉诸诉讼。那么这种权利的赋予就仅仅限于理论层面，现实意义相当有限。

（6）小结。

对纳税人公益诉讼下定义，必须明确以下几个问题：第一，诉讼类型必须是行政公益诉讼，并且是客观诉讼；第二，诉讼主体是纳税人（纳税义务人或者扣缴义务人），也就是法律上规定具有纳税义务的个人，同时基于诉讼和举证的便利性之考量，这种纳税人是实际缴纳过税款的纳税人；第三，诉讼对象必须是行政机关违法用税的行为；第四，诉讼目的必须是为了公益而非私益。

综上所述，所谓纳税人公益诉讼，指为了保障纳税人的权利，当行政机关的用税行为违法或不合理，侵害了社会公共利益，任何已经实际缴纳税款的纳税人（纳税义务人、扣缴义务人）得以自己的名义向人民法院提起公益诉讼，

---

① “所谓纳税义务人是指税法上规定的直接负有纳税义务的单位和个人。”余采．新编纳税与会计处理．北京：中国审计出版社，1994：28.

② 李桂英．试论纳税人诉讼制度．哈尔滨学院学报，2004（1）：75-79.

③ 韩进川．建立纳税人公益诉讼制度的思考．涉外税务，2006（2）：29-32.

④ 闵睿，王太金．用税监督权与纳税人诉讼．法学论丛，2006（3）：99-101.

法院可依法判决撤销行政机关违法用税行为的诉讼类型。

二、域外纳税人公益诉讼制度的考察

(一) 域外制度介绍

1. 美国：纳税人诉讼制度

纳税人诉讼在美国最早是由 1852 年伊利诺伊州案确立的。① 到 1965 年，几乎所有的州都承认了以州属县、市、镇以及其他地方公共团体为对象的纳税人诉讼，甚至有 34 个州明确承认以州为对象的纳税人诉讼。纳税人诉讼既可以针对公共资金的违法支出行为提起诉讼，同时，也可以针对政府部门造成金钱损失的违法行为起诉。② 承认纳税人诉讼的根据在于，公共资金的违法支出，意味着纳税人本可以不被课以相应部分的税金，在每一纳税人被多课税的意义上，纳税人有诉之利益。③ 联邦法院在类似的案件中也趋向于许可这种诉讼。有些州判例甚至确认纳税人有资格作为原告就有关财政问题和政府支出及与税收额无关的问题提起行政复审诉讼。④

美国联邦法院先前不承认纳税人的行政诉权。1968 年的弗拉斯特诉科恩案中改变了这一作法，⑤ 纳税人对于涉及资金使用的行政行为可以在法院受审。在该案中，联邦最高法院承认联邦纳税人有资格以联邦用款违反了宪法第一条修正案的规定为由请求复审联邦用款之事。当然，“美国并不允许纳税人在任何情况下都有原告的资格。他们只有达到了下述两条标准时才具有这种资格：(1) 纳税人请求复审的行为必须是根据征税和税款使用规定而行使的用款行为，如果纳税人仅指控行政机关在执行有关管理法时，从税款中支出了杂费，那就不够原告资格。(2) 纳税人必须证明他所指控的用款行为超出了宪法对征税和用款权所规定的特定限度。如果达不到这两条标准，纳税人仍无原

---

① Coltan v. Hanchett, 13I11. 615, 6189 (1985).

② Louis L. Jaffe, *Judicial Controlv. Board of Administrative Action*, Little, Brownand Company, 1965: 459-494.

③ 王名扬. 英国行政法. 北京：中国政法大学出版社，1987：427.

④ 薛刚凌. 行政诉权研究. 北京：华文出版社，1999：149.

⑤ 在“弗拉斯特诉科恩案”中，最高法院裁定，一个联邦纳税人有诉讼资格对于有利于教会学校的联邦开支提出质疑，理由是这种拨款违反了第一条修正案中不得确立国教条款，禁止确立国教的历史目的之一就是防止政府把钱用于宗教。

告资格”。① 在美国，各州普遍承认纳税人以其纳税人之身份拥有请求禁止公共资金违法支出的诉讼提起权，纳税人提起的禁令请求诉讼（即纳税人诉讼）时有发生。美国规定，纳税人可以对与自己无法律上直接利害关系的违法支出税款的行为提起客观诉讼，“可以以国家或地方政府为被告，针对违法的税款支出提出返还税金等诉讼请求提起行政诉讼”，② 以便维护社会公共利益。

值得一提的是，美国有一项奎太制度，③ 其在税收、反垄断、就业平等、环境保护等领域被广泛应用。科瓦希克指出，奎太制度的三个目标：一是惩治和威慑腐败，腐败减少了政府在给定支出水平上获得的商品和服务的数量及质量；二是通过表明政府正在积极努力地实现所有政府支出的价值，维持纳税人对公共项目的支持；三是由于私人监督成本比政府监督成本低，依靠私人监督可以降低监督成本。④ 这项制度在纳税人诉讼制度中也发挥着重要的作用，值得借鉴。

2. 英国：令状制度

早期的英国，“一般来讲，一个人必须指出它自己的哪些合法权利受到了侵犯或哪些财产受到了损害，如果他仅是成百或成千的受害者之一，他就没有足够的资格来法院起诉”。⑤ 随着英国司法实践的发展，法官渐渐意识到，“法律必须设法给没有利害关系或没有直接利害关系的居民找到一个位置以便防止政府内部的不法行为”。⑥

在英国，选民可以对地方政府不合法的支出向法院提起申诉。⑦ 这实际上是以公民个人的名义请求法院对行政机关的用税行为进行司法审查。这里产生了两个问题：“第一，普通公民是否作为公共利益的代表，以自己的名义向法院提起禁止令请求之诉？第二，原告是否可能因为缺乏或远离法定的诉讼利

① ［美］伯纳德·施瓦茨．行政法．徐炳，译．北京：群众出版社，1986：423.

② ［美］伯纳德·施瓦茨．行政法．徐炳，译．北京：群众出版社，1986：423.

③ 其来自拉丁文 qui tam pro domine rege quam pro sic ipso in hoc parte sequitur，原意是“为国王也为自己提起诉讼的人”。李波．公共执法与私人执法的比较经济研究．北京：北京大学出版社，2008：8.

④ 李波．公共执法与私人执法的比较经济研究．北京：北京大学出版社，2008：118.

⑤ ［英］丹宁．法律的训诫．杨百揆，刘庸安，丁健，译．北京：法律出版社，1999：125.

⑥ ［英］丹宁．法律的训诫．杨百揆，刘庸安，丁健，译．北京：法律出版社，1999：125.

⑦ 王名扬．英国行政法．北京：北京大学出版社，2007：139.

益，从而无法‘接近司法’?”① 在公益诉讼中，人们寄希望于原告可以实现监督行政权力以保护公益的目的；另外，在权利平等的当今社会中，任何人都不会比其他人享有更多的权利。② 如果行政机关的行为损害了公共利益，但是没有任何人在这个损害中具有直接利益，那么总检察长可以根据相关人的“举报”，授权该相关人以自己的名义提起诉讼。英国这种检察官制度“将禁止令等捍卫私权利的司法救济转变成为保护公共利益的公法救济，解决了纳税人诉讼的原告问题”,③ 并最终成为“用公法之名保护私权之诉”。④ 它是一种针对间接侵犯纳税人个人利益以及侵犯纳税人整体利益的客观诉讼。英国的这种纳税人诉讼制度是一种混合诉讼程序。由于这种诉讼具有客观诉讼的特点，它实质上是一种用公权力保护私权的诉讼。

与我国不同，英国通过判例确定了国家对涉及公共利益案件的起诉资格，由于私人原告在这种案件中并不比别人享有更多的利益而被法院拒绝给予救济，而检察总长代表原告进行诉讼从根本上解决了原告资格问题，从而也使得纳税人监督财政支出的权利有切实保障。由于这种诉讼制度的基础是维护社会公共利益，英国肯定这种纳税人的起诉资格，从某种程度上来说也是有效监督和控制财政支出的手段。

3. 日本：住民⑤诉讼制度

在日本，“住民诉讼是指地方公共团体的居民基于地方自治法第 242 条之二的规定，对于该地方公共团体的机关或其职员的违法的财务支出、财产取得、管理或处分等财务上的一定行为或事实，请求停止、撤销该行为或确认无效、损害赔偿、返还不当得利等而提起的诉讼”。⑥ 住民诉讼的意义在于，“为了通过地方公共团体居民的手防止或矫正地方自治运营的腐败，确保其公

---

① 陈晴．纳税人诉讼制度的域外考察及其借鉴．法学评论，2009（2）：131.

② ［意］莫诺·卡佩莱蒂．福利国家与接近正义．刘俊祥，等译．北京：法律出版社，2000：83.

③ 陈晴．纳税人诉讼制度的域外考察及其借鉴．法学评论，2009（2）：131.

④ ［英］威廉·韦德．行政法．楚建，译．北京：中国大百科全书出版社，1997：257.

⑤ 所谓“住民”，是指在该地方的区域内有住所者，包括在该地方的区域内拥有住所的自然人以及主要营业所或总店所在地在该地方区域内的法人。

⑥ ［日］成田賴明．住民訴訟《納税者訴訟》．行政法講座第 3 卷行政救濟（有斐阁），1965：201.

正而承认的住民参政的一环”。① 住民提起的住民诉讼是行使参政权的一种形式，住民作为该诉讼的原告提起诉讼并不是为了自己个人的利益或地方公共团体本身的利益，而是为了包括原告在内的全体住民的利益。② 由此可见，住民诉讼的意义在于维护公共利益和监督地方财政。同时根据住民诉讼的特点，可知它是一种客观诉讼，也是一种行政诉讼。

普通地方公共团体的住民可以作为住民的资格对监察委员提起有关地方公共团体“财务会计上的行为”的住民监察请求，在对于监察委员的处理结果不服时，才可以提起住民诉讼，即采取住民监察请求前置主义。由此可见，“住民监察请求前置是为了发挥监察委员内部监督普通地方公共团体财务会计行为的制度，与行政复议相同，检查委员可以审查财务会计行为的违法性与不当性”。③

（二）域外纳税人公益诉讼制度评析

我们在考察和借鉴国外的这种诉讼制度的时候应当考虑我国国情。法律也是上层建筑的一部分，它依赖于一国的政治文化，同时受这些因素的影响。

英国的令状制度是美国纳税人制度的前身，而日本则是以美国这一制度为蓝本发展而来的；对比之下，我们应当重点考察美国的纳税人公益诉讼制度：美国是联邦制国家，正是因为这种政治体制的不同，造成美国的联邦立法和州立法的各具特色，而各个州之间的立法也不尽相同。在我国这样一个单一制的国家构建这一制度，必须要找到立法上的共通性，从而探索、构建相对适合我国国情的制度。“从美国纳税人诉讼的实践可以看出，无论对纳税人诉讼采取何种宽松的态度，各州对纳税人诉讼的适用范围上都提出了一定的限制条件。”④ 这种规定的目的，从纳税人这方面来讲是为了保护纳税人的权利，最好地实现监督“用税”的目的，从行政和司法的角度来讲又可以防止滥诉，节约司法资源达到诉讼经济的目的。如果这种制度构建最终没有达到监督的目的，而是让恶意诉讼给行政职能部门造成不必要的影响，则这显然是另一种形式的“用税”浪费。我们可以把这视为一种制衡，在公共权力和私人权利之

① 日本最高裁判所 1963 年 3 月 12 日民集第 17 卷第 2 号，第 318 页。转引自江利红．日本行政诉讼法．北京：知识产权出版社，2008：630.

② 日本最高裁判所 1978 年 3 月 30 日民集第 32 卷第 2 号，第 485 页。转引自同上。

③ 日本最高裁判所 1987 年 2 月 20 日民集第 41 卷第 1 号，第 122 页。转引自同上。

④ 王霞．美国纳税人诉讼的模式及对我国的启示．求索，2008（6）：144.

间产生的一种博弈，最终的目的是达到一种平衡。

在此基础上，在我国纳税人公益诉讼制度构建的时候可以借鉴各国经验构建的相关制度。首先，依据英国、日本的现有规定，限定纳税人公益诉讼的受案范围，防止滥诉和厌诉两种极端现象的发生。其次，基于美国奎太制度的论证，给予诉讼当事人一定金额的奖励。同时，允许被告反诉，抑制告发者的机会主义。最后，可以借鉴各国的支持起诉制度，为纳税人公益诉讼的展开提供有力的支持。

三、纳税人公益诉讼制度的构建

本文所称“纳税人”，指依照税法规定对国家直接负有纳税义务的单位和个人。根据我国相关法律，纳税人享有的权利主要包括：享受税法规定的减税、免税的权利；依法申请收回多缴纳税款的权利；在生产、经营发生重大困难时，依法申请分期、延期缴纳税款或申请减税、免税的权利；对税务机关不正确的决定的申诉权；对税务机关及其工作人员的不法行为有向其上级主管部门及国家监督、检察机关检举、揭发的权利。而本章所称“公益”，包括国家的整体利益，也包括广泛的、分散的个体利益的总和。在此基础上我们可以明确，“纳税人公益诉讼”，指为了监督行政机关依法用税，保障纳税人的权利，当行政机关的用税行为违法抑或不合理，侵害了广大纳税人的公共利益，任何已经实际缴纳税款的纳税人（纳税义务人、扣缴义务人）得以自己的名义向人民法院提起行政诉讼，法院可依法判决撤销行政机关的违法用税行为的诉讼模式。

基于上述考量，本文将着重对公益诉讼的基本规则进行构建。正如克里斯托弗·杰曼所说，“在某些案件中有必要离开法律文字（即狭义）去追求理智和公正所要求的内容，追寻公正本来的意图，也就是说，去减轻和软化法律的残酷性”，① 而纳税人公益诉讼正是属于这类案件。

（一）受诉法院

法治国家的一切法律问题最终都要由法院来解决。司法被认为是社会正义

---

① 转引自［英］丹宁．法律的界碑．刘安，张弘，译．北京：法律出版社，1999：70-71.

的最后一道防线，也像社会的镜子，镜子若看不清楚，社会正义就会出问题。① 因此，构建纳税人公益诉讼制度必然要求赋予司法机关即法院相应的司法审查权。针对目前我国行政诉讼制度的现状，可以考虑赋予法院对行政机关依法用税的司法审查权。如果法官在审理纳税人公益诉讼案件过程中发现政府对自身用税行为所制定的规范性文件侵害了社会公共利益，法院则有权拒绝适用这些规范性文件，“从而间接否定这些规范性文件在事实上的效力”。② 法院可以给相应的制定机关提出司法建议，或直接宣布这些规范性文件无效。当然，这一做法在我国暂时不具备可行性。

与此同时，我们可以设立专门的税务法院或税务法庭以应对税务案件的专业性和复杂性。这是应对纳税人公益诉讼的特殊性，并实现依法纳税和保护纳税人合法权益的需要。设立税务法院或税务法庭也具有现实可行性，不存在制度上的障碍，各地已经有了相关实践，社会上也已培养了大批税法专业人才。纳税人公益诉讼涉及国家税收的使用，从而影响到地方各级行政机关的财政支出。纳税人公益诉讼是行政诉讼的一种，它在诉讼中会遇到一般普遍存在的行政诉讼的问题；同时，又由于纳税人公益诉讼的特殊性，使得法院审理这种案件更为困难。任何国家机关都是国家税收的使用者，如果纳税人一旦就此提起公益诉讼，则将会遇到法院管辖上的障碍。因此，法院在坚持司法独立的同时，可以提级审理，税务法院或法庭的级别应高于一般法院，这样才能保证审理的公平和公正。由于法院本身也是依靠地方财政运转，让法院担当起监督财政的重任，就必须充分完全依法保障司法的独立。

（二）原告资格

“究竟拥有何种权益的主体，与行政行为具备何种关联才有资格和能力向法院提起行政诉讼，攸关行政诉讼目的，攸关行政诉讼的价值导向。”③ 原告资格的选择面临着“接近司法和法治原则与公共行政和法律程序的效率”④之间的价值对立和冲突。

2000 年，最高人民法院《关于执行〈中华人民共和国行政诉讼法〉若干

---

① 韩世远．论中国民法的现代化．法学研究，1995（4）：109.

② ［美］波斯纳．法律的经济分析．蒋兆康，译．北京：中国大百科全书出版社，1997：784.

③ 应松年．当代中国行政法（下卷）．北京：中国方正出版社，2005：1781.

④ Carol Harlow & Richard Rawlings：*Law and Administration*，Butterworths，2004：562.

问题的解释》(以下简称《行诉解释》) 第12条规定:“与具体行政行为有法律上利害关系的公民、法人或者其他组织对该行为不服的,可以依法提起行政诉讼。”这是行政诉讼原告资格的一般标准。根据《行诉解释》第12条的规定,判断原告资格的一般规则是否“与具体行政行为有法律上的利害关系”。而“法律上的利害关系”应理解为“法律上的权利义务关系”,也即关键在于判断该行为是否对公民、法人或其他组织的权利义务进行了调整或产生了影响,如果确实产生了现实的影响效果,则具备原告资格。与此同时,也有一些例外的规定,可是这些规定没有涉及公益诉讼的领域,但是相对于“直接利害关系”而言有所松动。“‘法律上的利害关系’一词与行政诉讼上的‘合法权益’一语相比是否更宽,仍值得分析,但《行诉解释》借用行政诉讼法对第三人规定界定原告的做法体现出的精神,显然超出人们的认识,但并没有从根本上解决确定我国行政诉讼原告资格和途径的问题。”①

“我国原告资格的立法选择和具体运用过分渲染了其具有的限制滥诉的作用,而忽视或降低了保护公民权益和纠正行政违法的作用。”② 我国传统的诉讼制度是当事人适格主义。特别是在行政诉讼中,法律要求被具体行政行为侵犯了合法权益的当事人才能提起诉讼,否则就不予受理。纳税人作为一个特殊的群体,在税收关系中处于弱势地位,行政机关的不合理用税造成税款浪费从而间接加重纳税人的负担,在这种情况下纳税人本来就是受害者。由于这种侵害的隐性存在,很难证明纳税人与诉讼利益之间的直接关系。因此,借鉴大陆法系的“诉之利益”理论可以有效解决这个问题。只要原告有证据证明政府机关的用税行为违法,就可以提起诉讼,不必证明两者之间的必然联系。

发达国家不断拓宽行政诉讼的原告资格,试图找到最合适的标准,从而在不同的国家和不同的时期出现了以下几种标准:

(1) 法定权利标准。这是发达国家早期确定原告资格的标准。“公民、组织基于法律赋予其为自身利益要求行政机关为一定的行为或者不作为的权能时,享有的法定权利。”③ 这种标准过分依赖于法条,我国目前行政诉讼中对原告资格的规定采取的是归纳和列举并用的方式。由于我国是成文法国家,在司法实践中,法官更加关注的是具体立法规定,往往重视已被列举的情况。而

① 甘文. 行政诉讼证据司法解释之评论. 北京:中国法制出版社,2000:62.

② 应松年. 当代中国行政法(下卷). 北京:中国方正出版社,2005:1782.

③ 李惠宗. 主观公权利、法律上利益与反射利益之区别. 行政法问题研究(上). 台湾:台湾五南图书出版公司,2000:143.

我国没有具体法条对纳税人公益诉讼作出规定，因而这种标准事实上限制了公民提起纳税人公益诉讼的资格。

（2）法律利益标准。“对行政诉讼原告资格的确定不着眼于法律明白创造的特定权利，而基于公民、组织要求保护的利益是否不可争辩地属于法律所保护或调整的利益范围之内。”① 这种原告资格确认的标准过分依赖于法律解释技术。我国目前在行政公益诉讼领域存在这样的问题。当法律遭遇社会现实问题的时候，往往显得苍白无力，而司法解释却发挥了较为重要的作用。这些解释的可操作性较强，却在很大程度上欠缺合法性。虽然我们可以把纳税人公益诉讼的原告资格解释为他们具有法律上的利益，但是在实际操作中仍存在很多问题，也不是最好的解决办法。

（3）法律值得保护利益标准。也即“只要公民、组织的利益实际上受到行政行为的侵害，且值得法院加以裁判保护，即应该授予公民、组织原告地位。”② 这种判断标准过于抽象和不确定，过分地扩大了原告资格。在诉讼中给法官带来一定的困难，也不利于诉讼的展开以及相对人权利的保护。

在纳税人公益诉讼制度的构建中，我们应当采取怎样的方法确定原告资格呢？

纳税人公益诉讼的原告理所当然是纳税人，但是不宜将所有的纳税人都赋予原告资格。因为纳税人也分为直接纳税人和间接纳税人。如果全部纳入诉讼，则全体中国公民以及在中国纳税的外国公民都可以提起诉讼。直接后果就是会导致起诉权的滥用，严重阻碍行政机关行使职权，司法机关亦可能陷入瘫痪。

如果我们用纳税额作为限制纳税人成为当事人的条件，则有违背法律面前人人平等原则之嫌，但是无任何门槛的“平等”显然不利于效率和公正的实现。由于纳税人公益诉讼的公益性，诉讼所产生的结果是由所有公民共享的，因此，基于法律中的价值选择，我们在制度设计上可以采取兼顾效率和公正的原则。

我们不妨规定在纳税人公益诉讼中的当事人应当满足以下两个条件：第一，必须是中国公民；第二，纳税人提起诉讼时需要证明自己纳税已有一年以上，并且这种税款的使用与行政机关滥用税款的行为存在一定的关联性。

---

① 王名扬．美国行政法．北京：法律出版社，1995：625-626.

② ［日］盐野宏．行政法．杨建顺，译．北京：法律出版社，1999：336-337.

（三）起诉期限

设置合理的起诉期限，既有利于及时保护纳税人的权利，减少因时间推移造成的举证困难，同时，也可以维护纳税人对行政机关的信赖利益，以免造成更大范围的不利益。因此，期限设置应该尽量压缩时限。但是，从另一个方面来看，起诉期限过于严苛，显然不利于纳税人诉权的保护与实现，很多违法行政行为会因此而逃避法律的制裁，故而在确立起诉期限的时候应慎重考量。本文认为，应当考虑到实际情况，建立起一个相对合理的期限。

由于纳税人公益诉讼本身的特殊性，以及权利侵害的普遍性和隐蔽性，权利侵害时间的确立应该是以普遍大多数人知道或者应当知道为标准。现行行政诉讼法规定的两年的限制，是可以借鉴的。公益的单个代表不能以自己在这个合理的期限内不知道而要求延长起诉期限。

这里的起诉期限可以参照目前《行政诉讼法》的相关规定。同时，限定在普遍大多数人所应该知悉的时间范围内。那么我们现在面临的问题是如何界定“普遍知悉”这一概念。由于行政机关行使公权力，他们的行为必须公开透明。因此，本文从两个方面对其进行限制：其一，对于普遍公开的政府信息，以政府官方网站公布时间起，视同大众知悉；其二，对于政府未公开的信息，基于政府的责任，推断公众无法知悉，从而可以由起诉人确定其知悉的时间。

这样的规定，一方面，可以限制行政机关，合法有效行使行政行为并归于一定的公众监督之下；另一方面，便于纳税人举证和诉讼，最终给法院带来便利，并使得诉讼顺利进行。

（四）举证责任

法谚有云：“举证之所在，败诉之所在。”在诉讼中，一个基本法理是“谁主张，谁举证”，但在行政诉讼中有独具特色的“举证责任倒置”的规定。纳税人公益诉讼作为特殊的行政诉讼，在举证方面应该遵循怎样的原则呢？

纳税人公益诉讼的被告（即国家行政机关）由于其作为或不作为有违公共利益，纳税人对被告的行为提起诉讼，依然应当采用“谁举张，谁举证”的证据规则作为主要原则。但是，如果举证责任完全由被告承担，那么原告提起诉讼的门槛会非常低，再结合我们后面将会重点阐述的奖励制度，滥诉的发生几乎是不可避免的，从而造成司法效率的低下及司法资源的浪费。此外，由于纳税人公益诉讼的潜在原告范围极为广泛，同时，每一个纳税人的生活背景、知识层次、认知能力等方面都具有非常大的差异，他们对行政机关的同一用税行为完全可能产生截然不同的认识。因此，如果纳税人依据自己的认识提起诉讼，同时，又不负责举证，则必然滋生滥诉的现象并且难以遏制。基于以上分析，纳税人必须对两项基本事实进行举证：其一，行政机关存在一般意义（即大众普遍认识基础上的）的违法用税事实；其二，纳税人自身具有原告资格。如此才能有效避免诉权滥用和对司法秩序的干扰。

另外，由于纳税人公益诉讼的特殊性，案件本身牵涉很广并且案情复杂，作为“局外人”的纳税人对很多事实问题根本无法举证。因此，在上述原则下，就事实问题应当按照举证责任倒置的原则，让行政机关自己来举证，证明自己的用税行为合法。这样既有利于诉讼的进行，同时，又从客观上起到了监督行政机关，让其财政资金使用透明化，防止腐败的作用。

综上所述，纳税人公益诉讼的举证责任分配应当是，纳税人就自己为适格当事人承担举证责任，对行政机关存在违法用税行为也应举出一些证据以初步证明其存在，被告就自己使用税款行为的合法性承担举证责任。

（五）信息公开

政府信息公开制度是我国政治民主的必然要求，同时，也是构建纳税人公益诉讼的重要条件。我国《宪法》第41条规定，公民对于任何国家机关和国家工作人员，有提出批评和建议的权利。有学者提出，“政务公开是行政主体在行使行政职权时，除涉及国家机密、个人隐私和商业秘密外，必须向行政相对人及其社会公开与行政职权有关的事项。通过行政公开，行政相对人可以有效地参与行政程序，以维护自己的合法权益；社会民众因此可以通过行政公开，监督行政主体依法行使行政权力”。① 政府信息公开是人民行使管理国家事务权力的前提。通过政府信息公开来让民众了解政府的行政行为，可以有效监督行政。反之，用税行为如果无法公开透明，纳税人在懵懂无所知的状态下将很难提起诉讼。基于此，纳税人要实现这种宪法赋予的知情权和管理权就必然要求政府信息公开。如果政府信息的公开制度未落到实处，实现纳税人权利、提起纳税人公益诉讼则纯属奢谈。

依据《政府信息公开条例》，政府应根据纳税人的申请，及时、迅速提供其所需要的资讯，除非法律有不得公开的禁止性规定。行政机关公开政府信

---

① 章剑生．论行政程序法上的行政公开原则．浙江大学学报（人文社会科学版），2000（6）：101.

息，不得危及国家安全、公共安全、经济安全和社会稳定。向社会公众公开的决定一般具有重大的、涉及社会公共利益的内容。纳税人公益诉讼所需要的信息完全可以从政府获取。

（六）行政监察与支持起诉

在行政诉讼中，有一部分案件需要先行复议。一些案件的特殊性，决定了相对于法院来说行政机关更具专业性，可以将一部分案件消化在行政机关内部，通过分流减轻法院的负担。而纳税人公益诉讼案件也具有其自身的特殊性，且不说案件的公益性少了一般诉讼的“利害关系”，最特别的是案件涉及经济领域相关问题，而且涉及国家税收使用的全过程。这在诉讼中给原告带来相当大的难度。如何克服这一困难，让诉讼程序顺利推进，我们可以借鉴英国、美国和日本的经验，设置前置程序。这种前置程序，就是把向特定机关投诉设计为提起诉讼的前置程序。“由于审计、监察、检察院等特定机关本身就具有监督职责，拥有行政权力资源，向其投诉有利于及时制止和处罚违法使用公共资金的行为”。① 按照行政复议的相关理论，我们可以给接受投诉的机关设定以 30 天为限，在限期内必须作出书面答复。如果这些机关在 30 天内未答复或者投诉人对答复不服，可以在提出投诉起 15 天内或者收到书面答复 15 天内向被告所在地基层人民法院提起诉讼。由于这个过程中有专门的审计机关参与，答复具有一定的专业性，同时也解决了诉讼中的举证难和专业性问题的制约。

（七）激励机制与制约机制

纳税人公益诉讼不同于一般意义上的诉讼。从纳税人这方面来看，诉愿不强，为了鼓励诉讼，需要建立激励机制；从司法机关和行政机关这方面来看，如果一味地放纵原告起诉，则极易造成滥诉的结果。因此，我们也要建立相应的诉讼制约机制。只有这样才能实现两方面权利义务的平衡，达到构建纳税人公益诉讼的目的。

其一，激励机制。纳税人公益诉讼，由于其具有公益性，而不是单纯地为了个人利益而诉；即使提起纳税人公益诉讼的原告胜诉了，诉讼结果对于他来说要么毫无利益，要么获益微小可以忽略不计。考察国外相关制度我们可以发现，给予一定的物质奖励有利于激励原告提起诉讼。比如，“美国《反欺骗政

---

① 李桂英．试论纳税人诉讼制度．哈尔滨学院学报，2004（1）：75-79.

府法》规定，原告胜诉后可以从法院对被告所处罚金中分得15% ~20%。如1990年2月，美国公民诉美国通用汽车公司欺骗政府案，被告赔偿了350万美元，原告因此获得其中的22%，高达77万美元的奖励”。① 如果在纳税人的公益诉讼中，原告得不到任何利益，则纳税人公益诉讼的进程将举步维艰。

如本文第二部分关于美国纳税人公益诉讼制度中奎太制度的介绍所述，如果美国司法部介入案件并提起公诉的话，则告发者的奖金为诉讼结束后政府受偿额的15% ~25%（具体资金数额依据告发者的贡献而定），加上数目合理的律师费、成本和开销等。如果司法部不介入案件，则告发者的奖金为政府受偿额的25% ~30%，加上数目合理的律师费、成本和开销等。② 这种区别化的激励机制非常值得我们在纳税人公益诉讼制度构建中借鉴。李波先生证明：目前15% ~20%的奖金率有一定的合理性；在已有的公共执法体制上加入最优奎太机制将提高社会福利；政府对私人执法进行的公共审查不一定提升社会福利。③

因此，相关的激励机制的构建可以从以下几个方面进行：

（1）免收诉讼费用。由于纳税人公益诉讼的目的是为了国家和社会公众的公共利益，诉讼中又必须要消耗一定的人力和经济成本。为了减轻纳税人提起诉讼的经济负担，诉讼费用应当由国家承担。有人提出应该由被告方承担，但因为纳税人公益诉讼本身涉及的就是用税问题，即使最终判决诉讼费用由被告承担，无一例外还是由公共财政支出，这似乎是另一笔不合理的开支。是否又要为此提起新一轮的纳税人公益诉讼？因此，可以通过免收诉讼费用，让司法为维护社会公益出一份力。

（2）加大法律援助力度。前面我们提到，律师费用也是诉讼中的一笔不小的开支。由于纳税人本身的法律和相关的税收知识的欠缺，若不聘请律师，则可能不利于诉讼开展；若聘请律师，则又会增加成本。纳税人公益诉讼的公益性决定了，这是一种利国利民的诉讼。在相关制度方面，我国律师法已明确规定律师要从事一定的法律援助工作。将公益诉讼案件的法律援助列入律师执业要求中去，未尝不是一件双赢的好事。

---

① 颜运秋．公益诉讼法律制度研究．北京：法律出版社，2008：284.

② 李波．公共执法与私人执法的比较经济研究．北京：北京大学出版社，2008：11-12.

③ 李波．公共执法与私人执法的比较经济研究．北京：北京大学出版社，2008：119.

(3) 胜诉原告补偿。美国的举报奖励制度有利于纳税人公益诉讼的开展。但是我国是社会主义国家，财政收入取之于民用之于民，将胜诉的税款奖励给公民个人，实质上也是公有资产的另一种流失，不利于维护我国国有资产的公有性。但是，如果一味要求纳税人公益诉讼的原告个人付出，则不利于诉讼的展开。于是我们可以采取折中的办法，即胜诉以后偿付纳税人公益诉讼的原告以诉讼中实际付出金钱利益为限予以补偿。同时，按全国平均的工资标准支付由诉讼造成的误工损失。

其二，制约机制。个人提起纳税人公益诉讼，不需要缴纳诉讼费用，律师费也全免，还有补偿机制，这是不是意味着纳税人可以随意提起诉讼？回答是否定的。国家的财政资金有限，国家的司法资源也有限。当事人的滥诉会造成资源的极大浪费，不符合当前我们构建节约型社会的战略目标。为了防止滥诉的情况发生，我们应构建以下相关程序作为制约手段：

(1) 前置程序。日本有住民监察请求前置主义的要求。提起纳税人公益诉讼，在英国，首先需要检察长批准；在美国，则需要先行向政府主管部门通告，只有在主管部门决定不参与或不制止违法行为时，公民才可以起诉。根据我国的实际情况，前置程序的构建非常有必要。它不仅可以防止滥诉，而且可以让行政机关先自行反省，这样有利于节约司法资源，提高解决问题的效率。根据“穷尽救济”原则，当事人提起诉讼之前必须首先寻求最有效最直接的救济途径。在制度设计方面，我们可以要求相关人向有关部门提起“建议”，从而启动审计机关的审计工作。这样的前置程序不仅可以有效解决问题，同时，为后来的诉讼提供了专业有效的事实依据。

(2) 原告身份限制。既然是纳税人公益诉讼，则提起诉讼的原告必须是合法的纳税人，并且是实缴义务人。纳税人提起诉讼的时候必须证明自己纳税已有一年以上，并且这种税款的使用与行政机关的“税款”滥用有一定的内在联系。

结语

依据《宪法》第 41 条，公民既然享有对国家机关及其工作人员的批评、建议、申诉、控告或者检举的权利，对其用税行为具有监督的民主权利，显然是应有之义。在赋予公民这种权利的同时，若不建立相应的具体制度，不仅国家机关的不适当或违法的行为难以得到有效纠正，公民权利也不能得到有力保障；更可能降低法律的公信力，造成难以逆料的危害。我们将域外先进立法经验与我国国情相结合，试图构建纳税人公益诉讼这样一种制度，为公民权的保护提供有效的途径和手段，弥补现有制度的缺陷，使公民权利得到落实，使国家机关的行为更加规范。如果我国建立起了纳税人公益诉讼制度，则其意义无疑是重大而深远的。

完善法定无障碍通行权研究*

周秀龙**

【内容摘要】无障碍通行权设立的目的是保障残疾人群体、个人基本权利的实现，是对残疾人社会生活而做的区分、保护和选择的措施，其与平等权在本质是一致的，是无障碍环境的重要组成部分。无障碍通行权的设立需要以无障碍设施作为物质载体，无障碍设计则是法定、强制性规范和标准。针对存在诸多软件设施和硬件设施方面的问题，应当考虑树立全新的残疾人观，加大对无障碍通行权的宣传力度，建立统一的协调机构、增加残疾人群体话语权、制定无障碍设施专门法律等措施。

【关键词】无障碍环境　无障碍通行权　平等权　残疾人话语权

一、研究的背景与意义

无障碍通行权是由我国宪法规定的平等权所推定出来的法定权利。“无障碍”一词是外来语，由英文 accessibility 翻译而来，是可及性的意思。所谓可及性，乃是强调不同个人在社会生活中有不同层面的需求，如交通、学习、工作等，都有直接可及的便利性。

无障碍通行权的设立有着复杂的社会历史和文化背景。社会条件的纷繁复杂和个人的生活经历、生活经验、经济地位、社会地位等因素，使人们对残疾

* 本文是国家社科基金重点课题“禁止歧视与少数人暨弱势群体权利保护的理论与实践研究”(项目编号 08AFX001) 阶段性成果。本文的写作承蒙四川大学法学院周伟教授、南开大学法学院赵正群教授、南开大学马列学院张红妹博士的指导，谨此表示衷心感谢。

** 周秀龙，天津医科大学第二医院，法学硕士。其研究方向为宪法学与行政法学、反歧视法学。Email：xiulong_zhou@ 163. com.

人形成了一种比较概括、固定的刻板印象（stereotype），① 这就是较多的关注残疾人的福利、残疾人入学、就业等。为了使残疾人能够独立生活、充分参与社会生活的各个方面，确保残疾人在与其他人平等的基础上，进出物质环境，使用交通工具，利用信息和通信技术系统，以及享用在城市和农村地区向公众开放和提供的其他设施与服务，首先需要保证残疾人拥有出行的基本设施——无障碍设施。方便残疾人，尤其是肢体残疾人的出行是法律规定的无障碍设施的首要价值尺度，是对人的固有尊严与价值的保障。

我国残疾人保障事业起步于 20 世纪 80 年代末、90 年代初。在国家法治刚刚起步，许多单行法律尚未制定的情形下，我国就已经制定了《残疾人保障法》，可见国家层面对于残疾人保障事业的重视。经过 20 多年的蓬勃发展，残疾人保障事业已经取得了很大的成绩。国家相继颁布了一系列法律法规，先后实施了我国残疾人事业“八五”、“九五”、“十五”、“十一五”计划以及无障碍设施配套实施方案等②。与此同时，我国人口已到“跑步进入老龄化”阶段③，这也对城市总体规划、市政建设等方面提出了新的要求。无障碍通行权以《残疾人保障法》作为直接的载体与基石，但其服务对象不仅是残疾人，还包括老年人、妇女、儿童、伤病人等社会群体。还要看到，无障碍建设不仅具有社会效益，通过拓展残疾人能力发挥的机会和空间，还可以创造经济效益。新建道路、建筑进行无障碍设计和建设，可以避免将来改造造成的资源浪费，从这点讲，积极推行无障碍建设应该更具迫切性④。

从 2003 年陈光诚诉北京地铁案开始，人们开始关注残疾人无障碍通行权

① 周伟．论禁止歧视．现代法学，2006，9.

② “十一五”计划与 2009 年 4 月《国家人权行动计划（2009—2010）》确立了在重庆、成都等 100 个城市中开展创建全国无障碍城市建设工作，以期初步形成我国城市无障碍化的基本格局，为无障碍通行权的实现提供物质条件。

③ 我国已经进入人口老龄化社会，到 2020 年，60 岁以上老年人口将从目前的 1.4 亿增长到 2.4 亿，将占总人口的 16%，这一趋势被称为“跑步进入老龄化”。不仅如此，我国 80 岁以上的高龄老年人将从 2000 年的 1150 万，迅猛增加到 2020 年的 2700 万；到 2050 年，我国 60 岁以上的老年人口将达到 4 亿，而其中 80 岁以上的高龄老年人将达到一亿以上。李本公在《在创建全国无障碍设施建设示范城市总结会议上的讲话》，http：//www.cdpf.org.cn/weiq/content/2007-11/20/content_ 76105.htm，2011 年 2 月 10 日访问。

④ 邓朴方在《在创建全国无障碍设施建设示范城市总结会议上的讲话》，http：//www.cdpf.org.cn/weiq/content/2007-11/20/content_ 76105.htm，2011 年 2 月 10 日访问。

在司法层面的实现；2008 年的丁圣奇诉重庆市规划局案①和 2009 年栾启平、谢文强诉铁道部案②引发了社会公众对公共设施和公共交通工具中无障碍设计规范和标准的重视；残疾人，尤其是肢残人士独立生活以及其融入、参与社会情况也再次成为人们关注的焦点。本文笔者是后两个案件的诉讼代理人。上述案件分别涉及具体行政行为、规范性文件、行政法规和法律制度对残疾人无障碍通行权的保护和法定强制性无障碍标准的实施问题。什么是无障碍设施？法律为什么要设立无障碍设计标准？法定的无障碍设计标准没有得到较好落实的原因是什么？如何更好地保护残疾人这一法定而往往又最容易被公众所忽视的、且很难得到有效救济与保障的权益？本文对此进行初步的研究，以期促进我国残疾人无障碍事业的理论研究和立法实务讨论。

二、无障碍通行权立法例及存在的问题

（一）无障碍通行权立法例

从法律上来看，无障碍通行权主要的效果与目的在于对特定群体或个人的基本通行权、出行权的保护和优待，其表现形式是在相同情况下取消损害特定群体或者个人平等享有权利的任何区分、排除或者选择的措施。与之相关，与无障碍通行权密切联系的非残疾人的出行权，则不为法律禁止，因为其属于社会心理和行为的范畴而普遍存在于人们的观念与行为之中，法律不可能介入也不可能消除。因此，就法律目的与法律效力而言，应当对残疾人无障碍权进行立法上的规制，以保证该权利的有效行使。

无障碍通行权的立法例可以分为以下几种情况：

其一，概括性、原则性规定无障碍权，确认该群体平等享有权利的原则。这类规范主要体现在法律、行政法规等较高级别的法规范中。如《残疾人保障法》(1991）第 46 条规定，“国家和社会逐步实行方便残疾人的城市道路和

① 该案的事实是：2009 年 4 月 9 日上午，丁圣奇到中国工商银行重庆某支行办理牡丹灵通卡，后发现该支行并没有配备残疾人专用无障碍坡道，致使其轮椅无法进入，不得已在岳父及该行保安的帮助下进入。丁认为其法定的无障碍通行权受到侵害而提起的行政诉讼，具体参见：http：//news. sohu. com/20090909/n266579354. shtml，2011 年 1 月 31 日访问。

② 有关这两起案件的详细报道，http：//www. ysx2001. com/thread-106101-1-1. html，2011 年 1 月 31 日访问。

建筑物设计规范，采取无障碍措施”。

其二，详细、具体的规定，具有可操作性的实施规范。部门规章、行政规范性文件和技术规范规定的是较为详细的具有较强的操作性和实践性的规范。《城市道路和建筑物无障碍设计规范》(JGJ50-2001）是建设部2001年对城市道路和建筑物的无障碍设计所制定的规则，规定了盲道（sidewalk for the blind)、无障碍入口（barrier-free entrance)、厕所（barrier -free lavatory）等28种专用术语和建筑物；并规定建筑入口、坡道、通路、走道、地面、门、楼梯与台阶、扶手等12种方位应有无障碍的设置，建筑物无障碍标志与盲道等；

其三，在列举应当修建无障碍设施的建筑物的同时，说明应当查明和消除阻碍无障碍实现的因素，其并未穷尽所有的列举，被称为“开放式的条款”。绝大多数国家人权公约和国际条约都采用了这一方法，以便为缔约国立法和司法机关提供明确的法律依据，如《残疾人权利公约》第九条关于无障碍的规定。

长期以来，我国城市中的市政建设、公共建筑、居住建筑的环境建设，基本上都是按照健全、无残疾成年人的身体尺度和人体活动空间参数来考虑的。诚然，修建无障碍设施需要增加一定的建设成本，基于当时的综合国力和社会环境，没有在建筑物规划、设计、建设、验收阶段考虑无障碍环境的建设具有一定的社会历史原因。鉴于我国综合国力日益增强，国际形象日益提高，修建无障碍设施已成为法定义务和应尽的社会责任。从经济学角度来看，对于新建、改建、扩建的建筑物而言，修建无障碍设施虽然会消耗一定的社会成本，但却也降低了社会服务费，提高了形象价值。这些都是立法机关在进行相关立法时应当考虑的法社会学与法经济学问题，以实现法经济效益与法社会效益的最优化与最大化。

（二）无障碍设施的“硬件问题”与“软件问题”

当前，无障碍设计主要存在物质环境方面和服务意识方面的问题，即“硬件问题”和“软件问题”。下面我们主要从这两个方面展开讨论：

首先，硬件方面的主要问题是未按照法定标准执行无障碍设施的设计技术规范。无障碍硬件设施主要是指城市的道路、公共建筑物和居住区规划、设计和建设要方便残疾人正常通行与使用，包括盲道、缘石坡道、无障碍电梯、无障碍厕所、残疾人专用停车位、盲文站牌等。据四川大学研究生周志华的调研与统计，认为四川省成都市公共建筑坡道设施硬件方面主要存在以下两个方面的问题①：

（1）距法定坡化率标准存在较大差距。

我国国家法定（建标［2007］261号）的坡化率为100%（新建建筑）或60%（改建建筑）。据调研显示，成都市建筑的坡化率离法定的标准尚有一定距离，需要完善的空间还很大；与此同时，在具体的坡道参数方面，除困难地段外法定的坡度为不大于1：12，而成都市几乎所有的坡度都不符合法定标准②。详见表1、表2所示。。

表1　**成都市各类建筑坡化情况表（法定坡化率≥60%）**

建筑类别	交通建筑	医疗建筑	办公建筑	商业建筑	服务建筑
成都坡化率	70%	57%	50%	36%	30%

表2　**成都市各类建筑坡道坡度范围表（法定坡度≤1：12）**

建筑类别	交通建筑	医疗建筑	办公建筑	商业建筑	服务建筑
坡度范围	1：1.67～1：6.67	1：2.14～1：7.56	1：3～1：20	1：7.5～1：11	大于1：8

（2）未按照法定标准设立无障碍标志。

无障碍标志不仅具有表明是否做无障碍设计，是否具有无障碍功能的作用，而且具有指明该设施方向的功能，《城市道路和建筑物无障碍设计规范》对此已明确规定。而调查显示的几乎所有的无障碍设计建筑都没有按照法律规定使用无障碍标志。成都市无障碍设施覆盖率相对较高的交通建筑，其无障碍

① 周志华．残疾人无障碍通行权实施现状及对策研究——基于成都市的调查．广西政法管理干部学院学报，2009，24（6）．需要指出的是周志华在调研中选取了成都市五类公共建筑的数百个坡道作为调查样本。确切地说，这只是反映了成都市这几类建筑的坡化率情况，但是成都市是"'十五'全国无障碍建设先进城市"，并在"十一五"计划中，被确定为百个无障碍建设城市之一，这样一个副省级城市尚且如此，全国其他城市的无障碍物质环境的基本状况可窥豹一斑。

② 我们了解到，成都市残联办公楼入口1：15的坡道残疾人手摇轮椅自行通过仍很困难。而成都市几乎所有的建筑坡道的坡度都大于1：12，毋庸置疑，这样的无障碍坡道对残疾人来说，依然是有障碍的设施。根据《城市道路和建筑物无障碍设计规范》中关于坡道技术参数的要求，室外通路最大坡度为1：20；有台阶的建筑物入口的坡度不得大于1：12；只设坡道入口的不得大于1：20；室内的坡度不得大于1：12；困难地段最大坡度为1：10～1：8。

标志使用率仅为70%，而银行等服务建筑对无障碍标志的使用则更少，许多银行即使已做了无障碍设施，但几乎都未使用无障碍标志。

其次，软件方面的主要问题是无障碍的服务理念与服务意识缺失①。

无障碍环境建设主要通过软件环境和硬件环境两个层次来进行，也就是"爱残助残"的服务意识、服务理念和无障碍物质条件建设。相比之下，前者的意识缺失更令人揪心。

(1) 建成后的无障碍设施成为"冰冷的面孔，人为的障碍"。

城市无障碍设施应贯彻"以人为本"的理念。所谓"以人为本"，是指建筑物、道路、交通设施在新建、扩建、改建过程中应当符合无障碍设施工程建设标准，优先推进与残疾人日常工作、生活密切相关的公共服务设施的改造，符合残疾人日常无障碍出行。但是，现实生活中无障碍设施被侵占、占用、改造的现象已经屡见不鲜：大量盲道被用于停放车辆、摆地摊；地铁站、火车站里的无障碍电梯建成后被锁住根本无法正常使用；大量的坡道上堆满了杂物、垃圾；建成的坡道中或者路面上缺乏衔接，残疾人轮椅禁止进入步行街②等现象造成了残疾人根本无法正常使用已经修建好的无障碍设施。这些目的在于提供无障碍服务设施，在现实中却变成了"有障碍设施"，形成了"冰冷的面孔，人为的障碍"。

---

① 2007年至2010年，笔者在四川大学学习期间对两件事情感触颇深：一是四川大学东区一座五层教学楼，始建于20世纪80年代，至今没有无障碍设施。一位肢体严重残疾的女老师每天要乘坐轮椅到达办公楼下，然后要双手撑起拐杖十分艰难地爬越8级台阶，然后再乘坐电梯到达4楼办公室。期间，该位女老师曾经要求学院考虑其身体状况，修建无障碍坡道或将其安排在一楼办公；但至今为止，仍无任何进展。二是四川大学一位贵州籍女硕士研究生，因车祸丧失了右腿，其宿舍被安排在六楼，我曾经问过她是否让学校考虑为其安排在一楼，她说"宿舍是按照学院来统一安排的，我想和本学院同学住在一起"；当我问她，是否知道无障碍宿舍时，她说"不知道"，结果该同学每天要撑起拐杖到六楼就寝，每天到缺乏无障碍设施的餐厅就餐。

② 曾经有一个残疾人朋友向我反映一个现象：成都市天府广场附近无障碍人行道改造，不符合无障碍标准。问题在于人行路与马路的交界处缺乏衔接，有大约3～4cm的水泥凸起。这对正常人来讲，可能一抬脚就上去了，但是对一个靠手动摇轮椅的残疾人来讲，却是难以逾越的障碍。这位朋友还向我反映了她经历的一件事情：她到成都市步行街春熙路购物，但是当她摇着轮椅到达步行街路口的时候，保安把她给拦住了，说残疾人的轮椅不能进去。如果想购物，则必须把轮椅放在步行街以外。她是一个重度肢体残疾人，没有轮椅怎么购物呢？后来，双方争执下来，最后她报警了。警察来了以后，询问保安为什么不让进，保安给出的理由是：残疾人轮椅的出入影响城市的形象。最后，她还是没有顺利购物。这是笔者访谈到的两个真实案例。

（2）无障碍设施使用频率低——“无障碍设施为谁而建”。

无障碍意识的缺乏还会对人们造成一种错觉：社会上没有残疾人、残疾人不会使用这些设施、修无障碍设施是一种社会公共资源浪费。但真实情况是到处都是有障碍的设施，残疾人根本没有办法出门①。其实，残疾人群体除了生理上的缺陷外，其他方面都和正常人一样，有着对大自然、对美好生活的向往与追求，非常渴望融入到现代生活中，感受社会文明气氛、体验社会日新月异的变化。当真正完善无障碍设施的时候，残疾人非常乐意走出来，真正实现自身价值，得到社会认同、实现自己的人生尊严与自信。当2010年广州残亚会开幕时，笔者在广州市步行街看到很多不同肤色、不同国籍、不同民族、种族、不同地域的残疾人摇着轮椅在逛商场、乘坐无障碍公共汽车、出租车，这些都表明由于修建了较为完善的无障碍设施，他们可以自己独立地“走”出来。

三、分析与讨论

（一）学校教育在专业人才培养过程中脱位，造成无障碍理念与意识缺乏

学校教育是人类传承文明成果的一种方式和途径。学校是培养人才的专门机构，几乎一切活动都是围绕有目的人才培养而设立的，学校教育有较强目的性、系统性与专门性，尤其对高校这种分门别类、分学科培养模式而言。对于法定、强制性标准的无障碍设计而言，这种理念应当在高等院校中讲授，让无障碍理念在这些未来建筑师的脑海中根深蒂固。人类社会的一些基本价值准则，如尊重生命、诚实守信等在孩提时代就灌输到大脑当中，当这样一种理念成为一种本能意识的时候，应当说是教育的成功；同样，在高校教育中进行无障碍宣传和教育，尤其是对这些未来社会精英的建筑师们普及无障碍知识和理念，并将这种理念运用到日后具体的设计中去，显得尤为迫切。

到目前为止，清华大学、天津大学、天津城建学院等建筑类专业科研实力

① 2009年10月，由四川大学法学院主办的“残疾人权利保障理论与实践研讨会”在成都召开，会务组曾经邀请丁圣奇到成都参加研讨会，但是会议前夕，他致电笔者说他不能来参加。因为“他出不了门”。由于没有坡道，需要有人把他抬到平路上，他乘坐轮椅根本不可能乘坐出租车、公交车和火车；如果出行，则至少需要两个成年男子陪同。所以，他最后只能呆在家里。

较为雄厚的高校中，还没有专职无障碍研究人员、专门的无障碍设计练习。大部分学生只是对无障碍有所了解而已，但是具体应当如何按照法定标准来设计、如何最大限度满足残疾人出行需要，这些问题都没有系统学习过。设想一下，这些从没有接受系统无障碍教育的设计师、建筑师走到工作岗位能有多少具有无障碍意识？并能设计出符合法定要求、符合残疾人需求的建筑？

（二）对于无障碍设计是否为国家强制性标准的理解存在误区

法律的制定应当符合国情和社会实践需要，否则会造成立法与现实脱节。法律的灵魂在于完善的实施。事实上，立法机关在制定相关法律的时候，已考虑到我国无障碍立法相对滞后、现实存在的大量建筑物缺乏无障碍设施的现状；以及我国幅员辽阔，东西部和城乡在经济、教育、人才等方面的巨大差距。所以，采取逐步推进、逐次推进的策略和方式来完善无障碍设施，逐步缩小与发达国家的差距，是目前最现实也是最理性的发展模式。

《残疾人保障法》第 52 条规定，国家和社会应当采取措施，逐步完善无障碍设施，推进信息交流无障碍，为残疾人平等参与社会生活创造无障碍环境。《城市道路和建筑物无障碍设计规范》5.1.2 规定，商业与服务建筑的人口宜设无障碍入口。其中，“逐步”和“宜”的意思并不是通常所理解的是选择性（而非强制性）标准①。从法律解释和法律逻辑学角度看，法律这样表述是考虑了我国现阶段的国情后，采取的一种相对合理主义和理性主义的表述方式，也增强了逻辑的严谨性。

第一，逐步推进、逐次推进策略类似于我国实现社会主义现代化的“三步走”战略，也可以视同榜样的作用。不同的是，榜样属于伦理与道德调整的范畴，而无障碍通行权则可以通过司法途径，诉诸法律实施。首先，从 2002 年开始，首批创建“全国无障碍设施建设示范城市”的 12 所城市应当起

---

① 在丁圣奇诉重庆市规划局案宣判前，本案的法官曾经和笔者进行了长达 30 多分钟的谈话，其中，谈到的核心问题是对“逐步”和“宜”的理解。法官的理解是，“逐步”是个时间量词，即过程的意思，既然有个过程，那么本案所指向的建筑业也应当有逐步完善的过程，不能一蹴而就；“宜”，是“选择”、“适宜”的意思，即根据情况，可以修建也可以不修建无障碍坡道。该法官还给笔者做了比喻，比如，在繁华的商业街两旁，我有一栋建筑要用来做仓库用，我就可以不修无障碍设施，因为这不属于商业建筑，不会对残疾人无障碍通行权造成侵害。因而，要确定是否构成侵权，首先是对“逐步”、“宜”的理解，然后确定是不是商业类型建筑，否则不能确定侵权。

到无障碍设计的表率和示范作用①；而后，自2007年11月15日起，由创建全国无障碍建设名单中的100个城市起到模范作用；之后，再推广到全国其他区域。这些措施的确立对我国城市无障碍化基本格局的形成具有重要的示范作用。

第二，法律强制性标准并没有对商业类型建筑做出区分。商业建筑的类型和形态不应当成为非法律强制性标准的理由，也不应当成为未修建无障碍设施的理由。《城路和建筑物无障碍设计规范》1.0.2规定："本规范适用于全国城市各类新建、扩建和改建的城市道路、房屋建筑和居住小区，以及有残疾人生活与工作场所的无障碍设计。"这里对于修建无障碍建筑的类型和范围作了规定，而且法律也没有规定建筑的类型和商业形态。只要是城市建筑物，无论为何种类型的建筑都应当做无障碍设计。作为法定的负有监督、审查义务的行政机关，即使无法按照商业建筑类型提出对申请人进行无障碍设计的审查要求，也应按照强制性规定对其无障碍设施进行审查。

（三）负有法定监管权利与义务的行政机关在监管职责上缺位

行政机关的责任不仅体现在统筹规划、综合协调无障碍环境建设，还应对建筑物、道路、交通设施在新建、改建、扩建过程中尽到合理的审查义务，使之符合无障碍设施工程建设标准。

就行政机关法定职权范围与效力而言，无障碍权主要是通过行政许可和行政监督来实现。就行政许可的法律性质而言，它是对被法律限制或禁止事项的解除，亦只有那些被法律普遍限制、禁止的事项，法律才有设立行政许可的必要性与正当性的基础。法律之所以对某一事项设立许可制度，是由于该行为的实施具有潜在的危险性，但同时会对实施该行为的人带来利益。所以，行政许可作为一种赋予申请人权利的行为，对未被赋予权利的人而言则是法律禁止其从事的某一种行为②。无障碍设施监督的行政机关，主要涉及城市规划行政主

① 2002年10月，北京、天津、上海、大连、青岛、南京、杭州、厦门、广州、西安、苏州、秦皇岛等12座城市获"全国无障碍设施建设示范城市"称号，http://news.xinhuanet.com/newscenter/2005-02/25/content_2620780.htm，2011年2月9日访问。

② 周伟.外地劳动力就业的地方立法例合法性研究.四川大学学报（哲学社会科学版），2006（3）.

管部门和建设行政主管部门①。法律及规范性文件对规划部门的主要职责作了系统的规范。在规划阶段，必须按照规定对有关设计机关提出无障碍设计要求，对于不符合规范的一律不予批准，不颁发许可证书；在建设阶段，加强批后管理与监督；竣工验收阶段，对于违反要求的不予发放验收合格证明。这样就对规划部门的责任从根本上进行了规制，即所谓的“卡住源头”②。

国家义务是通过各个职能部门行使法定权力来履行。有权行使行政审批权、行政许可权的机关，通过相关法定的权力手段，对无障碍环境建设履行监督义务，进而保障无障碍通行权的实现。具体到监督无障碍设施履行的法定职责，其享有权力、履行义务的主体应当是规划部门和建设部门。无障碍设施，犹如建筑物中的消防等其他必备设施一样，作为建筑物的不可或缺的、有机组成部分，理应成为行政审批机关监督管理的对象。作为行政机关需按照法定职责来行使权力、履行义务，对于无障碍设施尽到配套审查义务，否则就是其具体行政行为违法。

因此，如在丁圣奇诉重庆市规划局案中，重庆市地方法院“对于《城市道路和建筑物无障碍设计规范》1.0.2 并非强制性条文，该规范 5.1.2 系强制性条文，而该条文明确规定对商业与服务建筑的入口只是‘宜’设无障碍入口，而非‘必须’或‘应当’设无障碍入口。龙溪支行位于‘渝安龙都’的营业网点处的商业建筑位置没有设无障碍入口不违反法律强制性规定”的行政诉讼判决”③，判决理由明显有待商榷。

---

① 关于规定规划行政主管部门和建设行政主管部门在无障碍设计职责和义务的主要规范性文件为：1998 年建设部《关于做好城市无障碍设施建设的通知》(建规［1998］93 号)、2000 年建设部发布的《实施工程建设强制性标准监督规定》、2001 年建设部《城市道路和建筑物无障碍设计规范》、2001 年建设部、民政部、中国残疾人联合会发布《关于行业标准〈城市道路和建筑物无障碍设计规范〉的通知》(建标［2001］126 号)、2003 年建设部、民政部等颁发的《关于加强无障碍设施建设和管理工作的通知》等。

② 在笔者为“丁圣奇诉重庆市规划局”一案提供法律援助过程中，就案件性质产生了很大争论。当时有两种方案：第一种方案是民事诉讼，即可以选择该建筑物的使用部门或者开发商作为被告，但问题在于从民事侵权角度来讲，一旦被告恢复原状、消除影响，那么原告就可能承担败诉的风险；第二种方案是行政诉讼，即本文中所阐述，法律对规划部门的法律义务作了详尽规定，而且重庆市几十万栋建筑都要经过规划部门审批，选择这样一种诉讼类型，可以从根本上“卡住源头”。经过慎重考虑，我们决定选择第二种方案。

③ 具体参见重庆市江北区人民法院（2009）江法行初字第 60 号行政判决书。

（四）残疾人联合会身份地位尴尬，缺乏专门协调机构

残疾人联合会（以下简称“残联”）按照章程规定属于民间团体，对于残疾人权利维护与利益保障起到协调、传达的桥梁作用。但由于其没有专业技术人员和专门经费支持，又没有法定职权与职能，处理具体到建筑技术与管理的专业工作时，残联和其他组织对于无障碍设计只有呼吁权、批评和建议权①，身份地位颇为尴尬②。其实，多年来，各地也曾经尝试由城建部门牵头自上而下地来理顺残联、建筑管理部门、设计部门的工作关系，以便更好地建设和管理无障碍设施。但是，这一工作模式由于种种原因仍没有建立起来；无障碍设施被认为是残联“自己的事”，其他部门则是为残联“做好事”。

四、对策与策略

众所周知，法律如同经济、政治、生活措施一样，既是保障个人尊严和权利平等的一种主要手段，亦是制止以保证某些特征群体具有某种特定权利的思想和理论根据，或者为特定群体进行某种应当的、以社会平等为基础的群体利益保护的主要手段。法律对残疾人权利的保障，乃是通过规定无障碍通行权来实现的。法定无障碍通行权主要包含积极和消极两个方面。前者要求国家必须平等的保护残疾人群体享有和行使的权利，即积极的作为，这在法律上称为法律面前平等或受法律平等保护；后者则要求有关设计机关、审批部门、工程实施机关不应有侵犯无障碍通行权的行为，即消极的不作为。无障碍通行权的这两个主要方面构成其内容核心，也贯穿于残疾人权利保障的基本体系。无障碍通行权理所应当成为残疾人法律面前人人平等和受法律平等保护的组成部分。我们在反思国家无障碍环境的政策与法律没有得到及时、彻底、有效、合理的

---

① 《辽宁省无障碍设施建设使用管理规定》第15条规定，“……对残疾人联合会组织以及公民反映的无障碍设施建设养护和使用中存在问题，有关管理部门和单位应当及时调查处理并予答复”。

② 2008年12·4法治宣传日现场，笔者曾经在四川省司法厅组织的宣传活动现场咨询了四川省残联工作人员，问“很多建筑都没有按照规定修建无障碍设施，如果有人向残联反映该情况，那么残联会怎么办?”他们的回答是“作为残联，我们不像法院、公安局一样具有法定强制执行权，也不像财政部门一样可以从经费源头上对违法部门进行规制，我们能做的只是呼吁按照法定标准来进行设计建设”；我又问“如果他们对你们的呼吁置之不理，那么你们会怎么办?”回答是“我们也没有办法”。

执行之后，应当从观念、教育、行政职权和法治建设等方面入手提出解决方法，本文从以下四个方面来展开讨论：

（一）树立全新残疾人观，加大对无障碍环境宣传力度，鼓励残疾人出行

一个音符无法构成动听的音乐、一种颜色无法组成多彩的画卷。生物的多样性才组成了如此千姿百态、色彩斑斓的美妙世界。人类是由不同种族、民族、国度的人组成，也应当包括健全人和残疾人。由于先天或者后天的原因，产生了残疾，无论对个人、家庭、整个社会而言都是一种不幸。众所周知，残疾人问题作为一种社会问题，在任何社会、任何国家都是一个永恒的话题；因而，我们应该去面对，而非回避。法治社会、文明社会、和谐社会应当尊重弱者、保障人权，维护社会的公平与正义。需要指出的是，衡量一个社会文明程度、发展水平、民主意识的一个重要标准是是否有残疾人群体的身影，而绝非只有健全人的参与。但公众思维中形成一种误区是残疾人影响单位形象，影响地区形象，以致出现如前文所说的禁止残疾人出入商业街的情形。

因此，我们应考虑树立全新的残疾人观，加大对残疾人保护力度，消除观念误区，要让公众认识到残疾人是我们的兄弟姐妹，是我们中重要一员；和谐社会的构建，需要大家共同参与。另外，还应加大无障碍的宣传力度，鼓励残疾人出行，可以考虑允许各类残疾人免费乘坐交通工具，交通工具的范围不仅限于公共汽车、电车，可以扩大为地铁。同时明确免费乘坐交通工具所需要的法定有效证件为“残疾人证”，以免因理解歧义而发生纠纷，以弥补责任机关在法定责任和社会责任方面的缺失①。法律的立足点在于同情弱者、保护人权，对处于保护对象的残疾人朋友而言，尚不知道无障碍通行权是其专有权利，我们不得不反思我们的宣传思路与策略②。

---

① 参见北京益仁平中心“关于《北京市实施〈中华人民共和国残疾人保障法〉办法（送审稿）》的建议信”，http：//www. chinadevelopmentbrief. org. cn/ngo_ talkview. php? id = 1632，2011 年 3 月 1 日访问。《北京市实施〈中华人民共和国残疾人保障法〉办法》第 43 条第 2 款规定，残疾人持有效证件免费乘坐本市公共汽车、电车，盲人持有效证件免费乘坐本市公共汽车、电车、地铁列车。

② 2010 年 10 月在成都召开的“残疾人权利保障理论与实践研讨会”上，主办方一共邀请了 4 位残疾人朋友与会，除了一位残疾人律师朋友，其他 3 人均不知道无障碍通行权是什么权利以及主要服务对象是谁。另外，笔者走访了成都、天津、山东等 10 多位城市残疾人朋友，有 3 位社会地位相对较高、经济条件相对较好的知道残疾人无障碍权，其他 7 人均不知晓；访谈了农村的几位残疾人朋友，均表示不知晓。

（二）加大对专业人员培训力度，让无障碍成为一种应尽的社会义务

无障碍设计不是技术问题，也不是投资问题，而主要是认识问题①。应当使社会公众认识到，无障碍环境是方便残疾人、老年人、儿童等服务全社会、促进社会和谐的大事。对此，应当加强无障碍意识培训，让其成为应尽的社会义务，对此可以考虑对以下三类人员进行教育和培训：

第一，应当从学校教育入手，加强对专业技术人员的职业教育。

众所周知，无论是新生入学，还是新职工入职培训，有关消防课程和培训必不可少。有关消防的理念和意识已经深入人心。同样，可以考虑在进行消防教育的同时进行无障碍环境建设与维护宣传。同时，在高校建筑类院系中，应考虑配备专业研究人员、开设相关课程；毕业论文设计、课题等内容应当有无障碍设计要求。对于现有专业设计人员而言，应当加大在建筑设计、施工、监理等方面的培训和继续教育，在各类职业考试中也加入无障碍设计内容。

第二，加大对行政主管部门人员培训。

在丁圣奇诉重庆市规划局案件中，选择规划部门作为被告就是“卡住源头”。一个城市所有的建筑规划与设计都要经过规划部门审查和批准，经审查合格后，才颁发许可证书。同时，应建立工程建设全过程审查制度，包括规划、设计、施工、监理和验收，严格把握初步设计审查、施工图审查和验收审查，避免设计阶段没有设计无障碍内容，项目建成后再进行改造，造成社会资源严重浪费，事倍功半。

第三，加强管理者的责任意识。

相对建设者和行政主管部门而言，无障碍设施管理者责任更为重大。国家为了保障残疾人权利而用纳税人的钱来修建设施，其目的在于变成社会福利，而非所谓的“形象工程”；这些设施的建设、保养、维修也需要巨额资金来维持。因而，在建设无障碍设施的同时，需制定出一套可行的管理办法，保证建成后的无障碍设施不再成为有障碍的设施，不能使法律保护弱者的措施被异

① 在丁圣奇诉重庆市规划局案庭审过程中，本案第三人某房地产公司和某银行的代理人在法庭上均坦然，本案不存在成本问题，主要对这个问题意识不够，并承诺将尽快修建好无障碍坡道。

化①，在残疾人心中不至于成为“充饥”的“画饼”显得尤为重要；如果“修而不用”、“维而不用”，则也应当构成对无障碍通行权的侵犯。

（三）建立统一的协调机构，增加残疾人群体话语权

第一，成立统一的协调机构。

无障碍设施建设是一项系统化的工作，它涉及城市道路、公园广场、商业建筑、宾馆、银行以及文化、体育、娱乐场所，可以说涉及城市的每个角落②。而我国在城市规划设计与管理上缺少统一协调组织，大部分各自为政，造成无障碍设施的中断与不连贯。消防部门检查消防、质检部门检查质检、卫生部门检查卫生，而无障碍设施却无人问津，残联作为唯一管理残疾人事务的专门机构想管，而又无法获得授权。

目前，较为可行的方案是逐步整合现行的多头管理体制，可以考虑成立以残疾人联合会为主体，以规划部门、建设部门、市政管理部门等多部门组成的无障碍设施协调领导小组，协调无障碍设施建设方面的关系，但应尤其注意加大残疾人群体的话语权，组织听证会，为残疾人群体提供进言献策、参与决策的机会。需要与之相配套的是，在政府财政拨款的时候，可以考虑将残联的意见作为重要的衡量指标，也作为各个职能部门政绩考核的标准。

第二，全程应当有残疾人参与。

当前，规划行政部门、城建部门、市政部门、施工方、承包方等负责人大部分由健全人来任职，而对于涉及残疾人重要权益的无障碍设施的设计、建设却排除了残疾人的参与。没有亲身的体验，就不能设身处地为残疾人考虑无障碍设计的有效性和实用性。在有关无障碍设施的设计、施工、验收，乃至管理阶段全程都应当有残联或者残疾人参与。这样可以考虑到残疾人的切身感受，就会大量减少“无障碍设施”成为“有障碍设施”现象的发生。

（四）制定无障碍环境专门法律，完善规划设计和维护管理制度③

设立无障碍环境的目的是使残疾人享有一切基本人权和自由，在设立的类

---

① 周秀龙．我国现阶段劳务派遣实证研究——以劳资关系中的社会保险为视角．政法论丛，2009，1.

② 朱光远．谈城市无障碍设施的建设．现代城市研究，2005（10）．

③ 朱久兵．我国城市无障碍设计建设的反思——以南京市为例．社会科学家，2010，11.

别上不仅限于物质的，还应扩展到社会、经济和文化环境、医疗卫生教育以及信息与交流①。要达到提供“合理便利”的要求，以确保残疾人与其他人在平等基础上享有、行使一切人权和基本自由，就应当对有关设施与服务设备做出必要、适当的“通用设计”，且该设计不排除在必要时为残疾人提供辅助工具。

1. 制定单行法律对无障碍通行权进行规范与确认

在我国法律体系中，宪法是国家根本大法，具有最高法律效力和最高位阶的法律。其他一切法律的制定与实施都必须与宪法的根本原则和精神相吻合，否则就构成违宪和违法；但同时有关宪法基本权利与义务的内容，又需要具体的法律来规范与确认。国家为了体现对刑事犯罪的处罚、对最基础人权的保障而制定了刑事单行法律《刑法》；为了保障民事法律关系的良性运行与发展制定民事单行法律《民法》、《合同法》、《物权法》等，这都体现了从立法层面的重视，也体现了国家意志。在单行法律制定之前，可以制定行政规章、地方政府规章等较低层级的行政规范性文件对此予以规范，待制定相关法律的条件成熟，再逐渐上升到国家法律层面予以调整。同样，中国参加的有关国际公约、制定的人权行动纲领和国内的政策、法规，已显示出制定无障碍单行法律的条件已然具备，可以考虑升格为单行法律，从高位阶单行法律对无障碍通行权进行规范与确认。“他山之石，可以攻玉”，发达国家在此方面的立法实践与经验，可以为我们提供较好的参考与借鉴。

美国早在1961年制定了世界上第一个“无障碍标准”。其无障碍标准法律法规每五年修订一次，国家只制订原则性意见，各州制定实施细则。美国法律对无障碍权提供了详尽的保护，甚至有许多专门以“无障碍法”命名的法律，体现出立法机关对于无障碍权的重视。

目前，美国有《残障人法》、《电讯法》、《公平住房法》、《国家投票人登记法》、《康复法》等有关残疾人权益保障的法律，对无障碍权作出了保护。其中，《残障人法》规定了公共交通部门应承诺购买或者租用无障碍车辆和为

① 《残疾人权利公约》序言（22）规定：确认无障碍的物质、社会、经济和文化环境、医疗卫生和教育以及信息和交流，对残疾人能够充分享有一切人权和基本自由至关重要。公约第2条规定，“交流”包括语言、字幕、盲文、触觉交流、大字本、无障碍多媒体以及书面语言、听力语言、浅白语言、朗读员和辅助或替代性交流方式、手段和模式，包括无障碍信息和通信技术；“语言”包括口语和手语及其他形式的非语音语言。

残障人提供辅助线路服务的义务①。《公平住房法》规定了盲人可以在住处保留导盲犬的权利和残疾住户合理修建房屋的公用空间和私有空间的权利；《康复法》规定了联邦政府为残障雇员和公众提供无障碍电子信息技术的义务。同时，在美国也有专门以“无障碍”为名称的专门法律，形成了残疾人专门法律的重要特色。例如，《航空运输无障碍法》(*Aircarrier Access*)、《老年人和残障人投票无障碍法》、《建筑无障碍法》等。其中，规定了航空运输中广泛无障碍服务实现，要求全美国的各州投票点对于参加联邦投票的残障人士应提供无障碍的服务；使用联邦基金建设的和联邦机构租用的建筑应遵循无障碍标准等。

在德国，无障碍概念是《残障人平等地位法》的核心概念，其立法目的是使残疾人在涉及人们的生活，包括建筑、交通、信息系统处理和交流设施等各个方面，当有特殊需求时，应当予以考虑。按照该法，在不需要外力辅助情况下可供残疾人进入和使用的设施即属于无障碍设施。如听障人在公权力机构办事，如果没有提供手语翻译，那么该服务就不属于无障碍服务；如果精神障碍者在商谈或者咨询中无信赖的人的陪同，那么该服务属于有障碍的服务。

2. 从立法上明确权利责任主体

无障碍权作为平等权的一部分，主要受益对象是残疾人群体，对国家权力有直接的约束效力，也称之为水平效力。在无障碍权拘束的国家权力中，首先约束的是国家立法权，即国家立法机关对残疾人公民享有的法律权利进行规范和确认。由于我国立法实行的是上位法效力高于下位法，下位法的有关立法精神、原则条款应当与上位法保持一致与统一。法律明确规定残疾人具有无障碍权利，所以具体到我国现阶段而言，最主要是在实践中得到较好落实和执行。

目前，《设计规范》规定了规划行政主管部门在无障碍设计审批、施工、竣工验收阶段的责任，但是由于立法在无障碍设施建成以后的监督、管理责任等方面的缺位，造成大量的无障碍设施无法正常使用，或“星星点点，不成规模”，更甚者形成了“摆设”和“形象工程”。因此立法者可以考虑从以下三个方面完善立法：

---

① 例如，《美国残障人法》第2条规定，公共交通部门不可以在提供服务时歧视残障人士。他们应遵照新购置的车辆安装无障碍设施的要求，承诺购买或租用无障碍车辆，根据无障碍的要求来重新改造车辆除非上述这些行为会给他们造成非常大的负担。公共交通部门应为残障人提供辅助线路服务。辅助线路服务是指当个体由于身体机能或精神上的损伤而无法独立使用常规线路的公共交通系统时，公共交通部门提供的把残障人从出发地送到目的地的服务。

第一，明确责任主体资格。明确无障碍设施的维护人、管理责任人承担及时、有效的维护和管理义务。其中，管理维护的责任人应为无障碍设施的所有人，如果管理人、所有人、使用人另有约定的，则可以按照约定处理。①

第二，明确行使管理的主体。明确行使权力的主体应当具有可操作性，应尽量减少由多机关共同行使的情况，最后造成权力机关之间相互推诿。例如，《北京市无障碍设施建设和管理条例》第27条规定了三种行使管理主体、五种行政处罚情形：当出现侵占、挪用、停止使用公共建筑、居住区的无障碍设施，由行政规划主管部门行使行政处罚权；对损毁城市道路范围的无障碍设施由城市管理综合执法组织行使处罚权；对于城市道路上违反规定停放机动车占用无障碍设施的，由公安交通管理部门处罚等情形。这样“政出多门”的立法，往往不具有很好的可操作性。设想，一位残疾人看到马路两旁盲道被侵占，他不会那么清楚究竟找哪个部门来协调、解决这个问题。人们对于无障碍设施的侵犯远远不如其他权利被侵犯那样敏感。如果人们看到小偷行窃，则第一时间想到是拨打“110”；如果看到发生火灾，则第一时间想到拨打“119”等。所以，如果立法上存在着行政管理主体多样，那么该规定的可操作性就值得商榷。

第三，赋予残疾人联合会以执法权。② 由地方残联进行监督，行使执法权。残联是为全体残疾人谋利益、保福祉的专属组织，由残联来行使监督权可能会更加卖力，有残疾人参与其中，可能有良好的社会效果。残疾人组织对于违反法定标准的设施行使处罚权、警告权，对于逾期仍未采取补正措施的，有权申请人民法院或者其他具有强制执行权的部门强制执行。

结语

无障碍通行权既是保证社会弱势群体的基本出行权，保证其参与社会生活的基本需要，同时，也是基于国家处于政治和国家形象需要而制定具有指导性意义的权利③。只有消除障碍，才能共享文明。保障无障碍权，完善无障碍设

① 参见《北京市无障碍设施建设和管理条例》第20条。

② 朱久兵．我国城市无障碍设计建设的反思——以南京市为例．社会科学家，2010，11.

③《国家人权行动计划2009—2010》第五条规定：推动无障碍建设。在100个城市开展无障碍城市创建工作。采用盲文、手语、字幕、特殊通信设备等辅助技术或替代技术，为残疾人接受和传播信息、参与社会生活创造条件。开办电视手语节目，开设广播电台残疾人专题节目，推动影视作品加配字幕工作。

施，是对残疾人群体基于社区的全面福祉和多样性的确认，也是对人类的固有尊严和价值的保障，确认了个人的自主、自立和自由，能促使残疾人充分享有其基本人权和自由，促进残疾人的充分参与社会生活，增强其归属感，推动人类社会的发展和社会经济发展。因此，对于这一法定权益的保障，虽然我们已经在立法层面、执法层面、有关无障碍知识普及层面都已经尽了很大努力，也取得了斐然的成绩，但是，这离我们的理想期望值与设施的基本使用价值仍有相当大的距离。面对政府部门监管的缺位、学校教育的缺失和公众的误解，我们仍有很长的路要走。

网络征晒政协提案促进社区公益事业的探索和思考

常纪文*

【内容摘要】目前，网络民意得到各方面重视，如何正确引导网络议政方向，使其更好地为政协委员参政议政服务，是值得政协委员关注和思考的问题。近年来，本人把网络征求民意选取为本人创新参政议政模式的新手段，以网络为媒介，在社区治理的体制、模式、制度和机制建设方面广泛征求民意，获取民智，吸收民力，发挥网络民意的监督作用。"网络征晒提案"具有直接性、真实性、客观性、广泛性、系统性、深入性和科学性的特点。它发挥作用应具有好的载体，让政协委员和居民充分地沟通；营造一个信任政协委员的环境；政协委员想办实事，而不是作秀。"网络征晒提案"发挥作用需要政协委员负责，有使命感；和居民交朋友，以朋友的平等心态去和居民交心、沟通；坚持政治原则，"帮忙不添乱"；要有持续、特别是后续的提案落实督促行动，要正确对待暂时的挫折和别人的误解，工作要有韧劲；善用舆论，引导媒体有序参与，引导居民参与和评价。最近，"网络征晒提案"出现了抓督促、抓落实的意见越来越多等现象。针对这些新现象，需要进一步完善政策和法律来解决。

【关键词】网络　征晒　提案　问题　对策

我国的政协制度主要有政治协商、民主监督和参政议政三项职能，是发扬社会主义民主的重要形式，有利于构建社会主义和谐社会，在国家政治生活中发挥着重要的作用。随着我国经济的快速发展，各类社会问题进一步显现，人民生活水平逐步提高，公民参与社会事务的意识也开始觉醒，这为人民政协的

---

* 常纪文，中国社会科学院研究生院法学系教授、北京市政协委员、北京市安全生产监督管理局副局长。

工作提出了新要求和新挑战。作为政协委员，也要有新理念、新举措来应对这些变化。互联网技术的飞速发展已经使网络成为了现代公民最常用的交流媒介，这无疑也为政协委员的工作提供了新的工具。本人从2008年1月起，在每年的北京市政协全体会议前开始“网上征晒提案”，至今已是第四次，获得了市民们非常积极的反馈、北京市政协的认可和社会各界的强烈反响。2011年初，因此获得“十大感动社区人物”称号。

一、“网络征晒提案”的出发点

在现有的体制下，如何加强民主和法治的改革，促进社会的发展，是中国法学家深入思考的问题。目前，如何把党的领导、人民当家做主和依法治国有机结合起来是国家政治和法律大难题。其中，如何把共产党的领导、政府依法服务（包括各部门的协调服务）、政协委员依照章程参政议政、响应社会的呼吁、吸收居民参与、发挥媒体评价和监督作用结合起来，是该难题的一个重要方面。如解决得好，探索出一些经验，既能制度化地有效发挥政协委员的社会建设作用，避免政协资源的巨大浪费，还可以为破解国家政治、法律大难题提供切入点和突破点。

本人是社会法学学者，参与了《中国的法治建设》白皮书的起草，对中国的政治、经济、社会、法律有比较深入的研究。加上个人从事党派参政议政工作11年，多次陪同全国人大和政协有关领导调研，也了解各方面的一些想法。这为本人创新参政议政模式奠定了理论和实践基础。

社区稳则国家稳，社区治则国家治。北京市回龙观社区是全国乃至亚洲最大的社区，该社区的治理经验可以成为全国所有社区建设甚至国家治理社区参考的样板。基于此，本人把该社区选取为创新参政议政模式的对象。随着互联网技术的发展，网络已经成为公民日常生活中极为重要的交流工具与信息来源，网民已经成为一个民意的重要来源。根据中国互联网络信息中心发布的统计报告，截至2008年6月底，我国网民数量达到了2.53亿，名列世界第一。从普及率方面来看，我国互联网的普及率也达到了19.1%，这意味着几乎每五个中国人就有一个网民。目前，网络议政在舆论监督中也发挥着巨大的作用，近年来出现的很多公众事件，如云南看守所“躲猫猫”事件、南京房产局周久耕天价烟事件、“我爸是李刚”事件等，都是在网民的议政推动下被查处的。基于此，胡锦涛总书记强调说要善用媒体。如何正确引导网络议政方向，使其更好地为政协委员参政议政服务，是值得各级政协委员甚至人大代表关注和思考的问题。基于此，本人把网络征求民意选取为本人创新参政议政模式的新手段。而该社区有一个社区网，在全国有一定的影响，这为网络征求民意提供了平台。

基于以上考虑，从2008年1月起，本人把专业和实际相结合，尝试以网络为媒介，在社区治理的体制、模式、制度和机制建设方面广泛征求民意，获取民智，吸收民力，发挥网络民意的监督作用，希望对中国特色社会主义民主政治制度化发展的新模式提供一些有益的探索经验。

二、“网络征晒提案”的近年探索

2008年1月，本人在收到当选政协委员的通知后几天，就开始在回龙观社区网发帖征求意见。本人当时不认识社区网的任何人，但是版主将本人的帖子置顶甚至放在主页，予以支持，这说明社区居民是重视公益事业的。而当年的点击率有6000多，居民发言的帖子大约400多条。帖子主要关心优质教育资源缺乏、交通拥堵、一些区域的交通线路缺乏，医疗资源缺乏、公共厕所图书馆等配套设施差、黑车多影响城铁门口交通秩序等问题。居民回帖大多是出于这件事是新鲜事，很新奇。一些人怀疑本人的出发点，如质疑本人是否在作秀等。一些人甚至直接指出，政协委员没有用，解决不了任何问题。本人在前三次征求提案线索的帖子中表态，本人是法学学者，不是商人，也不是官员，没有官场和商场的身份约束，学者的本分是为人民做事，请大家观察和监督。这一表态和与居民真诚的沟通使本人基本得到了居民们的认可。当年，一些本地媒体予以跟进。社区网也都把这些报道转发到社区论坛上。当年社区的提案占本人提案的一半左右。就各部门的回复情况来看，除了13号线城铁噪音扰民提案外，其他提案所涉问题基本得到解决。

2009年1月，在政协会议开幕前一个月，本人在回龙观社区网第二次发帖征求提案线索。当年的点击率达8000多，居民发言的帖子大约600多条，涉及的内容除了一些与2008年相似以外，还有美化城铁门口环境、安装交通摄像头、黑车太多、社区取暖污染等社区管理的精细化问题。但讨论的焦点还是集中在优质教育资源缺乏、优质医疗条件缺乏、交通拥堵、进上城铁难、城铁拥挤等问题。当年，一些本地媒体予以跟进，全国的网络性媒体开始大量关注，社区网也都把这些报道转发到社区论坛上。当年社区的提案占本人提案的70%左右。各部门的回复，除了城铁噪音扰民、农场桥拓宽以外，如城铁由4节车厢改成6节车厢等问题也都基本得到解决。同时，本地的媒体开始跟踪提案的办理进展。

2009年12月中旬，在政协会议开始前50天左右，本人第三次在回龙观社区网发帖征求提案线索，并希望居民论证自己的建议。当年的点击率接近20000，居民发言的帖子大约1200多条，居民关心的主要是社区出行难、交通拥堵、规划不合理、交通线路不合理、幼儿园少而且收费高等问题。给本人印象最深的是，一个居民响应要求，把自己建议中涉及的线路图，拍照发给本人(后来得到有关部门的完全采纳)。北京电视台“北京议事厅”节目就本人实地调研回龙观的医疗、教育、出行等问题进行了专访，并在政协会议开幕的当天播出。北京电视台新闻“小曹跑两会”也在当天中午予以报道。随后，大约10多家本地媒体对此事予以关注，有关信息也得到“人民网”等国家级网络的转载。2010年的提案，除了个别因各种原因被承办部门否决外，落实率达到70%。值得指出的是，昌平区政府在城铁门口开展了长期的秩序治理工作，得到社区居民的拥护。同时，在本人和社区居民的努力下，8号线地铁在回龙观增加站点的提议得到落实。

2010年12月6日，本人第四次在回龙观社区网发帖征求提案线索。居民的意见主要是幼儿园资源缺乏、名牌中小学缺乏、积水潭医院回龙观院区建设速度慢、优化社区规划等问题。截至2011年1月10日，社区的点击超过15000次，回帖超过1500条。除了少数人指责回复部门不负责任外，绝大多数都是支持征晒提案这项工作的。

可喜的是，我国各级各地区政府以及越来越多的政协委员也都意识到了网络在参政议政工作中的重要性，胡锦涛总书记与温家宝总理都曾上网与网民交流，辽宁省政协、深圳市政协也推出了“网上征晒提案”的措施，各级政协委员均以博客、电子邮箱，甚至公布电话号码等方式来听取意见，这些举措得到了群众的广泛赞誉。但是，这些措施还处在初级阶段，系统性和深入性都不足，需要进一步加强。

三、“网络征晒提案”的特点和基础

经过本人分析，“网络征晒提案”具有以下几个特点：第一是直接性。本人和网民在网上“面对面”地谈话，没有经过其他人的转达。第二是真实性和客观性。因为网民很多互相不认识，没有必要去说假话，提供假线索，如说了假话就会被其他网民揭穿。第三是广泛性。参与的网民各方面的人都有，包括教师、医生、家庭主妇、公务员等，但大部分是知识分子，有爱护社区的积极性。第四是系统性。从表面看，很多居民提出的问题都是单一的，但是综合起来看，反映了社区的教育、医疗、交通、治安等各方面的问题，具有系统性。第五是深入性。一些网民是老网民，从本人第一次开始征集提案时就开始参加，对于同一类问题，他们也在琢磨，每年提出的问题和对策，一年比一年深。现在的要求，总体上是要求对社区进行精细化管理。本人有一个感觉，这些问题的解决，刚开始容易，现在越来越难。第六是科学性。老百姓最聪明，最了解问题，也经常提出一些好的建议。给本人深刻印象的是，一个居民提出了公交车线路改革的建议，并附带他自己画好的改革地图。这个提案上交后因为可行性强就被采纳了。

“网络征晒提案”并不是在任何地方都可以实现的。本人认为，该项工作应当具有以下几个工作基础：一是要有一个好的载体，能够让政协委员和居民充分地沟通。社区网是一个好的公益性平台，网民数量多，素质普遍比较高，恶意发信息者会受到热心居民的批评，在社区乃至生活之中不会有好的人缘。二是要营造一个信任政协委员的环境。刚开始的两次征集活动中，很多居民怀疑本人的诚意和能力。这两次，怀疑全消除了，大多赞扬本人是好人。这意味着居民们开始信任本人，本人可以比较顺利地继续开展提案征求工作了。当然，也有个别人说本人是忽悠的。经过统计，这类帖子占1%左右的数量。主要是这些人对以前的工作不理解或者心情不好。其中，一些怀疑与指责也不是针对委员的，而是针对提案承办部门的。三是政协委员想办实事，而不是作秀。离开这三点，“网络征晒提案”就不可能实现或者不可能发挥作用。

四、“网络征晒提案”发挥作用的条件

媒体报道了“网络征晒提案”四年。其中，在去年的市“两会”期间引起高度关注。今年，北京市政协开始在网络征集提案线索了。本人不是最早在网络征集提案线索的政协委员，但是可以说，本人是全国最早敢在网上系统征集意见、敢在网上晒提案、敢在网上与居民充分沟通、敢在网上晒部门回复、敢在网上持久督促落实提案的公益型政协委员。

“网络征晒提案”之所以发挥作用，其原因主要有以下几个：一是政协委员要负责，有使命感。二是和居民交朋友，以朋友的平等心态去和居民交心、沟通。三是坚持政治原则，“帮忙不添乱”。如果说政协委员不为社会建设帮忙，或者为国家的社会建设“添乱”，则实际上就是给国家的政治协商制度抹黑。正因为如此，北京市政协也支持本人这种做法。四是要有持续、特别是后

续的提案落实督促行动，要正确对待暂时的挫折和别人的误解，工作要有韧劲。五是善用舆论，引导媒体有序参与，引导居民参与和评价。

在实践中，一些部门的回复与落实确实存在一些问题，投资大的居民提议进展慢甚至无进展。北京市在交通拥堵、幼儿园缺乏方面的问题，2010年因为全国舆论的关注得到中央重视。为什么居民和政协委员多年呼吁了这个问题，北京市的有关部门不重视呢？主要是这些部门无大局观念，工作不负责。

五、“网络征晒提案”的新情况和新动向

国家已经进入精细化管理阶段，社区居民对政协参政议政的要求越来越高。一是要求政协委员公布工作电话。本人为此今年公布了联系电话，比以前仅公布电子邮箱进了一步。二是居民自己主动提出线索，其他居民也自愿留言来评议是否必要、是否可行。正反两方面的多次辩论为本人科学决策打好了基础。三是居民要求政协委员深入调研的意见越来越多。他们也知道政协委员很忙，为此针对线索给出大量的具体建议，甚至包括交通改善、社区规划的路线图设计。这在2011年最为明显，居民为本人拍摄了大量社区问题图和他们大量的交通环境改善设计图。四是社区发展的建议走向深入，不再是开始时的问题。精细化管理是居民的新要求。这种提案的落实度越来越难。五是居民关于社区发展的民意要求和有关规划科学性之间的冲突越来越明显。如地铁线路和停靠站的规划设置和居民的意愿不太符合，居民意见很大，而规划部门说不科学。双方都不愿意妥协。六是抓督促、抓落实的意见越来越多，居民要求政府部门拿出兑现计划而不是笼统承诺的要求越来越强烈。政府的提案办理难以满足居民的进度和质量要求。这要求有关部门加强服务市民的意识。七是政协委员们发现“网络征晒提案”是一个好做法，在2010年的“两会”上主动找到本人，要求在2011年的“两会”上合作，共同为推进样板社区服务。八是居民要求“潜伏”在社区网中的市、区人大代表向政协委员学习，主动亮明身份，履行自己的职责，为社区服务。

对于上述新情况，本人将从以下几个方面开展一些新探索：一是巩固和发展“征求线索——形成提案初稿——征求对提案初稿的评价——修改上报并上网——逐步公布各部门的回复”的工作模式，让社区居民和媒体来评价政府相关部门处理问题的科学性、有效性和负责性。二是把每年的提案分年度贴在网上，让社区居民和媒体来发现提案是否发挥作用，争取居民的理解和支持。对于需要多年解决的问题，让社区居民共同参与推进。三是尝试研究

“回龙观——天通苑国家级社区建设综合配套改革示范区”设立的可行性，发挥居民的论证作用，希望通过综合改革，一揽子解决社区的综合性问题。四是邀请社区一些关心社会公益的人士担任提案回复部门的承诺兑现监督工作。

六、“网络征晒提案”面临的问题和对策建议

“网络征晒提案”现在已经得到了市民的普遍认可与欢迎，可以预见的是，未来会有越来越多的政协委员采用这种工作方式，也会有越来越多的普通市民积极地参与其中。但这种网上参政议政的方式还存在一些问题，主要有以下几点：

一是网络立法还比较滞后。网络是一种新兴事物，并仍处于飞速发展的过程中，存在着很多法律上的漏洞与盲区，很多相关的权利和义务关系有待于进一步规范。如现实发生的网上发帖举报遭到报复甚至异地抓捕的事情，就说明我国网络管理制度中对网民个人隐私与言论自由的保护存在缺陷，对公权力也没有相应的限制措施。如果不进行相关立法，保护网络活动中各参与方的权益，公民们对于网上议政的热情与信任度将会大大降低。

二是网民的参与具有无序性。现实生活中的政治及社会活动都是遵循一定规范与程序的，这才能够保证各项活动稳定有序地进行。但网络空间的自由性就使得网民的言论几乎不受约束，于是我们就会看到很多造谣生事、恶意中伤、人身攻击甚至攻击政府等各种不负责任的言论，这不但浪费了网络资源，对提案工作的推进没有任何帮助，有时也会对其他网民的意见作出错误的引导。

三是相关网站的议政功能仍不完善，网站的配套建设没有跟上。以回龙观社区网为例，几年来，一直大力支持政协委员们“网络征晒提案”工作，委员们征求意见的帖子每次都被放在网站首页最显眼的位置。但在提案页面的设置上，还略显简单，没有为各类意见进行分类的功能，使各种意见都堆积在一个页面之内，不太方便委员们对意见进行归纳整理。

四是城乡网络基础设施建设有一定差距。在城市家庭中，相信家家几乎都安装了网络，但在农村地区却未必如此。据统计，网络在城市的普及率要高出农村地区很多。而农业、农村、农民的“三农问题”又恰恰是我国社会主义建设的重中之重，只引导农民兄弟们脱贫致富是不够的，更应该关注他们在精神上与政治生活上的诉求，而农村网络基础设施的滞后无疑难以实现其这方面的诉求。

五是互联网受众群体的代际性，限制了不同年龄段公民的广泛参与。互联网在中国的兴起，是20世纪90年代末的事情，这一代人当时正值青年时期，对新生事物接受得还比较快，而当时上小学初中的孩子们，也就是现在的大学生、研究生这一群体，正是当今的网民大军的重要组成。这就使得网民群体中形成了一定的年龄层次的分化，老年人相对较少，而老年人恰恰是人生阅历较丰富、意见较中肯的群体，他们不能充分参与网上议政活动，颇为可惜。

六是政府反馈与督办的能力仍有欠缺。提案只是参政议政工作的第一步，更关键的是提案上交之后政府如何作出积极的回应，将工作落到实处。自从今年在网上公布了本人两会期间的热线电话之后，每天都会接到热心市民的电话，而其中就有一些市民表现出了对政府反馈提案速度慢、办事效率低的意见。其实平心而论，政府对政协委员的提案与市民的意见是重视的，往年的大部分提案也都在逐步落实，只是一些机制还不健全，一些制度仍衔接不上，导致其办事效率受到市民们的诟病，这方面恐怕也有待提高。

此外，政协委员有限的“业余”时间也约束了参政议政的深入性和系统性。针对以上这些问题，本人提出一些建议，期望相关政府部门予以考虑：

一是完善网络立法，规范各方行为。我国网络立法目前还以部门规章、管理办法等居多，没有专门、系统的立法来规范公民的网络行为。应尽早推出相关的立法，规制网络犯罪行为、网络公民的权利与义务、网络行为的法律效力等。

二是倡导文明上网，创建良好的网络环境。网上征晒提案、征求民意的活动，看似事小，其实是公民参与国家政治生活、参与首都建设的一个平台与渠道，是一件很严肃很庄重的事。希望社区与网站通过一定的宣传教育活动，使市民认识到这一活动的重要性，提高网民素质，使大家能更加积极地参与进来，提出更好更中肯的意见与建议。

三是网站可考虑为网上征集民意的活动开设更多的板块。如在回龙观社区网上，就可以分设不同类别问题的板块或论坛，如“交通”、“卫生”、“物业”等，让市民们进入不同的板块留言、提意见，这样能给人一目了然的感觉，有利于上网浏览的市民更直观地看到本社区在不同领域有哪些问题，也有利于政协委员们对各种意见进行归纳整理以开展下一步的工作。

四是加大资金投入，加快农村地区网络基础设施建设。缩小城乡地区在网络设施上的差距，帮助农民朋友们参与到国家政治生活与政协提案工作中来，多听听他们的意见，这也是“统筹城乡发展”的应有之义。

五是在线上线下开展多种活动，保证公民的广泛参与。如前文中所述，有些老人可能不会使用电脑上网，这就降低了他们参与提案活动的程度。各单位与社区可以考虑定期组织一些活动，如座谈会、讨论会等，与线上的征求意见活动结合起来，多听取一些不会上网或者不爱上网的市民们的意见。

六是建立健全相应的机制，加强政府回应与办事的效率。可考虑进一步将政协提案的落实程度与各单位责任人的绩效挂钩，或建立健全政协委员与普通市民的定期调研与回访督办制度，要求各单位在其网站上实时公布提案情况与进度等，促进各项提案与市民的意见真正落到实处。

此外，市以上各级政协应当借鉴全国人大的经验，选择一些年富力强、有丰富参政议政经验和研究能力的政协委员在各专门委员会中担任专职政协常委，来专门推动和督促政协参政议政工作，使政协委员参政议政工作深入化，防止政协资源的浪费。

“中国影响性诉讼”的特质

董彦斌*

我曾经以“荔枝味好儿绝啖，异地魂归母怆心”来书写孙志刚案件。不过，在中国法律史上，孙志刚案件不仅仅呈现为凄惨悲愤的情节，众所周知，互联网时代法律人和传媒推动制度变革的行动由此起航。九年后的今天，我们知道，或者我们归纳，青年公民孙志刚遇害，是“中国影响性诉讼”的新的肇端。“中国影响性诉讼”，我们还可以称之为“中国影响性诉讼运动”。称之为“运动”，是因为，每一个单个的影响性诉讼组合成一个集群，它们的影响面和参与面极为广大，足以和美国的民权运动比肩。与中国20世纪以来以崇尚暴力和力图迅速地进行终极性改变的社会运动传统有所不同的是，影响性诉讼运动的气质，整体上是理性和渐进的。本文谈谈中国影响性诉讼或影响性诉讼运动的六个特质。

中国影响性诉讼的第一个特质：广场性。北京大学三角地作为言论广场，在近数十年来，颇具影响力。按照媒体《南方周末》采访1957年时三角地的活跃人士钱理群的说法，“‘三角地’的过去，被认为和一个个灿烂的词汇连接在一起，如‘自由’、‘民主’”。三角地的实体，被认为因广告充斥影响环境，在奥运之年前夕的一个冬夜消失了，但是，人们发现，类似三角地这样的言论广场，虽然极为重要，但实体消失后，虚拟的互联网仍然承载了言论广场的功能。不仅承载了，而且还极大扩张了广场功能。互联网使得北大三角地不在而在，无处不在。影响性诉讼的每一个案例，正是通过互联网的广场，在网民中间流传、发酵，爆发出“围观”的力量。所谓“网民”，当然不是一个特别的群体，他们是公民在互联网上的集结，他们就是各地的公民。

这几年来，在互联网广场上，又呈现两个新趋势，一是互联网上的网络管制在增多，二是网络“水军”在增多。前者限制了互联网广场发言的自由度，

---

* 董彦斌，法学博士，西南政法大学博士后，《中国法律》杂志总编辑。

后者则稀释了自由发言的浓度，混淆视听。但虽然如此，互联网广场崇尚自由的基本面没有变。我们依然可以看到，影响性诉讼案例的主体，依然是非常鲜活，或者非常惨痛，像牛虻一样，刺激了公民们的神经，引起互联网广场上的众声喧哗。

但我们也要看到，影响性诉讼的广场性特质，亦有双刃。其负面的刀刃，一者在于容易轻视少数意见，如钱钟书先生在《围城》里所说，谁的声音高，谁说的就是真理——广场是一个容易压倒少数意见的地方，互联网也不例外。两者在于容易生发敌对情绪无疑，动辄对辩论的对方进行言论攻击。影响性诉讼的广场发言过程中，公民需要培育的理性之一，就是尊重少数人意见，并摒弃敌对思维。如果互联网广场能够减少这两个负面刀刃，则实体广场必亦能减少。中国的实体广场活动较少，这使得中国人实际上缺乏广场的训练。缺乏广场训练时，往往容易缺乏方向性，某种程度上也缺乏理性。互联网的虚拟广场，某种程度上能够实现广场行动的理性训练。线下的行动，从线上得到启迪。

中国影响性诉讼的第二个特质：平民性。按照 CNNIC（中国互联网络信息中心）的统计数据，截至 2010 年 12 月，我国网民规模达到 4.57 亿，较 2009 年底增加 7330 万人；互联网普及率攀升至 34.3%，较 2009 年提高 5.4 个百分点。我国宽带基础服务覆盖率继续扩大，宽带网民规模达到 4.5 亿，年增长 30 %，有线（固网）用户中的宽带普及率已经达到 98.3%。这就表明，平民，或者说“草根”，已经占据了网民的主体。应当说，大多数的影响性诉讼，是经由媒体报道、网络公布后，主要因受平民关注，而成其影响力的。人们常说媒体和网络商在主导受众的注意力，其实，媒体既有主导的成分，也有迎合的成分，连篇累牍的媒体报道，往往是在网民的注意力推动下不断深入的。

平民关注的视角，有时与专业人士重叠，但也多有不同。邓玉娇案、李刚门这一类案件，案情不算复杂，也没有多少法律上的难题，仅从专业角度看，不太可能进入法律专业人士的视线，但是，专业人士可能不会想到，这两个案子像滚雪球一样，社会影响越来越大，大到专业人士完全无法回避。道在伦常日用。当法律人追寻罕见案例时，平民却选择了平常。正是平民们对平常的关注，引领法律人道出平常的道理，撼动习以为常的旧力量。

平民的关注也意味着，尽管他关注的是法律案件，但他关心的却不仅是法律的技术问题，也表现为（1）结果公正，但结果如何得出，是否符合法律的硬性要求，不一定在其考虑之列。（2）道德判断，但道德的要求常常无法量化又无限拔高。人们指责平民性具有民粹的属性，有这方面的原因。但是，不管人们对平民性甚至民粹色彩提出指责，还是作出引导，都无法回避平民是互联网主流人群的现实。既然如此，不如我们去了解平民在想什么，说什么，去引导平民迈向专业之路，让平民成为掌握法律兵器的人。这就涉及影响性诉讼的第三个特质：启蒙性。

中国影响性诉讼的第三个特质：启蒙性。如果说，影响性诉讼是由平民参与和关注而生发了巨大影响，那么法律人要做到的就是通过案件而传递专业和理性的声音。这自然是最好的“普法”，是最好的公民教育。公民教育的问题，其实从清末开始就一直纠结着试图推动宪政和法治建设的志士们，但效果一直有限。直到今天，仍是难题。怎么进行公民教育？强行灌输，不仅办不到，而且无效果。而且，公民教育不仅需要面对正在接受教育的学生，而且还面对十亿成年人，所以，就算能够更新教材，改易教学形式，都难以通过课堂影响到成年人。在我看来，互联网和影响性诉讼恰好提供了良机。影响性诉讼，正是全民的“案例教学课”，公民从中学习法理学、宪法、刑法、民法、行政法和诉讼法。

网民对当下发生的大案的关注，他们本能地解析法理，表达看法，表达朴素的正义感。有些分析水平不在专业法律人之下。其热情，更非一些以法律为稻粱谋的专业人士能比。所以，只要能够适当引导，就能有效果。如果我们回顾改革开放以来的历史，会发现，“维权”等概念，其实早已在不知不觉中成为公众的基本概念，所谓“维权”，不就是“为权利而奋斗”(“奋斗”一词比“斗争”更符合耶林的原意）吗？这正是公众和法律人合力的结果，也可以说是公民教育的一大胜利。

从民粹跨到民主，公民教育是非常重要的一环。也就是说，当平民性使得影响性诉讼可能引来民粹倾向时，启蒙性予以折中。社会运动永远都不可能是精英或者平民居于主导，而永远是在流动里求得平衡，其最佳效果则是全社会形成和平理性的精神。在这里，法律人如能在公民教育上做好文章，则不啻为完成了历史交给这一代人的使命。

中国影响性诉讼的第四个特质：鸡蛋性。“以卵击石，在高大坚硬的墙和鸡蛋之间，我永远站在鸡蛋那方。”日本作家村上春树于2009年2月的这句话经过当年春夏中国法律学者萧瀚的引用和拓展之后，在邓玉娇案时广为传布。网民们正是往往站在鸡蛋这边。正因为他们大多数是弱者，他们在互联网上，基于道义或者基于对自我群体的珍爱（虽然网民还不是中国最弱势的群体，最弱势的群体实际是没有机会上网的)，而总是倾向于支持弱者，总是倾向于对拥有权力、势力和财力的一方提出质疑，表示讽刺、嘲笑甚至谩骂。

网民们对“官二代”、“宝马”、“城管”、“警察”、“局长”等符号产生了一种反感，于是，在这些符号侵凌了弱者权利时，网民们爆发集群呐喊。巴东县的基层官员黄贵大虽被邓玉娇刺死，却并没有改变他身后被网民谩骂的命运。同样被谩骂的还有崔英杰案中被崔英杰刺死的城管李志强。无疑，鸡蛋性代表平民对自身状况的焦虑。

但是，必须看到，如果人们对弱者权利的关注，仅限于个案，那么只能说这个被关注的个体是个幸运儿。网民们显然应该在推动个案正义的同时，以更大力量去推动弱者权益保护机制。与此同时，人们还应当看到，即便是强者，有时候也很快就转换成弱者，一位企业家的财产权可能会被侵犯，一位政府官员的人身自由可能会被限制，所以，从弱者出发，呼唤整体的公正，应当成为鸡蛋性特质的衍生状态。

中国影响性诉讼的第五个特质：压力性。影响性诉讼无疑对司法过程形成了高压。这里出现了一个悖论：到底该让司法远离网络，远离媒体报道，而进行真正意义上的中立和独立的审判？还是让司法服从网络民意，服从媒体的也许并不全面的报道？事实是，前者和后者都做不到，司法无法摒弃媒体，司法也无法服从媒体。更何况，不论媒体报道有多不够严谨，也不论网络评论有多不“靠谱”，都是言论自由的具体表现。

当司法感受到压力，我们须知，这代表三个方面：第一，只有让司法承受足够多的压力，才能增进司法的公信力，最终促进司法权威的形成。第二，只有司法承受足够的压力，才能使得公众的注意力不至于转到反秩序的上面去——如群体暴力。第三，司法受到压力但仍然保持公正裁决，无疑极大锻炼了司法官。在转型时期，社群如此复杂，法律人想要担当大任，只能在风雨中经受考验。

当司法在公众的围观下感受到压力，司法的要做的，只能是挺住、公正、透明。某种程度上，这也是对司法权和司法官员的保护。监督即是保护，放任即是涉险。

中国影响性诉讼的第六个特质：减震性。一方面影响性诉讼推进了制度变革；另一方面，也锻炼了公民的承受能力。如果我们回头看历史上的巨大动荡，则会发现常常是风起于青萍之末，一件微小的事情，在信息不透明或者居民新闻承受能力较低的情况下，常能引发大震荡。影响性诉讼无疑极大开阔了公民视野。这里说的开阔，当然不是“见怪不怪”，不是在面对巨大受伤时的麻木，而是说，公民在目睹更多事件之后，更能够对一个事件作出理性判断，发出理性的声音。于是，社会动荡或动荡的蝴蝶效应当能因之减少。

当影响性诉讼减少震荡时，在某种程度上，我们也可以说，它发挥了建秩的功能。影响性诉讼最终不是要摧毁秩序，而是要建构新秩序，这个新秩序，自然就是法治秩序。法治秩序的建构，适用关于罗马的两条谚语，“罗马不是一天建立起来的”，“条条大路通罗马”。怀着这样耐心和信心的人明白，当全社会能避免一次次的巨大动荡，而不是“让暴风雨来得更猛烈些吧”，我们才能在一次次的围观、呼吁中，看到个案的公正，看到制度的点滴改良，看到尊重个体自由的和平秩序的建成。

康有为曾经在民国初年面对乱象提出：“国民人人由暴民而化为士君子，则民权平等自由，各得其半，为共和国可也。若其国民由士君子而化为暴民，则所谓民权者，徒资暴民之横暴恣睢，隳突桀颉而已。所谓平等者，纪纲扫尽，礼法荡弃而已。所谓自由者，纵欲败道，荡廉扫耻，灭尽天理，以穷人欲而已。以若是之俗而为共和，则是附虎以翼，添火以油，共争共乱，岂复可言哉。”“举国病狂，妄行而不知，此则鄙人所大忧，而深疑者矣。”这里固然有他党同伐异的保皇立场，但其改良立场无疑值得当代人思考。想一夜之间塑造民权自由平等，只能说是无法实现的美梦。百年以来，中国走的弯路，其症结恰在于此。在当代法治秩序的建构过程中，我们感谢互联网赐予的良机，让我们从影响性诉讼的减震特质及其他特质中，看到建秩的愿景。

■ 案例评析 Case Notes

工伤与职业病案件评析（八例）

彭小坤*

【编者按】本文案件均为2006年12月武汉大学社会弱者权利保护中心与中国劳动透视（香港）主办“公益诉讼的理念与技巧：工伤与职业病中的劳工权益保护”研讨会讨论的案例。本次会议有学者、律师、NGO从业人员以及工伤与职业病患者等多方参与，会后特邀本文作者就案例作专家点评。因近年工伤与职业病相关法律规定的更新，作者在原文基础上进行了适当增补和修改。

案例一

罗某，C市L县人，1998年3月进入H县H宝石首饰厂有限公司，（以下简称H宝石公司）。在2003年3月体检时，发现肺部有阴影，要求休息结果被厂方以旷工为由赶出工厂。4月，厂方迫于压力带罗某及其他工友到G省职业病防治院检查，检查结论为“无尘肺（0）及考虑双上肺结核”。罗某回到C市，于同年8月到C市疾病预防控制中心检查，诊断结果为：贰期尘肺。随后到H县劳动和社会保障局（以下简称劳保局）申请工伤认定，该局认为罗某先后于7月、11月提交的G省职业病防治院的“职业病诊断证明书”和“C市职业病诊断（鉴定）结果证明书”的诊断结论不一样，不符合工伤认定申请的要求，不予受理。这一期间，罗某曾于11月重新到G省职防院检查，该院于同月作出了“不能对患者作二次诊断”的意见。2004年元月罗某提起行政诉讼，要求H县劳保局为其职业病认定工伤。被法院驳回后，上诉到中级人民法院被发回重审，重审判决维持了H县劳保局对罗某作出的不予受理

* 彭小坤，广东翰诚律师事务所律师，法学博士。

工伤认定的具体行政行为。同时，罗某向H县法院提起民事诉讼，2004年6月下达民事判决，以程序不合规定为由驳回；向S市中级人民法院提起民事上诉，2004年11月被以同样理由驳回。

2005年9月，罗某到G省职防院申请职业病诊断；2006年2月，依法取得《职业病诊断证明书》，结论为叁期矽肺，同月，向H县劳保局申请认定工伤。2006年4月，该局作出《工伤认定决定通知书》，认定罗某的职业病为工伤；5月，罗某提起劳动仲裁。6月，用人单位H宝石公司向S市劳保局提起行政复议，请求依法撤销H县劳保局作出的工伤认定决定，劳动仲裁被中止。7月，S市劳保局作出《行政复议决定书》，结论为：H县劳保局作出的《工伤认定决定通知书》认定事实清楚，适用法律准确，程序合法。2006年8月，H宝石公司向H县人民法院提起行政诉讼。

【案例简评】

本案主要涉及以下两个法律问题：（1）职业病诊断机构如何确定问题；（2）职业病患者确诊之前的工资待遇及治疗、检查费用问题。

（1）职业病诊断机构如何确定问题。

《中华人民共和国职业病防治法》第40条规定，劳动者可以在用人单位所在地或者本人居住地依法承担职业病诊断的医疗卫生机构进行职业病诊断。第42条第2款规定，没有证据否定职业病危害因素与病人临床表现之间的必然联系的，在排除其他致病因素后，应当诊断为职业病。第45条第1款规定，当事人对职业病诊断有异议的，可以向作出诊断的医疗卫生机构所在地地方人民政府卫生行政部门申请鉴定。《职业病诊断与鉴定管理办法》第10条第1款规定，劳动者可以选择用人单位所在地或本人居住地的职业病诊断机构进行诊断。第10条第2款规定，本办法所称居住地是指劳动者的经常居住地。第13条规定，没有证据否定职业病危害因素与病人临床表现之间的必然联系的，在排除其他致病因素后，应当诊断为职业病。

从以上规定可以看出，法律法规所规定的职业病诊断机构可以是用人单位所在地或者本人居住地依法承担职业病诊断的医疗卫生机构，居住地是指劳动者的经常居住地。但相关规定均规定“可以”，并没有排除用人单位所在地或者本人居住地之外的相关机构。2003年卫生部对广东省卫生厅的批复(《卫生部关于对异地职业病诊断有关问题的批复》卫法监发［2003］298号）也仅规定“对职业病诊断结论不服的，应当按照《职业病诊断与鉴定管理办法》申请鉴定，而不宜寻求其他机构再次诊断”，也没有排除用人单位所在地或者本人居住地之外的相关机构鉴定的权利，而且也不应排除。该批复“某一诊断机构已作出职业病诊断的，在没有新的证据资料时，其他诊断机构不再进行重复诊断”的意见不利于保护劳动者，不符合立法本意。罗某在C市进行鉴定并不违法，即使在北京或上海等其他城市鉴定，也不能认定为违法，鉴定结论同样具有法律效力。根据上述规定及分析，2003年12月H县劳动和社会保障局根据《卫生部关于对异地职业病诊断有关问题的批复》，以“提供的诊断资料不符合工伤认定申请的要求”为由不予受理罗某的申请不能成立。罗某提供了《C市职业病诊断（鉴定）证明书》，符合《中华人民共和国工伤保险条例》第18条的要求，H县劳动和社会保障局只能针对工伤作出肯定或否定的结论，而不是不予受理。H县人民法院直接认定为“原告的职业病诊断应选择G省职业病防治院”也同样不能成立，“应”从何来？S市中级人民法院认定“现罗某私自到C市疾病预防控制中心检查的结果作依据”，“违反了上述法律规定”，没有法律依据。

（2）职业病患者确诊之前的工资待遇及治疗、检查费用问题。

罗某旷工无论是否成立，都不影响依法享受工伤待遇。劳动者为了确诊是否患病，往往需要请假，但用人单位并不一定准假，因此认定的“旷工”其实不具有正当性。

历经重重困难后，罗某于2006年2月取得了《职业病诊断证明书》，结论为叁期矽肺，并于同年4月被认定为工伤。至此，罗某终于获得了有利结论，但随即进入了另一旷日持久的法律程序：劳动仲裁与行政诉讼。劳动仲裁虽然规定了部分裁决，以利于劳动者尽早获得工资及治疗费用，但因行政诉讼尚未结束，仲裁部门也难以做出部分裁决。如果行政诉讼程序完毕，维持工伤认定，那么罗某应当享受工伤待遇，且至少应获得被解雇之后24个月的所有工资及其补偿，因为罗某在此期间属于停工留薪期，而且情况特殊。如果行政诉讼程序结束且维持工伤认定，则治疗、检查费用依法由社保部门或用人单位承担，但诉讼开支因为没有法律依据，即便是用人单位有滥用诉权的嫌疑，也无法要求用人单位承担。而且，在行政诉讼程序结束之前，法律对罗某的保护力度明显不够，罗某既无法获得任何工资用以维持生活，也不能获得治疗、检查费用。立法机构需要检讨相关立法，完善对职业病患者的保护。

另外，G省职业病防治院2003年11月20日的“不能对患者作二次诊断”意见完全不符合立法精神，2006年“首次诊断叁期矽肺”才开始面对事实，立法者亦应考虑完善相关监督程序。

案例二

李某，C市L县人，1991年9月，受聘于S市L区L宝石厂。1995年10月，因涉嫌盗窃被捕离厂，1999年6月，无罪释放；释放后回家养伤并申请国家赔偿，直到2003年12月获得国家赔偿，期间没有从事粉尘和其他工作。

2003年3月，李某被诊断为贰期矽肺，于5月向L区劳动仲裁委员会就职业病赔偿申请仲裁，被裁定因超过时效不予受理。随后起诉到L区法院，请求判令被告L厂、香港L珠宝首饰制造厂和L区某村民委员会（以下简称村委会）支付残疾补偿金、残疾退休金、残疾者生活补助费等共40余万元。9月，一审判决驳回起诉，理由为：1991年9月，原告进L厂至1995年10月离开期间，双方存在事实劳动关系；时至2003年3月，原告才经G省职防院诊断为贰期矽肺，已超过60日的申诉时效；原告与被告L区村委会不存在劳动关系。

2004年5月，李某上诉到S市中级人民法院，2004年12月，二审维持原判，理由为：本案为劳动争议纠纷，根据《劳动法》的有关规定，提出仲裁要求的一方应当自劳动争议发生之日起60日内向劳动争议委员会提出书面申请。上诉人虽然在1991年9月至1995年10月与被上诉人L厂存在事实劳动关系，但从1995年11月上诉人因涉嫌盗窃被收容审查至1999年6月被无罪释放时止，上诉人已实际离开了被上诉人L厂。虽然该期间可视为劳动关系的中断，但自上诉人被无罪释放后，该劳动关系中断的事由也随之消除。而上诉人并未在劳动关系中断事由消除后，与被上诉人恢复劳动关系或在法定有效期间内向被上诉人L厂主张权利。因此，应视为上诉人已自动解除了与被上诉人L厂之间的劳动关系。所以，上诉人在2003年5月以劳动争议为由向劳动争议部门提出申诉，显然已超过法律规定的60日申诉时效，上诉人已丧失了胜诉权。

本案已获S市中院批准立案再审。

【案例简评】

本案主要涉及的法律问题是劳动争议时效问题。

劳动争议是指用人单位与劳动者因劳动关系相关权利义务产生的纠纷。包括因用人单位开除、除名、辞退职工和职工辞职、自动离职发生的争议；因执行国家有关工资、保险、福利、培训、劳动保护的规定发生的争议；因履行劳动合同发生的争议等。本案属于劳动争议中的职业病争议。

原《中华人民共和国企业劳动争议处理条例》第 23 条第 1 款规定，当事人应当从知道或者应当知道其权利被侵害之日起六个月内，以书面形式向仲裁委员会申请仲裁。《中华人民共和国劳动法》第 82 条规定，提出仲裁要求的一方应当自劳动争议发生之日起 60 日内向劳动争议仲裁委员会提出书面申请。因此，《中华人民共和国劳动法》1995 年 1 月 1 日生效后劳动争议的时效按 60 日执行。《中华人民共和国劳动争议调解仲裁法》已于 2008 年 5 月 1 日生效，该法规定：劳动争议申请仲裁的时效期间为一年。仲裁时效期间从当事人知道或者应当知道其权利被侵害之日起计算。本案发生在该法生效之前，所以仍然适用原有规定。

由于劳动争议的仲裁前置程序，使得劳动争议属于一裁两审制，所以根据劳动争议所处阶段不同，时效可以分为仲裁时效和诉讼时效，但两者实质上是一个问题。劳动争议的时效没有规定中止、中断制度，原《中华人民共和国企业劳动争议处理条例》第 23 条第 2 款规定，当事人因不可抗力或者有其他正当理由超过前款规定的申请仲裁时效的，仲裁委员会应当受理。原来实践操作中对“其他正当理由”存在着不同的理解，上海市高级人民法院的意见是从严把握，深圳地区放得相对较宽。仲裁部门与法院系统经过长期实践后逐渐认可了民诉法中的中止、中断规定可直接适用于劳动争议，以保护劳动者。《中华人民共和国劳动争议调解仲裁法》则已明确规定，仲裁时效，因当事人一方向对方当事人主张权利，或者向有关部门请求权利救济，或者对方当事人同意履行义务而中断。从中断时起，仲裁时效期间重新计算。因不可抗力或者有其他正当理由，当事人不能在本条第一款规定的仲裁时效期间申请仲裁的，仲裁时效中止。从中止时效的原因消除之日起，仲裁时效期间继续计算。

由于劳动争议时效较短，所以对劳动争议发生之日的理解显得非常重要，学者们提出了各种见解。劳动与社会保障部在《关于贯彻执行〈中华人民共和国劳动法〉若干问题的意见》第 85 条规定，“劳动争议发生之日”是指当事人知道或者应当知道其权利被侵害之日。“知道”是指明确知道，“应当知道”是没有证据证明明确知道，但根据其他证据能够推定知道的情况。仲裁部门与法院系统原来在实践中基本上采纳了该规定的意见。因此，劳动争议时效实践中出现了过短问题，时效过短显然对劳动者权益的保护不利，而且正当理由没有被明确规定，《中华人民共和国劳动争议调解仲裁法》颁布前时效中止、中断规定缺失，导致实践中此类纷争不止。

2006 年的《最高人民法院关于审理劳动争议案件适用法律若干问题的解

释（二)》终于对时效相关问题进行了相应的规制。该解释规定：人民法院审理劳动争议案件，对下列情形，视为劳动法第 82 条规定的“劳动争议发生之日”：(1) 在劳动关系存续期间产生的支付工资争议，用人单位能够证明已经书面通知劳动者拒付工资的，书面通知送达之日为劳动争议发生之日。用人单位不能证明的，劳动者主张权利之日为劳动争议发生之日。(2) 因解除或者终止劳动关系产生的争议，用人单位不能证明劳动者收到解除或者终止劳动关系书面通知时间的，劳动者主张权利之日为劳动争议发生之日。(3) 劳动关系解除或者终止后产生的支付工资、经济补偿金、福利待遇等争议，劳动者能够证明用人单位承诺支付的时间为解除或者终止劳动关系后的具体日期的，用人单位承诺支付之日为劳动争议发生之日。劳动者不能证明的，解除或者终止劳动关系之日为劳动争议发生之日。拖欠工资争议，劳动者申请仲裁时劳动关系仍然存续，用人单位以劳动者申请仲裁超过 60 日为由主张不再支付的，人民法院不予支持。但用人单位能够证明劳动者已经收到拒付工资的书面通知的除外。上述解释对“劳动争议发生之日”的规定以及明确规定了在职劳动者的拖欠工资争议不再适用 60 日的期限，确实对劳动者大为有利。地方人民法院考虑到诸多因素，对此规定实际执行时原则上按两年处理，第一个理由是劳动部的一些规定使用了两年的期限，第二个理由是民诉法规定一般情况下时效是两年。但无论这些理由是否成立，劳动者的境况都会因对“劳动争议发生之日”的理解产生的有利局面而得到改善。

除了对“劳动争议发生之日”规制之外，《最高人民法院关于审理劳动争议案件适用法律若干问题的解释（二)》还规定了劳动争议时效的中止、中断。该解释规定：当事人能够证明在申请仲裁期间内因不可抗力或者其他客观原因无法申请仲裁的，人民法院应当认定申请仲裁期间中止，从中止的原因消灭之次日起，申请仲裁期间连续计算。当事人能够证明在申请仲裁期间内具有下列情形之一的，人民法院应当认定申请仲裁期间中断：(1) 向对方当事人主张权利；(2) 向有关部门请求权利救济；(3) 对方当事人同意履行义务。申请仲裁期间中断的，从对方当事人明确拒绝履行义务，或者有关部门作出处理决定或明确表示不予处理时起，申请仲裁期间重新计算。中止、中断的规定进一步保护了劳动者的合法权益，而且各级人民法院和劳动争议仲裁部门也获得了法律依据。

本案时效问题并不复杂，关键在于如何认定劳动争议发生之日。虽然最高人民法院的司法解释 2006 年才出台，而且也没有直接规定本案所涉及的职业病纠纷，但即使依照劳动部关于“劳动争议发生之日”的规定，本案也没有超过时效。虽然2000年12月李某在S市人民医院查出双肺粟粒性肺结核，但该日只是证明李某被检查出患有疾病，尽管可能是职业病，不过并不能因此推论出李某应当知道权利受到侵害，直至2003年3月经G省职业病防治院诊断为贰期矽肺，即此时李某才能确认自己已患职业病，因此李某于2003年5月申请仲裁并没有超过时效。而且，依《中华人民共和国工伤保险条例》(因李某2004年1月1日尚未完成工伤认定，因此本案应适用该条例）规定，因职业病提出工伤认定申请应当有医疗诊断证明或者职业病诊断证明书（或者职业病诊断鉴定书)。李某取得职业病诊断证明书还不属于确认工伤，还需要经过工伤认定申请程序，认定后才能享受工伤待遇。如果没有确认能否享受待遇，则也就无法确认是否拥有法定权益，所以工伤认定书送达后用人单位明确拒绝履行法定义务之日才应该是劳动争议时效起算之日，不过实践中以工伤认定之日作为劳动争议发生之日的也不在少数。

仲裁部门不予受理、一审人民法院以没体检为由认定时效已过均不能服人。二审人民法院善意地对李某无罪释放日之前的期间作出了时效中断的认定，但其实李某是否因涉嫌盗窃，是否被错误处理均与本案时效问题没有关系，因为本案劳动争议严格意义上至2003年3月还没有产生，所以根本不存在超过时效的可能。

李某在二审审结后于2005年与用人单位签订了调解协议，该协议会影响仲裁员、法官的思考和判断。如果该调解协议显失公平，则可以被认定为无效；也可以考虑主张调解协议为李某受迫性自愿，并非其真实意思表示，进而主张该调解协议无效。

案例三

伍某，S省P县人，1993年，进入G省H1县G1宝石厂；2000年底，该厂搬迁到H2县某镇，变更厂名为G2厂。2001年，该厂组织体检，没有公布检查结果。几天后，厂方告诉伍某其患有易传染的结核病，在给了含两个月工资在内共计1万元补偿后，双方协议解除劳动关系。

2002年11月S省C市职业病防治院诊断伍某患有贰期尘肺（II^{+}），同年12月，伍某向H2县劳动仲裁委员会申请劳动仲裁。劳动仲裁委员会认为伍某与G2厂没有劳动关系，其职业病可直接向法院起诉。随后，伍某持相关证据向H2县法院起诉并被受理。2003年3月，G2宝石厂提出管辖权异议，认为应先进行劳动仲裁法院才能受理。同月，法院下达民事裁定书，认为职业病不经过劳动仲裁可有人民法院直接受理，驳回G2宝石厂的管辖权异议书。4月，G2厂上诉到G省S市中院，要求先裁后审。同年7月，被驳回，理由为职业病未通过劳动仲裁而由法院直接受理没有法律依据。2004年6月，伍某向G省H县劳保局提起工伤认定申请和劳动仲裁申请，两天后，同时收到《不予受理通知书》，理由为超过一年的工伤认定申请时效和申请劳动仲裁60天的时效。随后，伍某向S市劳保局提起行政复议申请被驳回。2004年9月，伍某向H县人民法院提起行政诉讼，要求法院判令劳动行政部门认定工伤并劳动仲裁。同年11月，法院判决伍某败诉，理由为超过《工伤保险条例》规定申请工伤认定的时效。伍某向S市中院上诉被驳回，理由为超过一年的申请时效。

2005年2月，某大学职业病医院给伍某出具了《职业病诊断证明书》，伍某的病情已发展为矽肺叁期。2006年，伍某申请再审，S市中院指定由一审人民法院以人身伤害案为由重新立案再审。

【案例简评】

本案主要涉及以下两个法律问题：(1) 工伤与人身损害问题；(2)《中华人民共和国工伤保险条例》的适用问题。

(1) 工伤与人身损害问题。

职业病纠纷属于劳动争议范畴，依现行法律规定，此类纠纷应当遵循仲裁前置原则，先向具有管辖权的仲裁部门申请仲裁。不服仲裁裁决的，双方得以向人民法院起诉。但是，如果职业病涉及人身损害事宜，则可以直接由人民法院受理，而且可与劳动争议并行不悖。

《中华人民共和国职业病防治法》第52条规定，职业病病人除依法享有工伤社会保险外，依照有关民事法律，尚有获得赔偿的权利的，有权向用人单位提出赔偿要求。《中华人民共和国安全生产法》第48条规定，因生产安全事故受到损害的从业人员，除依法享有工伤社会保险外，依照有关民事法律尚有获得赔偿的权利的，有权向本单位提出赔偿要求。"依照有关民事法律"虽不明确，但为工伤劳动者提供人身损害民事保护提供了法律依据。

《最高人民法院关于审理人身损害赔偿案件适用法律若干问题的解释》第12条规定，依法应当参加工伤保险统筹的用人单位的劳动者，因工伤事故遭受人身损害，劳动者或者其近亲属向人民法院起诉请求用人单位承担民事赔偿责任的，告知其按《工伤保险条例》的规定处理。因用人单位以外的第三人侵权造成劳动者人身损害，赔偿权利人请求第三人承担民事赔偿责任的，人民法院应予支持。虽然该规定并不支持向用人单位主张民事赔偿，仅支持追究用人单位以外的第三人侵权责任，但是实践中越来越多的劳动者以人身损害为由直接将未依法进行安全防护、职业病保护的用人单位诉诸法庭。

实践中人民法院对此类案件的观点有两种：一种是按最高人民法院的司法解释予以驳回；另一种是审查实体问题，即如果确认用人单位已依法完成劳动保护要求，则驳回劳动者诉讼请求。如果确认用人单位存在违法情形或防护不足，则按人身损害判决用人单位承担侵权责任。不过无论观点如何，人民法院受理此类以人身损害为由提起的诉讼是其应当履行的职责，不能简单地以"告知"为由不予受理。告知的结果有两种：一种是当事人接受了人民法院的意见，不再起诉；另一种是当事人坚持要求起诉，法官要么驳回起诉，要么受理后驳回诉讼请求或支持诉讼请求。

（2）《中华人民共和国工伤保险条例》的适用问题。

因为职业病有潜伏期，所以只要确诊为职业病，劳动者依法应当享受工伤待遇，无论该劳动者是否离职。《中华人民共和国职业病防治法》第54条规定，职业病病人变动工作单位，其依法享有的待遇不变，该规定可以印证上述观点。职业病确诊之日并非劳动争议发生之日，工伤认定后用人单位明确拒绝依法承担相关义务之日才是劳动争议发生之日。

《中华人民共和国工伤保险条例》第64条（2010年该条例修订后为第67条）规定，"本条例自2004年1月1日起施行。本条例施行前已受到事故伤害或者患职业病的职工尚未完成工伤认定的，按照本条例的规定执行"，其本意在于对劳动者予以更好保护，这正是考虑到职业病存在潜伏期等各种因素。本案却刚好相反，该条款成为伍某最大的障碍，问题出在一审和二审人民法院都没有正确理解立法精神。

本案的关键在于如何理解《中华人民共和国工伤保险条例》第64条。我国法律除非特别规定，一般是不具有溯及既往的效力。《中华人民共和国工伤保险条例》没有规定溯及既往，其第64条系根据工伤与职业病的特殊性，对尚未完成工伤认定的情形规定适用本法，目的在于最大限度保护这些弱势的群体，不能简单地认定该条款是关于其溯及力的特别规定。

伍某被诊断为贰期尘肺的时间是2002年11月，此时《中华人民共和国工伤保险条例》并未出台，且无任何法律规定申请工伤认定的时间问题。因此，在《中华人民共和国工伤保险条例》生效前的任何时候伍某均有权申请工伤认定。问题在于伍某是在《中华人民共和国工伤保险条例》生效后的2004年6月申请工伤认定。根据上述分析，《中华人民共和国工伤保险条例》是不溯及既往的，该条例所规定的“用人单位未按前款规定提出工伤认定申请的，工伤职工或者其直系亲属、工会组织在事故伤害发生之日或者被诊断、鉴定为职业病之日起一年内，可以直接向用人单位所在地统筹地区劳动保障行政部门提出工伤认定申请”仅指该条例生效后所发生的事故伤害或诊断、鉴定为职业病的情形，并不包括类似伍某这样的情形。即便是理解为伍某自新法生效之日起只能计算1年申请工伤认定期，本案仍没有超过1年的期限。

案例四

刘某，S省L县人，1995年4月，进入G省S市L宝石厂做工，该厂由香港L珠宝有限公司投资（以下简称香港L公司）。1996年7月，该厂搬迁到G省H市更名为L2厂，是“三来一补”企业①。2001年1月，刘某因身体不

① “三来一补”中的“三来”是对外加工装配的别称，具体包括来料加工、来样加工和来件装配。而“一补”是指中小型补偿贸易。“三来一补”实际上是一种国际经济技术的合作方式，是一种灵活简便的投资方式。对这种合作方式的规定最早见1979年9月3日国务院发布的《开展对外加工装配和中小型补偿贸易办法》，《办法》规定：“加工装配业务，主要是由外商提供一定的原材料、零部件、元器件，必要时提供某些设备，由我国工厂按对方的要求进行加工或装配，成品交给对方销售，我方收取工缴费。外商提供设备的价款，我方用工缴费偿还。也可以采取灵活做法，运进的原料和运出的成品，各做各价，分别订立合同，我方赚取差价，用差价即工缴费偿还设备款。或者由外贸部门同外商签订合同，承担加工装配业务，然后组织工厂生产，外贸部门同工厂之间按购销关系办理。”“中小型补偿贸易，主要是指国家重点的大型补偿贸易项目以外的一般轻纺产品、机电产品、地方中小型矿产品和某些农副产品，由外商提供技术、设备和必要的材料，我方进行生产，然后用生产的产品偿还。补偿贸易原则上要用所产产品偿还，如须用其他商品偿还的，属于中央管理的商品由国家计委及外贸部审批；属于地方管理的商品，由省、市、自治区审批。”1993年，《广东省对外加工装配业务条例》对对外加工装配的定义基本沿用《办法》规定，仅增加一条“外商可以无偿提供设备及有偿或无偿提供厂房建设资金。”

东莞与深圳率先以颁发营业执照或特许营业证的方式设立“三来一补”企业以引进长期对外加工装配项目，国家工商行政管理局所颁发的企字［1990］第79号对《关于理顺“三来一补”企业登记发照管理的报告》的复函将该类企业定位为由外商提供设备、原材料、辅料，由外商负责全部产品的外销，由中方提供土地、厂房、劳力，中外双方对各自投资不作价以提供条件组成的企业。但实际上，很多“三来一补”企业除了设备、原材料、辅料等由外方提供外，一般厂房都是由中方或者其他企业或个人出租给外方，有的厂房甚至由外方出钱中方出地合作建成，劳动力基本上由外方聘请，中方只负责厂长、出纳和企管，报关员基本由商务单位负责。

有关“三来一补”企业的解释见：http：//www.dgslawyer.com/news/Show.asp？id=501.

适请假回家养病。2004 年 11 月，被 S 省职业病防治院诊断为矽肺壹期，但厂方不认可诊断结果。2004 年底，L2 厂搬迁到 H 县，重新注册为 L3 珠宝工艺礼品有限公司（以下简称 L3 公司）。在搬迁时，向“三来一补”企业中方合作方承诺：由 L3 公司自愿代香港 L 公司承担 L2 公司在经营期间和搬厂前后发生的所有债权债务，包括依法直接支付职业病赔偿的款项。

2005 年 8 月，刘某被 G 省职业病防治院诊断为矽肺贰期（II^{+}），随后，向 H 市某区劳动和社会保障局申请工伤认定。8 月，此区劳保局复函，认为刘某与 L2 厂没有现存的劳动关系，应向 L3 厂所在地 H 县劳保局申请认定工伤。同年 11 月，H 县劳保局就刘某的认定工伤申请下达《工伤认定申请不予受理通知书》，理由为刘某与 L3 公司不存在劳动关系。12 月，刘某向 G 省 S 市劳保局申请行政复议，结果维持 H 县劳保局的决定。刘某不服，向 H 县人民法院提起行政诉讼，要求该县劳保局为其所患职业病认定工伤。

2006 年 3 月，L2 厂在登记机关注销。3 月，H 市区劳保局给刘某下达不予受理通知书，理由为与 L2 厂没有现存的劳动关系。4 月，H 县人民法院下达行政判决书，认为刘某与 L3 公司不存在劳动关系，驳回起诉。2006 年 4 月，刘某向 H 市区人民法院提起行政诉讼，要求该区劳保局为其所患职业病认定工伤。

【案例简评】

该案主要涉及以下两个法律问题：(1)“三来一补”搬迁后工伤认定机构问题；(2) 用人单位搬迁情形下职业病赔偿责任主体问题。

(1)“三来一补”搬迁后工伤认定机构问题。

《中华人民共和国工伤保险条例》第 17 条规定，职工发生事故伤害或者按照职业病防治法规定被诊断、鉴定为职业病，所在单位应当自事故伤害发生之日或者被诊断、鉴定为职业病之日起 30 日内，向统筹地区劳动保障行政部门提出工伤认定申请。遇有特殊情况，经报劳动保障行政部门同意，申请时限可以适当延长。用人单位未按前款规定提出工伤认定申请的，工伤职工或者其直系亲属、工会组织在事故伤害发生之日或者被诊断、鉴定为职业病之日起一年内，可以直接向用人单位所在地统筹地区劳动保障行政部门提出工伤认定申请。按照本条第 1 款规定应当由省级劳动保障行政部门进行工伤认定的事项，根据属地原则由用人单位所在地的设区的市级劳动保障行政部门办理。

上述规定确定了“属地原则”，由“统筹地区”劳动保障行政部门作为工伤认定机构，因此刘某应当在 H 市劳动部门申请工伤认定。虽然 L2 宝石厂是

1996年7月从S市搬迁且更名而来，但刘某2001年1月在L2宝石厂请假，且2004年被诊断为矽肺壹期，上述期间L2厂应当在H市缴纳社会保险，“统筹地区”为H市，H市区劳动和社会保障局认为刘某与L2厂“没有现存的劳动关系”，并认为应当与L3所在地H县劳动和社会保障局申请工伤认定不能成立。

“三来一补”是特许经营。原S市L宝石厂与后来的L2厂都是“三来一补”，而且后者系由前者搬迁更名而来，都是香港L公司在大陆的特许经营，法律上的权利义务都归于香港L公司。本案中的S市L宝石厂搬迁至H市并不影响工伤认定机构为H市区劳动和社会保障局，因为“统筹地区”为H市。再次搬迁后注册了独立法人，虽然新注册成立的L3公司有过承诺，但承诺是针对法律责任的承担而言的，工伤认定机构仍应按《中华人民共和国工伤保险条例》的规定确定，而刘某确实与L3公司没有存在过劳动关系，不宜由L3公司注册所在地H县劳动和社会保障局进行工伤认定。

（2）用人单位搬迁情形下职业病赔偿责任主体问题。

“三来一补”搬迁后如果仍为“三来一补”，则职业病赔偿责任由搬迁后的“三来一补”及其外方承担，因为原“三来一补”因搬迁而终结。本案的责任主体是L2宝石厂和香港L公司。本案复杂之处在于L2厂再次进行了搬迁，此次搬迁并非简单搬迁，是该厂的终结，香港L公司同时将相关资产另行注册独立法人企业。因为L3公司的承诺，职业病赔偿责任主体变成了L3公司和香港L公司，而之前的L2宝石厂亦告终结，所以本案中形成了比较特别的情况：工伤认定机构并非实际承担赔偿责任者住所地的劳动和社会保障部门。如果L3公司不作承诺，则诉讼中该公司难以成为诉讼主体，刘某也许只能对香港L公司提起赔偿请求。

如果搬迁的不是“三来一补”，而是独立法人企业，则赔偿责任主体应按公司法的规定区分不同情况予以确认。在不涉及公司设立、分立、合并和破产等事项时，一般而言用人单位地址等登记事项的变更对职业病赔偿责任主体的确定没有影响，即搬迁后的职业病赔偿责任仍由原单位承担。分立情形下的赔偿责任由分立后的各公司共同承担，合并情形中的赔偿责任由合并后的公司承担。用人单位自行清算的，清算结算后，职业病赔偿责任主体应为用人单位原股东，由原股东承担原用人单位应当承担的法律责任。

根据《公司法》的规定，企业法人在破产时所欠职工的工资和医疗、伤残补助、抚恤费用、所欠的应当划入职工个人账户的基本养老保险、基本医疗保险费用以及法律、行政法规规定应当支付给职工的补偿金不必申报，由管理人调查后列出清单并予以公示，职工对清单记载有异议的，可以要求管理人更正；管理人不予更正的，职工可以向人民法院提起诉讼。但是当人民法院宣告企业法人破产之后职业病方被确诊且未预留相关费用的，职业病赔偿责任主体因为消灭而存在法律空白。尽管劳动与社会保障部门在原用人单位为该职业病劳动者缴交过工伤保险的情况下，应依法为其办理享受相关待遇的手续，但此类职业病劳动者的合法权益仍难以得到全面保障。

案例五

邓某，S省Y县人，1991年，进入G县S市L宝石厂，该厂由香港L珠宝有限公司投资（以下简称香港L公司）。1996年7月，该厂搬迁到G省H市更名为L2厂，是“三来一补”企业。2001年9月，被G省职业病防治院诊断为壹期尘肺。2002年4月，与厂方就壹期尘肺的赔偿达成协议，补偿2万余元回家休养。2004年底，L2厂搬到H县，重新注册为L3珠宝工艺礼品有限公司（以下简称L3公司）。搬迁时向“三来一补”企业中方合作方承诺：由L3公司自愿代香港L公司承担L2公司在经营期间和搬厂前后发生的所有债权债务，包括依法直接支付职业病赔偿的款项。

因病情加重，2006年2月，G省职业病防治院诊断邓某为贰期矽肺。2月，邓同其他三位工友与L2厂的投资人（即后L3公司董事长）协商矽肺病赔偿，但没有达成一致意见。3月上旬，邓某到H市劳动能力鉴定委员会申请伤残鉴定，同月下旬，L2厂被依法注销。6月，H市劳委会下达《不予受理通知书》，理由是原用工主体已不存在，申请人与原用工主体已经没有劳动关系。7月，邓某向H市某区人民法院提起行政诉讼，要求该市劳动能力鉴定委员会为其进行劳动能力鉴定。法院裁定不予受理，理由为：劳动能力鉴定委员会不是一级行政机关，其作出的通知不是具体行政行为。

2006年7月，邓某向H市区人民法院提起民事诉讼，要求L2厂、L3公司、香港L公司及中方合作方共同承担其贰期矽肺的职业病待遇。区法院不予受理，其理由为应当进行劳动仲裁后提起民事诉讼。邓某即向H市区劳动争议仲裁委员会提起仲裁，但该委员会不予受理，理由为：L2厂已注销，当事人可到企业搬迁后所在地即L3公司所在的H县申请劳动仲裁。

2006年8月，H市区法院出具通知书：因被告L2厂已注销，当事人应向搬迁到H县的L3公司依其当初作出的“承诺书”向当地人民法院提起诉讼。

【案例简评】

本案主要涉及的法律问题是劳动争议管辖问题。

原《中华人民共和国劳动争议处理条例》第 17 条规定，县、市、市辖区仲裁委员会负责本行政区域内发生的劳动争议。设区的市的仲裁委员会和市辖区的仲裁委员会受理劳动争议案件的范围，由省、自治区人民政府规定。第 18 条规定，发生劳动争议的企业与职工不在同一个仲裁委员会管辖地区的，由职工当事人工资关系所在地的仲裁委员会处理。《最高人民法院关于审理劳动争议案件适用法律若干问题的解释》第 8 条规定，劳动争议案件由用人单位所在地或者劳动合同履行地的基层人民法院管辖。劳动合同履行地不明确的，由用人单位所在地的基层人民法院管辖。《中华人民共和国劳动争议调解仲裁法》规定，劳动争议由劳动合同履行地或者用人单位所在地的劳动争议仲裁委员会管辖。双方当事人分别向劳动合同履行地和用人单位所在地的劳动争议仲裁委员会申请仲裁的，由劳动合同履行地的劳动争议仲裁委员会管辖。

上述规定确认了劳动争议适用属地管辖原则，本案发生于《中华人民共和国劳动争议调解仲裁法》生效之前，所以应当适用当时相关规定。本案的用人单位为 L2 宝石厂，无论该厂是否已被注销，H 市区的劳动争议仲裁委员会都应当受理本案。该委员会以工厂已注销为由不予受理没有法律依据。工厂注销后影响仲裁或诉讼主体的判断，但并不影响确认管辖。

劳动争议仲裁委员会不予受理的，《最高人民法院关于审理劳动争议案件适用法律若干问题的解释》规定，劳动争议仲裁委员会以当事人申请仲裁的事项不属于劳动争议为由，作出不予受理的书面裁决、决定或者通知，当事人不服，依法向人民法院起诉的，人民法院应当分别情况予以处理：（1）属于劳动争议案件的，应当受理；（2）虽不属于劳动争议案件，但属于人民法院主管的其他案件，应当依法受理。劳动争议仲裁委员会根据《劳动法》第 82 条之规定，以当事人的仲裁申请超过 60 日期限为由，作出不予受理的书面裁决、决定或者通知，当事人不服，依法向人民法院起诉的，人民法院应当受理；对确已超过仲裁申请期限，又无不可抗力或者其他正当理由的，依法驳回其诉讼请求。邓某起诉至 H 市区人民法院后，该人民法院仍以工厂已注销为由，认为当事人应向作出承诺的 L3 公司所在地人民法院起诉与前述规定不符。一者，H 市某区既是用人单位所在地，也是劳动合同履行地，人民法院依法应当受理；二者，L3 公司为新注册法人企业，邓某与其并无劳动关系，虽因承诺而成为适格主体，但并不影响 L2 宝石厂的法律责任及管辖地的确认。

邓某职业病待遇纠纷属于劳动争议，应当经过工伤认定程序，并按一裁两审原则先行仲裁。如果用人单位存在人身损害侵权行为，则邓某可以另行以人身损害纠纷为由起诉，两案并行不悖。

本案中另有劳动能力鉴定委员会不予受理的问题。H市劳动能力鉴定委员会以原用工主体不存在，申请人与原用工主体已经没有劳动关系为由下达《不予受理通知书》是错误的。职业病的特点在于其有潜伏期，所以存在用人单位注销后才确认职业病的可能性，此时作为法定鉴定主体的鉴定委员会不能以主体不存在为由不予受理，否则由于不予受理的不可诉性，当事人权益会受到极大侵害。

此外，"三来一补"的中方并不具有诉讼主体资格，除非中方对"三来一补"企业的法律责任明确表示同意承担。因为"三来一补"属于境外机构在国内的延伸，中方并非股东，亦非联营主体，正常情况下也不直接参与经营管理。"三来一补"的外方及"三来一补"企业属于适格主体。本案中L3公司有过承诺，因而也是适格主体。

案例六

唐某，S省P县人，1996年10月，进入G省S市Y1宝石厂做切粒工，1999年5月，因健康原因离厂。2000年4月，诊断为疑似职业病。2001年4月，Y宝石厂搬迁到G省D市，改名为Y2宝石工艺品有限公司（以下简称Y2公司）。同年11月，唐某被S市职业病诊断组诊断为职业性尘肺贰期（II^+），伤残肆级。随后，唐某向S市某区劳动争议仲裁委员会申请仲裁。11月，该委员会以该厂已搬迁至D市，没有管辖权为由不予受理。

2001年，唐某向该区人民法院起诉，要求Y2公司给予职业病赔偿，2003年10月，法院裁定移送D市人民法院。2004年6月，D市人民法院经请示G省高院，将本案又移送回S市区人民法院审理。2004年11月，区法院判决Y2公司向唐某支付20万余元赔偿。双方不服向S市中院上诉，2006年3月，S市中院裁定：撤销区法院的判决，驳回唐某的起诉。理由为：（1）本案仲裁结果是以无管辖权而不予受理，对于此种不予受理的仲裁提起诉讼的，人民法院不予受理；（2）唐某请求Y2公司支付工伤待遇，但未提交工伤认定书，人民法院应裁定驳回其起诉。

2006年6月，S市劳动和社会保障局下达《不予受理决定书》，认为唐某的工伤认定申请已超过法律、法规或规章规定的受理期限。

【案例简评】

本案主要涉及的法律问题是劳动争议仲裁委员会不予受理与人民法院不予受理程序衔接问题。

《最高人民法院关于审理劳动争议案件适用法律若干问题的解释》规定，劳动争议仲裁委员会以当事人申请仲裁的事项不属于劳动争议为由，作出不予受理的书面裁决、决定或者通知，当事人不服，依法向人民法院起诉的，人民法院应当分清情况予以处理：（1）属于劳动争议案件的，应当受理；（2）虽不属于劳动争议案件，但属于人民法院主管的其他案件，应当依法受理。

上述规定存在一个问题：当劳动争议仲裁委员会对劳动争议以无管辖权为由不予受理时，该如何处理？本案面对的就是这个问题。

纯粹从文字上解读上述规定，确实可以得出一个结论：最高人民法院仅规定了以不属于劳动争议为由的不予受理人民法院如何处理的情况，对以无管辖权为由的不予受理情形并无规定。但是，S市中级人民法院以此为由认为本案应当不予受理的观点尚可商榷。如果案件应由出具不予受理通知书的劳动争议仲裁委员会管辖，则劳动者只能请求该仲裁委员会撤销原决定，并依法予以受理。如果案件不应由出具不予受理通知书的劳动争议仲裁委员会管辖，则劳动者应依法向有管辖权的劳动争议仲裁委员会申请仲裁。当事人因认知错误而向无管辖权的劳动争议仲裁委员会申请仲裁，该劳动争议仲裁委员会以无管辖权为由不予受理符合法律规定，此时人民法院对于此劳动争议不予受理具有合理性。但是，劳动争议仲裁委员会如果错误判断将应当受理的案件以无管辖权为由拒之门外后，人民法院再不予受理，则劳动者将陷入更加被动的程序纠缠：似乎只能寄希望于原做出不予受理的劳动争议仲裁委员会重新认识到应当依法受理该案。市、区劳动争议仲裁委员会管辖权划分并没有法律明文规定，多为地方自设，所以因管辖权争端祸及劳动者的情况屡见不鲜。

最高人民法院出台《最高人民法院关于审理劳动争议案件适用法律若干问题的解释》是为了解决《中华人民共和国劳动法》第83条中存在的理解分歧，是为了弥补劳动者非“仲裁裁决”情况下的权利救济手段缺失。结合这些背景，上述司法解释的规定也可以有另一种解读：劳动争议仲裁委员会以无管辖权为由的不予受理情形并未表明人民法院亦不得受理。根据上述分析，劳动争议仲裁委员会应当受理而以无管辖权为由不予受理的情况人民法院应当分情形考虑决定是否予以受理，以便于当事人得以尽早获得权利实现。即便人民法院仍对此类情形不予受理，正如本案，人民法院亦应考虑向相关劳动争议仲裁委员会出具司法建议书，建议该劳动争议仲裁委员会受理该案，以帮助当事人获得受理。

另外，本案中S市中级人民法院认为劳动者未提供工伤认定的，应“裁定驳回其起诉”的观点不妥。劳动者主张工伤待遇固然应当提交诸如工伤认定等相关证据，但该举证不能的后果并不应该是驳回起诉，而是驳回诉讼请求。

案例七

谭某，C市S县人，1999年，进入G省H市C电池厂（后改名C电池有限公司，以下简称C公司）。2001年元月，谭某因机器故障左手腕关节扭伤，厂方以没有达到评残程度而未安排治疗；2003年底，由于伤痛加重，在医生和本人的强烈要求下厂方才安排了短暂治疗。2004年6月，该厂发生轰动一时的镉超标案，谭某是超标最重的职工之一。迫于压力，厂方送她们到职业病防治院进行短暂治疗。7月，谭某手伤加重，医院为已受伤三年多的左手动手术，术后左手萎缩变形。2005年底，C公司要求谭某评残，2006年1月，H市劳动能力鉴定委员会将其左手评为六级伤残。因病情发展，评残后公司又多次带谭某到H市中心医院治疗。2006年3月，谭某回到C市某医院进行手外科检查，专家一致认为：因延误治疗时间，形成永久性损伤，可能再次手术。2006年4月，谭某在C市住院治疗期间，经检查发现肾小球轻微病变、间质性肾炎、镉中毒。

谭某于2006年5月回公司报到，当月，公司通知谭某于6月前上班或办理请假手续。次日谭某到公司说明情况，要求继续治疗和休养；公司口头答应，但随后于6月下旬以谭某未按要求上班或办理请假手续给予除名处理，要求其于10日内办理离职手续。7月，C公司将6万余元六级伤残补偿金打到谭某账号，就这样谭某因手伤和镉超标被用人单位强行解除劳动关系。

【案例简评】

本案主要涉及的法律问题是职业病劳动者解雇保护问题。

《中华人民共和国工伤保险条例》第33条规定，职工因工致残被鉴定为一级至四级伤残的，保留劳动关系，退出工作岗位。（2010年该条例修订后为第35条）第34条规定，职工因工致残被鉴定为五级、六级伤残的，经工伤职工本人提出，该职工可以与用人单位解除或者终止劳动关系，由用人单位支付一次性工伤医疗补助金和伤残就业补助金。具体标准由省、自治区、直辖市人民政府规定。（2010 年该条例修订后为第 36 条，内容调整为：经工伤职工本人提出，该职工可以与用人单位解除或者终止劳动关系，由工伤保险基金支付一次性工伤医疗补助金，由用人单位支付一次性伤残就业补助金。一次性工伤医疗补助金和一次性伤残就业补助金的具体标准由省、自治区、直辖市人民政府规定。）第 35 条规定，职工因工致残被鉴定为七级至十级伤残的，劳动合同期满终止，或者职工本人提出解除劳动合同的，由用人单位支付一次性工伤医疗补助金和伤残就业补助金。具体标准由省、自治区、直辖市人民政府规定。（2010 年该条例修订后为第 37 条，内容调整为：劳动、聘用合同期满终止，或者职工本人提出解除劳动、聘用合同的，由工伤保险基金支付一次性工伤医疗补助金，由用人单位支付一次性伤残就业补助金。一次性工伤医疗补助金和一次性伤残就业补助金的具体标准由省、自治区、直辖市人民政府规定。）《中华人民共和国职业病防治法》第 32 条规定，对未进行离岗前职业健康检查的劳动者不得解除或者终止与其订立的劳动合同。第 49 条规定，医疗卫生机构在发现疑似职业病病人时，应当告知劳动者本人并及时通知用人单位。用人单位应当及时安排对疑似职业病病人进行诊断；在疑似职业病病人诊断或者医学观察期间，不得解除或者终止与其订立的劳动合同。第 54 条规定，用人单位发生分立、合并、解散、破产等情形的，应当对从事接触职业病危害的作业的劳动者进行健康检查，并按照国家有关规定妥善安置职业病病人。《中华人民共和国劳动合同法》第 42 条规定，劳动者有下列情形之一的，用人单位不得依照本法第 40 条、第 41 条的规定解除劳动合同：（1）从事接触职业病危害作业的劳动者未进行离岗前职业健康检查，或者疑似职业病病人在诊断或者医学观察期间的；（2）在本单位患职业病或者因工负伤并被确认丧失或者部分丧失劳动能力的。第 45 条规定，劳动合同期满，有本法第 42 条规定情形之一的，劳动合同应当续延至相应的情形消失时终止。但是，本法第 42 条第 2 项规定丧失或者部分丧失劳动能力的劳动者的劳动合同的终止，按照国家有关工伤保险的规定执行。

上述规定明确了对职业病劳动者的各类解雇保护。本案当事人谭某不仅左手工伤，而且镉中毒，属于同时存在肢体伤残和职业病的特殊情况，更应当受到保护。公司以旷工为由解雇谭某是不能成立的，因为认定旷工的前提在于“无故”，即使没有证据能够证实公司存在欺诈行为，仅凭谭某存在工伤及职业病且需治疗和休养即可认定缺勤存在正当理由，不属无故，旷工自然不能成立。即便谭某未按公司要求办理相关请假手续，存在一定过错，也不影响前述判断。不少用人单位一旦发现劳动者出现工伤，往往借机解雇，严重违反解雇保护的规定。

谭某的左手工伤鉴定为六级伤残，而且因延误治疗时间，形成永久性损伤，可能需要再次手术，完全有可能因此而需要重新鉴定伤残等级。再者，于2006年确诊的肾小球轻微病变、间质性肾炎、镉中毒也将需要鉴定劳动能力伤残程度，与工伤累加之后完全有可能达到一至四级的标准。如果达到该标准，则C公司依法应当与谭某保留劳动关系，无论谭某是否签订过劳动合同，也无论劳动合同是否已经期满。

谭某完全可以申请劳动仲裁，要求确认解雇行为无效，应当依法撤销，并要求依法发放工资及享受其他各类工伤待遇。《最高人民法院关于解除劳动合同的劳动争议仲裁申请期限应当如何起算问题的批复》确立了解除劳动合同书面通知送达之日作为仲裁申请期限起算日的原则，所以如果C公司没有送达书面通知，则谭某申请仲裁的时效也完全没有问题。

案例八

胡某，S省Y县人，2001年6月，进入G省S市Q宝石厂作切粒工，2003年，该厂迁至G省H市某镇。

2005年11月，全厂13名工人感到身体不适（如咳嗽、胸闷等），到医院作X光透视，诊断结果是肺部纹理增粗。于是要求厂方带他们到有关职能部门作鉴定和职业病诊断。但老板以种种借口拒之不理，后来老板与工人们在镇劳动管理站内结清所有工资，解除了劳动关系。目前，该厂因为属于无照经营，已被查封。

【案例简评】

本案主要涉及的法律问题是非法用工单位职业病劳动者权益保护问题。

《中华人民共和国工伤保险条例》第66条第1款规定（原条例为第63条），无营业执照或者未经依法登记、备案的单位以及被依法吊销营业执照或者撤销登记、备案的单位的职工受到事故伤害或者患职业病的，由该单位向伤残职工或者死亡职工的近亲属给予一次性赔偿，赔偿标准不得低于本条例规定的工伤保险待遇；用人单位不得使用童工，用人单位使用童工造成童工伤残、死亡的，由该单位向童工或者童工的近亲属给予一次性赔偿，赔偿标准不得低于本条例规定的工伤保险待遇。具体办法由国务院社会保险行政部门规定。该条例第66条第2款还规定，前款规定的伤残职工或者死亡职工的近亲属就赔偿数额与单位发生争议的，以及前款规定的童工或者童工的近亲属就赔偿数额与单位发生争议的，按照处理劳动争议的有关规定处理。

《非法用工单位伤亡人员一次性赔偿办法》规定，本办法所称非法用工单位伤亡人员，是指无营业执照或者未经依法登记、备案的单位以及被依法吊销营业执照或者撤销登记、备案的单位受到事故伤害或者患职业病的职工，或者用人单位使用童工造成的伤残、死亡童工。一次性赔偿包括受到事故伤害或者患职业病的职工或童工在治疗期间的费用和一次性赔偿金。一次性赔偿金数额应当在受到事故伤害或者患职业病的职工或童工死亡或者经劳动能力鉴定后确定。劳动能力鉴定按照属地原则由单位所在地设区的市级劳动能力鉴定委员会办理。劳动能力鉴定费用由伤亡职工或童工所在单位支付。职工或童工受到事故伤害或者患职业病，在劳动能力鉴定之前进行治疗期间的生活费按照统筹地区上年度职工月平均工资标准确定，医疗费、护理费、住院期间的伙食补助费以及所需的交通费等费用按照《工伤保险条例》规定的标准和范围确定，并全部由伤残职工或童工所在单位支付。一次性赔偿金按照以下标准支付：一级伤残的为赔偿基数的16倍，二级伤残的为赔偿基数的14倍，三级伤残的为赔偿基数的12倍，四级伤残的为赔偿基数的10倍，五级伤残的为赔偿基数的8倍，六级伤残的为赔偿基数的6倍，七级伤残的为赔偿基数的4倍，八级伤残的为赔偿基数的3倍，九级伤残的为赔偿基数的2倍，十级伤残的为赔偿基数的1倍。赔偿基数，是指单位所在工伤保险统筹地区上年度职工年平均工资。受到事故伤害或者患职业病造成死亡的，按照上一年度全国城镇居民人均可支配收入的20倍支付一次性赔偿金，并按照上一年度全国城镇居民人均可支配收入的10倍一次性支付丧葬补助等其他赔偿金。伤残职工或者死亡职工的近亲属、伤残童工或者死亡童工的近亲属就赔偿数额与单位发生争议的，按照劳动争议处理的有关规定处理。

上述规定扩大了对劳动者的保护范围。我国劳动法的调整范围是特定的用人单位与劳动者之间的劳动关系，该范围之外的雇佣关系严格意义上讲并不属于劳动法的调整范畴。但为了更好保护劳动者，避免不法分子利用调整范围的差异让劳动者承受不利后果，《中华人民共和国工伤保险条例》和《非法用工单位伤亡人员一次性赔偿办法》适当扩大了保护范围，对于部分雇佣关系中受到事故伤害或患职业病的职工或童工给予特别保护。

本案当事人胡某符合上述规定情形，可以依据《非法用工单位伤亡人员一次性赔偿办法》通过仲裁主张权利，因为本案中Q厂未依法注册，无营业执照，属于非法用工单位。虽然《非法用工单位伤亡人员一次性赔偿办法》回避了是否需要工伤认定，但劳动能力鉴定是一定要办理的，否则无法计算赔偿数额。此类案件的当事人申请仲裁之前或申请过程中仍应考虑向当地劳动与社会保障部门申请工伤认定，以免出现有关部门以未经工伤认定为由驳回申诉或诉讼请求的情况。

■ 域外采风 World

由谁界定公共利益？*

——中东欧的公益法策略

Edwin Rekosh** 著

吴 玉 译 田 勇 校***

【内容摘要】本文从以下两个方面分析了中、东欧的公益法：一是公益法的概念基础；二是公益法作为保护人权和促进民主策略的现实意义。文章最后得出结论：公共利益本身的价值，并不比谁能参与界定公共利益的过程以及通过何种方式界定公共利益这一问题来得重要。

本文概述了美国公益状况，并且区分了公益法三种有所交叉的概念：包括社会的、实质的和基于程序的。从这些分析中得出了一些至关重要的目标：民间社会组织更加有效地利用法律手段，以强化自己的公共话语权；更高层次的法学教育中坚持将理论与实践的结合；在不同的诸如律师协会、法院、政府机构和非政府组织等利益相关主体之间建立合作，提高免费法律援助的实现程度，以让每个人都能得到正义的眷顾。

【关键词】公共利益　公益法　公共领域　法律援助

在中东欧，可以说是在整个欧洲大陆，“公益法”这一术语并不常用。但现如今，它正开始被一部分人采用，而且更为重要的是，越来越多的法律专家和活动家已经开始采用公益法策略——不管他们是否实际称其为公益法策略。

为了阐释公益法与中东欧之间的关系，我将从两个方面对“公益法”这一术语加以说明：第一，其确有问题的概念基础；第二，更为重要的是，其作

* 本文是以作者2000年10月22日在布达佩斯中欧大学举行的公开演讲为蓝本，并稍作扩展。

** Edwin Rekosh，“公益法研究中心（PILI）”执行主任，并担任哥伦比亚大学法学院讲师和中欧大学客座教授。

*** 吴玉，法学学士；田勇，上海市浦东新区人民法院法官，法学硕士。

为保护人权以及促进民主、法治具有的实践意义。

对于那些已经研究过美国或者其他地区的公益法现象的人来说，放弃给公益法下一个一般性的或者包含知识准确度等内容的定义，是普遍做法。很多人会借用美国联邦最高法院首席大法官史蒂文斯在谈到色情作品时的那句名言：“当我看到的时候，我就知道。”

我相信研究一下公益法所蕴涵的多层含义比力求寻求一个普适定义更有意义。至少有三个“公共利益”或“公益法”不同的概念值得探讨。公益法这个术语源自美国，因此从美国开始探讨是一个好的出发点。在美国，路易斯·布兰代斯（Louis Brandeis）是最早明确提出公益法的概念基础的人之一，他是公益律师的先行者——那还是在公益法概念普及之前的很多年——其后来成为了联邦最高法院的大法官。在1905年哈佛伦理研究院（Harvard Ethical Society）的庆祝演说中，布兰代斯法官讲道：“才华横溢的律师们未能在财富和公众利益之间保持独立的地位和保持平衡，却在很大程度上放任自己成为大企业的附庸，忽视利用自身能力维护公众利益的责任，”他进一步强调：“美国律师界的最佳机会现在是，将来也是，重拾其过往既追求财富又做好准备维护公众利益的立场!”①

布兰代斯大法官对历史的解读是否正确尚可讨论，且缺乏理论论证。纵然如此，这两句话无疑抓住了问题的本质，数十年后美国公益律师对自身的定位也以这一认识为端绪。

20世纪60年代美国社会的骚乱事件，尽管事隔60年，最终为布兰代斯大法官的论断得到广泛接受创造了条件。20世纪60年代后期和整个70年代，大批美国法学院毕业生开始将自己定位为公益律师，以示自己并非布兰代斯大法官所称的“企业附庸”。他们将自己的社会角色界定为穷人以及其他缺乏利益代表的群体的代言人，某种程度上可以说是对经济强势群体的不相称影响的矫正。

但是如果说一些美国律师的确在应用公益法，那么他们应用的这种公益法究竟以何种形式存在呢？又是由哪个机构编纂的呢？这个问题——对于很多美国公益律师来说，可能听起来很愚蠢——并非凭空捏造。不只一位东欧律师在听完我解释美国或其他地区的公益法团体关注的关键问题后，向我寻求一个公益法模板，以便将其移植到自己的国家。

① L. Brandeis, The Opportunity in the Law. *American Law Review*, Vol. 39, 1905: 55-63.

如何界定“公益”的概念？

如果说公益法并不指涉某一具体的法律，那它是什么呢？在美国，我们还得从公益法这一术语的源头去寻找答案。公益法开始被使用时并非指称某个特定领域的法律，而是用以描述公益律师们所代表的群体。用布兰代斯大法官的话讲，公益律师们选择成为“公众”的拥护者，而非强势的经济群体。这并不是说美国所有的公益律师都自视为穷人的拥护者。美国公益法领域可以说已经涵盖了许多内容：公民权、公民自由、消费者权利、环境保护，等等。但公益法这一术语主要源自平衡法律体系中强势经济利益群体影响这一理念。不论美国公益律师们各自的实际目标是什么，他们一直被灌输着“为小人物战斗”的伦理观念。我将之称为公益法的社会概念。

公益法的第二个概念可以认为是实质的概念。此种界定路径始自一个问题：“公益律师们可能要捍卫的‘公共利益’究竟是什么？它的实质的、学理的内涵是什么？”虽然美国没有公益法的法典，但在美国和其他国家的立法和司法判例中都大量提及“公共利益”。实际上，在美国联邦法律数据库简单搜索一下，有超过300部使用“公共利益”术语的法规。

我突发奇想，去查阅了不同法律字典是否有“公共利益”的定义，令我十分惊讶的是，字典的编纂者们竟然真对“公共利益”下了定义。这无疑表明“公共利益”这一术语确实存在学理内涵。我到美国法学院的时候，看到学生人手一本《布莱克法律大词典》。这本备受推崇的法律词典将公共利益定义为：“（1）得到认可和保护的公共一般福利；（2）与公众整体都相关的事情；尤指一种为政府调控提供正当性的利益。”①

很难想出一个较之更加冗赘的定义了。它比说“公共利益就是公众的合法利益”好不到哪里去。这些定义能真正帮助我们明白什么呢？

另一部法律词典——巴朗法律词典，提供了一个内容稍微丰富的定义。首先，和前述定义相同，它指出公共利益是对社会整体有利的事情；但它又强调，公共利益是“个人（如法官或者政府首长），或者是一个群体（如立法机

---

① Bryan A. Garner (ed.), *Black's Law Dictionary*. 7th ed., St. Paul, Minn.: West Publishing Co., 1979.

构）对于什么是符合全体人民利益的主观认识”。①

虽然这也不算一个非常缜密的定义，但至少它揭示了一个重要的事实。当立法机构通过了一部含有“为了公共利益”用语的法律，本质上是为司法和行政的自由裁量权界定了准则。它意味着，行政机构或司法机构在处理具体问题时，应当考虑哪种决定将对社会整体利益最有利。在美国，人们通常会以《信息自由法案》中的一个条款为例阐释这一问题，该条款规定，“如果公开一项信息是为了公共利益，且申请获取信息者非主要为了商业利益，由于其可能有效地帮助公众理解政府的运作和活动”，行政官员应当减免申请者获得该文件所应支付的复印费。②

当然，倘若政府在解释公共利益这个如此宽泛的概念时不受任何约束，将会产生很多专断、无常的结果。但政府的决定要受制于司法审查，司法审查将行政机关大量自由裁量的权力转移至法院。法院有自己的方法来限制专断和无常的决策。

中东欧的公共利益

那么，所有这些与中东欧有何关系呢？美国将“公共利益”作为一个实质问题看待，为中东欧许多国家法治进程中存在的一个共性缺点提供了一个反面例证。我不知道“公共利益”这个词语在中东欧国家的立法中出现多少次，但里面肯定有实质意义相同的类似用语。例如，许多中东欧国家的刑事程序法典都包含这样的条款，规定如果“为了实现公正”需要，则法庭应当确保被告可以得到一位律师的免费辩护。如果这里的“为了实现公正”不和美国的“公共利益”一样是权力机关自由裁量的准则，那么还能指什么呢？

在这个意义上，公益法的路径包含了行政部门以及法官在追求诸如公正之类的普遍福利的抽象理念时运用的自由裁量权。但这同时引发了一个严重的制度盲点，这个盲点在过去十年间或由于改革形成。由于立法过程严格限定在议会竞争框架内，相比以往的社会主义政体，政府机关拥有较少的规则制定权，与此同时，立法的不断变化扩大了政府部门作决定的自由裁量范围。然而，用于指导个体政府官员行使自由裁量权的相关标准和做法却鲜有人关注。由此导

① Steven H. Gifis, *Law Dictionary*. 4th ed., New York: Barron's Educational Services, 1996.

② *Freedom of Information Act*, 5 USC, paragraph 552 (a) (4) (A) (iii).

致了法律的不平等执行，以及本应让政府对公众负责的机制的低效。①

中东欧的司法也面临类似的状况，因为法官运用自由裁量权的水平也极其低下。波兰的首位女行政监察员，现任波兰最高行政法院法官 Ewa Letowska 女士，简明扼要地解释了上述情况为何是扎根于社会主义的遗留问题："在社会主义法制下，法院不但要适用法律，还要适用任何一个规范性文件……法律体系不只包括法律，还包括行政机关制定的各种法令。法院声称其并不被允许对行政权实施控制，即使行政机关公布违宪的法令。"②

上述背景的结果就是，后社会主义国家的司法推理，与其他大陆法系国家相比，更加倾向于依赖对制定法的严格解释，更少愿意去处理这种对法律按字面含义的适用所带来的无常、不合逻辑、或者是违宪的结果。这种倾向程度依不同国家而异，它取决于一国现行的法律文化以及其他因素。但斯洛伐克是一个很好的例子，其在这一点上表现得尤为明显。Jan Hrubala——原为一名法官，现任斯洛伐克政府反腐部门的负责人，其用下面这段话描述斯洛伐克的法律适用现状："尽管社会中有了一些民主的变化，但一些有代表性的法律职业者的行为仍然表明，法官似乎只是实现当权者意志的奴仆，只能不折不扣地接受政府官员的决定。"③

这便将我们引向了公益法的第三种概念，它可能与中东欧最相关，并且在基于程序（progress based）观念的公共领域中得到了最明确的表达，这一概念与尤尔根·哈马贝斯（Juergen Habermas）息息相关，他指出：

> 公民社会是由各种或多或少是自发形成的组成。这些协会、组织和运动先辨识社会问题如何在私人生活领域产生共振，然后将这种回应以一种放大的形式予以提炼，并传递至公共领域。公民社会的核心正是组织一张社会组织的网络，在有组织的公共领域框架内，使解决公益问题的言论渠道制度化。④

① See E. Rekosh (ed.), *The Vicious Circle*: *Weak State Institutions*, *Unremedied Abuse and Distrust*, Budapest: Open Society Institute, 2005.

② Ewa Letowska, *Response to Questionnaire for*: *Guidance for Promoting Judicial Independence and Impartiality*, Washington, DC: USAID 2001 (on file with author).

③ Jan Hrubala, Response to Questionnaire, id.

④ J. Habermas, *Between Facts and Norms*: *Contributions to a Discourse Theory of Law and Democracy*, (Trans. William Rehng) Cambridge: MIT Press 1989: 27.

哈马贝斯认为，一个开放的言论论坛（他称之为公共领域）是民主的关键要素。这与公益法有什么关系呢？但对于在中东欧来说，我认为两者紧密相关。对于20世纪60年代后期和70年代在美国参与发起公益法运动的人来说，公共领域这一概念以及公民社会在其中的角色并非他们强调的主题。正如我在前文已经提过的，他们把注意力放在另一些地方，即矫正律师主要为经济强势群体的利益服务这一不平衡现象。

他们对探寻公共领域的本质不太感兴趣，因为美国的政治生活是鲜活、紧跟时代的。尽管在20世纪60年代美国发生了一系列社会骚乱事件，但同时，也许正是因为那场骚乱，人们更加关注现实中的公共利益。

而在欧洲社会，情况却恰好相反。托克维尔最早发现了这一差异。其后的汉娜·阿伦特对该差异的描述更加入木三分。她在1946年移民到美国后不久，在给她的导师卡尔·雅斯贝尔斯的一封信中写道①："这里的人对公共生活超强的责任心，是我在任何一个欧洲国家都未曾看到的。"为此，她举了一个例子，即人们对"二战"期间美国政府将日裔美国人关押到集中营的行为狂风暴雨式的抗议。在那封信里，她讲述了自己有关该问题的经历，她写道：

> 当时我正在新英格兰访问一个非常普通的美国家庭，他们完全是那些在德语里被称为小市民的人，我敢肯定，在他们的一生中从未见过一个日本人。然而，后来我了解到，他们以及他们的许多朋友，在了解集中营事件之后马上自发地给他们的议员写信，坚称任何美国人，不论血统背景，都平等享有宪法赋予的自由权利，如果日裔美国人因为日本人发动战争而遭关押，那么他们自己也会因此丧失安全感（这些人是盎格鲁——撒克逊血统，他们的家庭已经在美国定居了很多代，等等）。

中东欧的人权倡议者可能对遇到相似的行为感到欣慰，但同时又会觉得惊讶。例如，匈牙利政府为消除对一个被边缘化的少数种族——罗马族（roma）的歧视，通过了一项引人注目的、以权利为基础的教育政策，以扭转大量存在

① See Lotte Kohler & Han Saner (eds.), *Hannah Arendt/ Karl Jaspers: Correspondence*, New York: Harcourt Brace & Company, 1992: 30.

的校园隔离罗马族学生的现状。① 国际和欧洲标准、罗马族民众施加的政治压力以及小范围但专注的技术人员、教育家和非政府组织的良好愿景，推动了这项政策的出台。然而，该项政策却缺少大多数群体的积极支持。

迄今为止，中东欧的公共领域已经沉寂了十年或更久。然而，“公共利益”这一概念在社会主义法制理论中是绝对存在的。理论上，检察院的首要任务就是通过刑事和民事的制裁手段保护公共利益。但与贯穿在美国公益法中自由概念的最主要区别在于公共领域的理念方面。哈马贝斯所设想的让各种声音在不同层面相互争辩式的民主，在社会主义法制理论中根本没有立足之地。在社会主义法制下，当需要考虑公共利益时，通常是由高层统治者用一种非民主的程序作出决定，由行政机关以高度等级制的方式实施，并由万能的检察院在法庭上强制执行。

这种情形表明前文已经提及的司法推理的重要性。社会主义法制体系的后遗症腐蚀了人们对行政机关的自由裁量权的信心，因此也进一步强化了鼓励和发展司法部门行使自由裁量权的必要。这种后遗症在原社会主义国家的语言的局限中也有所体现，他们的语言并未区分国家和公共这两个概念。在这些国家，国家利益等同于公共利益，能够真正区分两者的词汇（在相关的民族语言中）并不存在。

尽管相比之下，美国现在的公共领域处于很健康的状态，但在20世纪60年代和70年代公益法领域开始在美国产生时，也出现过这方面的问题。后来成为美国联邦最高法院法官的瑟古德·马歇尔（Thurgood Marshall）法官是一个典范。早在他任美国全国有色人种发展协会（NAACP）——美国杰出的民权诉讼组织——法律辩护基金会的负责人和首席诉讼律师时，他就继承并发展了路易斯·布兰代斯大法官的传统。马歇尔大法官在1975年对美国律师协会所作的一个演讲中说：“公益法所追求的是填补我们法律系统中存在的一些空白。”② 正如一般人期待的那样，他强调的是公益法对于法律体系具有的改革功能。在20世纪70年代，他和他的前辈将这一进路引进美国全国有色人种发展协会（NAACP）法律辩护基金会和美国公民自由联盟（ACLU）等为扩展和

① See Viktoria Mohacsi, *Government Initiatives*: *Hungary's School Integration Program*. In: E. Rekosh & M. Sleeper (eds.), *Separate and Unequal*: *Combating Discrimination/against Roma in Education*, Public Interest Law Initiative/Columbia University, 2004.

② T. Marshall, *Financing the Public Interest Law Practice*: *The Role of the Organized Bar*, *American Bar Association Journal*, V. 61, 1975: 1487-1491.

巩固美国的公益法领域而奋斗数十年的非政府组织中。在演说中，马歇尔大法官首肯了公益律师们为他们的当事人——大多是社会中那些利益无法得到代表的人所做出的重要贡献，但他进一步说：

> 也许更重要的是，他们使我们的法律程序运行得更加合理。他们将更多信息传达给决策者，让行政官员、立法者和法官在决策时得以可能对他们的决定将给所有受影响的利益团体和少数群体带来的影响作出评估。同时，通过法律援助服务，他们为公众推开了一扇走进法律之门，他们让我们向着实现所有人都能平等得到正义眷顾的理想更近了一步。

因此，至少在马歇尔法官对公益法的理解里，在美国，拓展公共领域并巩固其地位也是公益法发展的重要目标之一。相比美国，中东欧国家的区别在于，公共领域从零开始或是在多年的沉寂后重生，在程度上需要更加激烈。

现在我们回到"由谁界定公共利益"这个问题上来。在一个自由社会，答案也许是：你和我，我们每一个人。我们共同参与决策界定什么符合以及什么不符合公共利益。公共利益得以在不同价值观和观点的争辩中浮现出来。因此，问题的关键在于：我们没有必要过分关注公共利益是什么，而应当更加关注是谁能够参与界定公共利益以及通过何种方式进行界定。

现在我们来探讨这种概念分析的现实意义。我已经阐述了三种界定公益法的方法：社会的、实质的和基于程序的概念。现在我们逆序来进行分析，先从公共领域基于程序的概念开始。

基于程序的概念。对于中东欧从事人权和其他公益事业的律师和活动家而言，公共领域的理念具有非常重要的现实意义。如果我们认可公共领域的不断扩展是民主发展的关键因素，那么这就表明了一条完全不同于——或者至少在历史上——该地区的主流发展趋势的通往法律的途径。法律是治理的主要支柱之一。但是，如果我们接受法律应当是公共领域讨论的产物，而并非更高权威制定的庞大实体，那么我们就必须允许公众对法律提出异议。法律因此就具有了工具性，不是只服务于国家权威，而是服务于每个人。法律不再仅仅是国家控制的手段，而是成为一个解决冲突、争辩何为公共利益的论坛。

这在实践中意味着什么呢？它意味着那些追求诸如人权等各种广泛社会目标的非政府组织，可以而且应当将法律添加到他们的工具宝库中。我们可以清楚地看到这一现象正在发生。非政府组织正策略性地、工具性地利用法律，最为明显的就是在欧洲人权法院的机制下。

但是过分依赖欧洲人权法院，将其作为通过适用国际规范调和公共利益的主要场所，也会产生一系列的问题。欧洲人权法院拥有十分宽泛并且在不断扩张的管辖范围。让它作为发展公共利益的独家战场明显是不现实的。因此，我们需要加强国内法律系统处理各种不同公益诉求的能力，让其像欧洲人权法院那样发挥作用。否则，公共领域的法律组成部分完全不能称其为公共领域，自始至终只不过是斯特拉斯堡的一个公共前哨。

借用马歇尔大法官的话，这意味着非政府组织必须富有创造性地寻找途径打开通向本国法律体系之门。这意味着给普通的法院施加适用国内法时考虑合宪性分析和国际法规定的压力；意味着更好地利用宪法法院和司法审查空间；意味着在行政活动中扩大公众参与度，保障公众有更多的途径获得国家控制下的信息。

有人会认为，相比大陆法系的传统，这些法律策略更适合普通法系。但首先，我认为普通法系和大陆法系之间的差异通常被人们夸大了，因为两者在几十年来已经不断趋同；更加重要的是，这些措施是对那些由于公共领域比较薄弱形成的陋习的必要纠正。

实质的概念。中东欧的公益律师和活动家们策略议程的另一个要素，与我称为公益法的实质的概念相关。在法律中规定行使自由裁量权的明确范围，是实现刚才提及的重要目标的一个关键补充。这相应地，也有赖于行政官员和法官反思自己的角色，采用新的、不那么熟悉的推理模式。简言之，在中东欧的许多国家，这需要文化观念的大转变。

这种文化观念的转变何以发生？许多人抱怨一个主要的障碍就是所谓的法官职业素质不高。换句话说，法律文化并非那么有利。那么，既然我们承认司法推理是与法律文化捆绑在一起的，那么将方向转至法学院是合理的。法学院是法律文化的工厂，在这里，未来的律师、检察官和法官学习如何像未来的律师、检察官和法官那样思考。

接下来，法学院教育的首要目标应当是提高毕业生的批判性思维能力，以及传授现行法律实践操作方面的知识，以消除法律被认为是一个由纯理论构建的无边的、实证逻辑的国度这一神话。对公益律师来说，幸运的是，法学院有着强烈的渴望将理论与实践结合得更紧密。在那里，学生和老师们一样，都认识到法学院温和环境下的法律与汹涌的外面世界中的法律越来越脱节。法律诊所教育的迅猛发展，就是这个趋势的一个例证，在那里，学生们通过向真实的当事人提供法律援助来学习法律。

相似的策略在公共管理学校和其他旨在培训和提高公务员职业能力的项目

中同样需要。在这个领域存在的特殊问题是，在中东欧，过去十年人们给予行政法和行政实践的关注远没有给予司法的关注多。因此，学习和理解行政决策的形成过程、决定何种培训才是最有效的是当务之急。

社会的概念。最后，社会的公益法概念在中东欧同样具有现实意义。寻找此方面的证据，我们不需要比虔诚的自由市场信奉者乔治·索罗斯的沉思冥想看得更远。他刚开始在一篇颇具争议的名为《资本主义的威胁》的文章里①，后来在后续的著作《开放社会：改革全球资本主义》中，索罗斯的观点开始与布兰代斯大法官的观点有相通之处。在《开放社会：改革全球资本主义》的引言里，他写道："市场原教旨主义者主张当社会中每个个体都被允许充分、自由地追求自己的利益时，社会公共利益就实现了最大化。这是一个极其诱人的论断，然而它只对了一半。市场在追求私人利益方面确实成就显赫，但它们从来就不是设计来关心公共利益的。"②

乔治和其他一些学者发现的中东欧市场和公益之间的鸿沟，与布兰代斯大法官于20世纪末在美国呼吁人们关注的鸿沟并无二致。服务于索罗斯所谓的市场原教旨主义的法律和律师有极大风险沦为布兰代斯大法官所谴责的企业附庸。当然，很少人会反对索罗斯所主张的个体追求私益一定程度上是有利于公共利益的实现这一观点。但正如他本人曾经尖锐指出的那样，市场本身永远无法处理公共利益的很多重要问题。

这种市场失灵现象的一个例子就是与能否获得律师服务相关。在中东欧，由于律师服务日益趋向自由市场规则，一个日益庞大的群体正在无形中被法律制度施以次等对待，换句话说，我们正在追求所有人获得正义平等眷顾的理想的道路上南辕北辙。

这对公益律师和活动家的现实意义是，需要更多地关注为更多无法按市场价格获得法律保护的人群提供法律援助的机制——包括国家和私人来源。

总而言之，我们可以发现很多支持公益法概念所包含的价值和理念的重要策略。首先，非政府组织可以并且应当更加有效地利用法律作为实现其社会目标的手段，这也将有助于发展出更有活力的公共领域。其次，身处法律文化工厂的法律教育者应当坚持将理论与实践更加紧密地结合，努力提高未来的法官

---

① G. Soros, *The Capitalist Threat*, *The Atlantic Monthly*, February 1997, V. 279, n. 2: 45-58.

② G. Soros, *Open Society*: *Reforming Global Capitalism*, New York: Public Affairs 2000: Xii.

和其他法律执业者的批判性思维能力。在实施上述努力的同时，有必要更好地理解行政程序的操作过程，发展出改善公务员运用自由裁量能力的方法。最后，律师协会、法院、政府机构和非政府组织必须探索新的合作形式，以确保足够的法律援助，让我们能够更加接近让所有人都能得到正义平等眷顾的理想。

创造未来：引导法学院学生和青年律师参与公共服务、人权和减贫事务

Stephen Golub * 著

张万洪　梁雯雯** 译

【内容摘要】诊所式法律教育有助于吸引法学院学生和青年律师参与公共服务，推进法治、人权以及减贫等事务。本文在广泛搜集各国实践资料的基础上，介绍了不同的诊所式法律教育以及其他的模式，总结其方法和路径，反思其教训，并提出若干建议。

【关键词】诊所式法律教育　法律诊所　法律援助　公益法

引言

转型和发展中国家面临的一个重大挑战是，如何使律师参与对弱势群体的法律援助，加强弱势群体在利用法律维护权利方面的能力，或者通过其他途径保护、增进他们的利益。世界银行、亚洲发展银行、开放社会研究所、福特基金会、亚洲基金会、卡内基世界和平基金等机构所主持研究的最新成果表明，既促进个体公民获得司法救济，又超越个体需要促进公益法进步的法律援助，

---

* 作者在柏克利加州大学法学院教授国际发展与法律，曾为开放社会正义项目、英国国际发展署、福特基金会、世界银行、国际人权政策理事会等组织提供咨询。

** 张万洪，武汉大学法学院副教授，武汉大学公益与发展法律研究中心主任，法学博士；梁雯雯，武汉大学法学院、国际法研究所讲师、博士后研究人员，法学博士。

可以促进法治、良治、人权、为穷人赋能和减贫等事务。① 但是发展和人权组织忽略了一种全球性的、廉价的、可能影响法律制度未来的法律援助供给模式，即诊所式法律教育，以及其他吸收法学院学生和青年律师参与公共服务的活动。②

本文旨在梳理诊所及其他类似模式的信息，使之不再被忽视，从而得到充分利用。文章将涵盖教育、资助、发展和民间组织等各个方面。除了介绍各组织雄心勃勃的计划，文章将着重介绍索罗斯基金会近年来在这方面卓越的努力。这些努力是该基金会法律项目的一部分，也是其建设开放社会整体使命的组成部分。其项目主要在前苏东国家，由该基金会旗下宪政和法律政策研究所负责协调。近年来，由于该基金会将法律项目扩展到其他地区，随之由宪政和法律政策研究所的继任机构——开放社会正义项目（以下简称正义项目）负责协调。

本文更具体的目标是介绍各国法学院学生和青年律师参与社会工作的不同方式，以向司法、人权和发展界的人士提供有效的借鉴，而不是在操作层面详细介绍“如何运作”一个诊所。我们切实地希望本文能为想在该领域有所作为的组织提供多种选择。

在展开讨论之前，有必要先指出在法律教育上，这些方法和早期发展组织的路径颇为迥异。20 世纪 60 年代和 70 年代初期，一些资助组织推行“法律与发展运动”，冀望通过改革发展中国家的法律教育来实现其法律体制的“现

---

① 参见 Stephen Golub, Beyond Rule of Law Orthodoxy: *The Legal Empowerment Alternative* (the research for which was largely supported by an Open Society Institute fellowship), Carnegie Endowment Working Paper No. 41, Rule of Law Series, Democracy and Rule of Law Project (Washington: Carnegie Endowment for International Peace, 2003, 10); Daniel Manning, The Role of Legal Services Organizations in Attacking Poverty (Washington: World Bank, 1999, 9); Asian Development Bank, *Legal Empowerment: Advancing Good Governance and Poverty Reduction* (a report prepared by the Asia Foundation), in Law and Policy Reform at the Asian Development Bank, 2001 Edition (Manila: Asian Development Bank, 2001); World Bank, Impact of Legal Aid: Ecuador (Washington: World Bank, 2003, 2); and Mary McClymont and Stephen Golub, eds., Many Roads to Justice: *The Law-Related Work of Ford Foundation Grantees Around the World* (New York: Ford Foundation, 2000).

② 这里的诊所包括课堂教学和实践培训，法学院通过让学生提供建议、咨询，甚至代理弱势群体，培养学生的知识和能力。类似的还有法学院、民间组织和其他机构组织法学院学生或年轻律师参与的活动，但不一定是课堂教学。

代化”。在对运动跟踪记录最为完备的拉美，结果表明其在很大程度上是失败的。①

与法律与发展运动相反，本文介绍的诊所及相关活动在策略上更加多元化，在目标上更为保守。它们不奢望改变法律教育或整个法律体制。它们立足于促进正义、人权和发展所赖以实现的两大群体：法学院学生和青年律师，使他们可以在短期内参加诊所，毕业后可能继续致力于此，从而发挥更大的长期影响。诊所及其相关工作可以塑造法律援助甚至整个法律制度，特别是涉及弱势群体的法律制度，但是只能以渐进的方式实现。诊所模式可以发挥重大作用，但不是全局性的作用。

作者为写作本文，多方搜集信息。有些调查是专为本文写作而做，有些则是为以往咨询和研究所做。具体而言，包括：

- 作者本人在宪政和法律政策研究所、正义项目、哥伦比亚大学公益法中心、福特基金会、亚洲基金会、美国国际发展部（USAID）和其他机构承担的诊所的资助和评估工作。
- 作者与上述机构和其他机构代表的访谈和通信，包括难民法律援助诊所、联合国难民署（UNHCR）、美国律师协会中东欧法项目（ABA-CEELI），国际人权实习项目、街角法组织等。
- 对匈牙利、波兰、拉脱维亚、南非、阿根廷、智利、印度、孟加拉、菲律宾和其他国家项目的参访。
- 对亚洲、非洲、欧洲、拉美、中东和美国项目的研究。
- 出席拉脱维亚、黑山、波兰和日本等地关于诊所模式的区域性会议。
- 对民间组织成员、执业律师、法学院学生和法学教授的访谈，包括美国和其他国家参与诊所和人权项目的教授。
- 研读相关报告、评估、项目综述、法学论文、会议记录和其他文献。

本文主体部分旨在勾勒出不同机构吸收青年律师和法学院学生参加社会工作的不同方式。作为结论，作者将从上述实践中提取经验教训，并提出相关建议。

① 对这一运动的前提和活动最著名的批评包括：James Gardner，Legal Imperialism：*American Lawyers and Foreign Aid in Latin America*（Madison：University of Wisconsin Press，1980）；David M. Trubek and Marc Galanter，*Scholars in Self-Estrangement*：*Some Reflections on the Crisis in Law and Development*，Wisconsin Law Review No. 4，1974：1062-1101.

一、概述

越来越多的研究表明，以弱势群体为对象的法律服务有助于推进法治、良治、人权、为穷人赋能和减贫等事务。但是发展和人权组织忽略了一种在全球范围内廉价有效的法律服务模式，即诊所式法律教育和其他吸引法学院学生和青年律师参与公共服务的活动。本文旨在介绍诊所式法律教育（以下简称诊所）及其他与其有关的模式，使其得到人们的重视并充分利用。

本文探讨了在上述领域开展活动的各种方式。包括：

- 区域性策略。比如，开放社会正义项目（Justice Initiative）与一个名为"公益法中心"(Public Interest Law Initiative)① 的民间组织合作，在前苏联加盟国家、中东欧、蒙古等国（以下简称"前苏东国家"）70 多所法学院实施的项目。
- 建立一个可以影响一国法律服务供给的全国性诊所网络。在福特基金会和政府的支持下，南非大学法律援助机构联合会就建立了这样一个网络。
- 以具体法律部门为焦点的活动。联合国难民署在其民间组织合作伙伴——"难民法律援助诊所网"(Legal Assistance through Refugee Clinics）的协助下，建立了多个依托法学院的诊所，关注若干前苏东国家的政治避难问题。
- 与法律服务和人权领域的民间组织合作。比如，菲律宾的青年律师由于其在法学院期间的经历，毕业后组建非传统法律同盟（Alternative Law Groups)② 旗下的民间组织；这些组织反过头来又雇佣法学院毕业生，影响他们的职业规划。
- 国际性民间组织的促进作用。比如，国际环境法中心与全球各地的人权和环境领域的民间组织、青年律师及法学院学生之间的合作。

使法学院学生和青年律师参与社会工作的诊所模式当然可以从公益法、人权和正义的角度来看，但是在很多情况下，也可以从减贫、良治和其他的发展

① 该组织原依附于哥伦比亚大学法学院，现已独立，并更名为 Public Interest Law Network——译者注

② 对非律宾非传统法律同盟的介绍，详见张万洪．菲律宾公益诉讼考察报告．林莉红．亚洲六国公益诉讼考察报告．北京：中国社会科学出版社，2010：29-30. ——译者注

目标来审视诊所的活动。因此，诊所模式值得发展和人权组织给予财政和技术援助。联合国难民署已经协助多个法学院建立起难民法诊所，其他专门机构也应考虑援建相关的诊所和机构，具体关注性别、儿童权利和环境等问题。

资助方和受助方都应考虑如何最有效地利用资源，以维持诊所的运行。开放社会正义项目正在积极探索通过律师的公益服务，补充和拓展诊所项目有限的资源。福特基金会已在南非设立诊所教育基金，波兰法律诊所基金会也正在尝试建立诊所基金，这表明为诊所建立基金是一种维持其运行的可行方式。另外，资助方还可以帮助法学院和民间组织加强筹资和外联的能力，以使项目在资助方停止资助后仍能长期运行。

二、多元的方法

1. 区域性策略

支持法律诊所教育最全面的方式是在同一地区多个国家同时促进诊所的发展。正义项目在非洲推广实施的诊所项目，就是通过对多个法学院的援助、促进非洲国家之间的交流和能力建设来实现的。与此呼应的是，近年来，福特基金会在四个南部非洲国家资助建立了公益法诊所的联系网络。正义项目和福特基金会的区域性工作的一大成果是加强了受助方之间的经验和知识共享，逐渐减少受助方对西方法律诊所人士的依赖，加强了受助方探索本土诊所模式的能力。

在此方面影响最为深远的是在索罗斯基金资助下，在前苏东国家开展的针对具体地区、具体国家和具体大学的活动。作为项目启动的标志，在 1998 年，宪政和法律政策研究所组织了一次关键性会议，向与会的法学院院长介绍法律诊所。由正义项目、公益法中心与索罗斯基金旗下的各国基金会合作，组织了许多活动，包括：举办了多次国际国内会议、研讨会以及旨在扩大学术视野和加强能力建设的交流活动；美国诊所教授来项目实施国开展咨询活动，而且随着地方性经验的积累，本土诊所教授之间的交流也与日俱增；与活跃在诊所领域的其他国际民间组织进行合作、相互支持；资助各个法学院项目进行能力建设。在该项目下，来自 50 多所法学院的代表参加了至少一次国际会议，有大约 70 所学校获得资助。

正义项目和索罗斯基金在前苏东国家及其他地区资助这一项目有三个中心目的：第一，扩大对个体公民的司法救济；第二，推进公益法，即以法律途径解决社会重大问题，超越服务个体公民的服务模式；第三，培养前苏东国家法律职业群体的公益意识。但是，诊所还有重要的教学意义：诊所可以激发学生的学习兴趣，提供运用法律技能和知识的实践机会。诊所采用在成人教育中最为有效的体验式学习，引入互动式教学法，即使非诊所的法学教授也可以采用，作为他们讲授的补充。在帮助前苏东国家法学院设立诊所的过程中，宪政和法律政策研究所与公益法中心十分重视教学法，这一方面保证教学和法律服务的质量，另一方面也提升了法学院在制度和财务上对诊所的支持。

索罗斯基金资助的诊所在运行和组织形式上因地制宜。多数诊所涉及多个法律部门，如民事、刑事、难民和民间组织法。有些国家允许法学院学生在律师指导下代理当事人出庭。即使在禁止学生出庭的国家，学生也可以在职业律师和/或教授的指导下从事一些工作，如会见当事人、给当事人提供法律咨询、进行法律研究、草拟法律意见、准备动议书等。有些诊所指派律师出庭代理当事人，而有些诊所的援助仅限于准备文书、提供咨询和其他非出庭的事务。

除了正义项目、索罗斯基金和公益法中心外，福特基金会、美国国际开发署和美国律师协会等机构也在前苏东地区资助诊所。在多数情况下，这些机构仅起辅助性作用。特别是在俄罗斯，这些机构与当地组织间尚未建立紧密的合作关系。另外，下文将提到，近年来，联合国难民署和难民法律援助诊所网分别资助或支持一些国家的法学院建立起大量难民法诊所。正义项目和公益法中心在其中亦有贡献。

上述机构工作中可圈可点的，他们在建立机构时避免了简单照搬西方经验的误区。宪政和法律政策研究所和其继任机构——正义项目汲取的是南非的经验，他们支持公益法中心组织前苏东地区法律诊所负责人到南非参访。他们还与索罗斯基金驻各国机构一起，组织地区内的经验交流和能力建设。福特基金会也选派菲律宾和孟加拉的专家到俄罗斯，指导受其资助的诊所的工作。

现在判断诊所是否能够促进索罗斯基金法律项目的三大目标还为时太早。因为前苏东地区的法律诊所成立时间较短，许多诊所刚成立两三年。另外，许多资金不可避免地投在诊所的创立和教学设施的建设上。

但是初步评估的结果预示了诊所光明的前途。举例说，波兰就有重要的体制性突破。该国监察专员与三个法学院的法律诊所建立了联系。诊所为监察专员撰写报告，报告涉及当事人所面临的政府法律和政策的缺陷，如社会保障、未成年父母的权利、政治避难和信息权等。如果监察专员认为有必要介入，则会与相关政府部门协调，帮助解决当事人的具体问题，或者在制度层面采取补救措施。另外，诊所编写了若干针对具体问题的公众教育读本，由监察专员负责印行。上述成绩得益于一个便利，即在监察专员与诊所的联络员中，有两个是前诊所项目的学生。作为联络员，他们现在已是监察专员办公室的正式雇员。

另一个做法不那么正式，但也很特别。在雅盖隆大学（Jagiellonian University）法律和公共行政系有一个波兰-德国银行法中心。该中心并不限于经济改革事务。在该中心就读的20名博士生在指导法律诊所和其他的法学院项目中，发挥了关键作用。通过资助带头的青年律师攻读高级学位，发表学位论文，中心支持他们在波兰法律界取得显赫地位，支持他们参加公益事业，建立一支有影响力的进步律师队伍。

华沙国立大学的诊所项目也放手学生处理涉及妇女、难民、劳工、囚犯、精神病人权益的案件，协助民间组织成立、登记和其他法律事务，成果显著。比亚韦斯托克大学（University of Bialystok）诊所是作者在波兰发现的第三个成功的例子。除了就具体案件向当事人提供服务，这个新成立不久的诊所已经开始协助当地政府在相关领域开展工作了，为政府法律援助机构——公民咨询中心培训人员。

索罗斯基金不只在波兰初步实现了目标。在匈牙利罗兰大学（Eötvös Loránd University）法学院的诊所在就审前羁押制度提起诉讼、聚焦媒体的过程中，发挥了关键作用。由于缺乏律师的有效帮助，一个有可能被判轻罪的犯罪嫌疑人在匈牙利的审前羁押程序中也常常会被关押数年。由诊所学员出庭代理案件，使数百名少年犯的羁押期从一年的变成了几个月。阿塞拜疆大学法律诊所的学生在第一年学习期间，就成功代理了一起有23名当事人的妇女权益受侵害的民事案件。据报道，他们为女性当事人取得了法官的有利判决，而在这类案件中，法官通常会做出有利于男方的判决。①

马其顿西里尔大学（Kiril and Metodij University）法律诊所中心是前南地区诊所教育和法学院教育的重心，也是吸收学生参加公益法和推进正义项目的主力。他们参加民间组织发起的选举法和当地政府法的改革讨论，为致力于性别问题和其他问题的民间组织从事公益工作。② 摩尔多瓦也有类似的诊

① Marcia Levy, *Evaluation of Huquq Klinikasi, a Legal Clinic of the Law Faculty of the Baku State University*(prepared for PILI and COLPI), 2001, 8: 9.

② Philip M. Genty, *Evaluation of the Kiril and Metodij University, Faculty of Law, Center for Legal Clinics*(prepared for PILI and COLPI), 2002, 3: 7-8.

所与公民社会组织的合作。摩尔多瓦国立大学法律诊所与政府及民间组织合作，制作每周一次的法律广播节目。诊所与民间组织的这种合作方式，使得未来的律师有可能在毕业后继续参与法律援助，不管是公益性质还是收取费用。

前苏东地区的法律诊所项目使学生有机会在毕业前后与政府部门、民间组织，甚至国际组织合作。长期合作的形式有多种。亚美尼亚埃里温国立大学（Yerevan State University）法律诊所的两名校友参与编写了全国律师职业伦理守则，并将参与公益作为义务列入其中。在捷克，参加过民间组织建立的诊所的学生后来加入难民、公民和妇女儿童权益组织。有一个参加过诊所的学生，叫薇拉·红努斯科娃（Vera Honuskova），现在是布拉格难民援助组织的成员。她自称与民间组织的联系是从“诊所开始的……此前我们根本没有听说过民间组织”。①

我们不能忽视诊所教育赋予学生的另一个机会，即不管是在诊所内部，还是其他场合，学生们获得了与各个法律部门的权威专家共同工作、学习的机会。在前苏东地区，各法学院诊所的负责人都是该领域的专家，如宪法、行政法、性别法和人权法等。不管诊所是否有硬性规定，他们在不同程度上让学生参与他们的工作。这会对一代代学生产生持续的影响。雅盖隆大学毕业生菲利普·魏玛（Filip Wejman）强调与专家的接触对他职业规划的影响。“如果没有参加诊所，那么我会做一个商业律师……但是参加诊所后，人们受到了促进社会正义的教育，学会了要免费助人。”②

最后一点是索罗斯基金会资助的法律诊所教育项目在前苏东地区法学院制度化（在资金来源、人员地位、课程学分、学生需求等方面）上的影响。初步证据表明诊所在一些国家和多所学校逐渐扎根。

比如，一些项目承认学生上诊所课程有学分，教师教授诊所课程有工作量。摩尔多瓦、马其顿、亚美尼亚这些国情不同的国家，都有教师日益接受诊所式法律教育的报道。在经济来源上，拉脱维亚大学和比亚韦斯托克大学的项目基本上能自给自足，其他项目也在逐步接近这一状况。对于多数项目而言，申请参加诊所的学生都是招收人数的两倍，吸引学生的是服务当事人、学习新知识和获得实践经验的机会。有些项目在其他方面也引人注目。比如，阿尔巴尼亚地拉那法学院（Tirana Law School）诊所出版了全国法学院中唯一的法律

① 作者在拉脱维亚里加的访谈，2001-10-27.

② 作者在波兰克拉科夫的访谈，2002-05-05.

评论。

但是，鲜有项目完全实现了制度化。对于刚启动不久、与当地传统的教学方式、制度背景、和法律文化有较大差异的项目，这是可以预见的。如果认为索罗斯基金资助前苏东地区的所有诊所项目都会长期存在，则是过于乐观了。但是有了学生的热情、教授的支持、诊所制度的日益完善，随着与政府和公民社会更多的合作以及对各类社会问题的影响与日俱增，多数诊所都会长期存在。在前苏东地区成功经验的基础上，正义项目和索罗斯基金已开始与其他地区的诊所项目合作，如在一些非洲国家以及柬埔寨、墨西哥和土耳其等国。

2. 建设全国性的诊所网络

在上述地区性策略实施的同时，一些捐资机构也开始与越来越多国家的法学院合作推广诊所。美国国际开发署在俄罗斯十分活跃；索罗斯基金会也活跃在全球多个国家；福特基金会也发挥着重要的作用，尤其在中国、俄罗斯，以及南美和中东欧的部分地区。

福特基金会创造了全球诊所运动最醒目的事件，即推进了南非诊所的发展。准确地说，南非的诊所在福特基金会资助前就已存在，可以追溯到30多年前。但是，从20世纪80年代后期至90年代后期福特基金会开始大量资助，并投向在过去种族隔离制度下几乎没有政府补贴的黑人学校，大大推进了这些学校诊所的发展。福特基金会还建立了一个全国诊所交流的网络——大学法援机构联合会。福特基金会在停止对单个法学院资助后，将其最后一个资助项目给了这个涵盖20多所法学院诊所的联合会。来自福特基金会的资助不足以完全支付诊所的花费，但福特基金会的做法却值得其他资助方学习。不能只是口头敦促受资助方学习自我筹资、自我造血，而是要将敦促落到实处，以保证项目的可持续性。

诊所项目能否持续开展，以及受助方能否取得成功、能否长期维持项目，取决于项目本身。南非诊所项目的经验中，值得一提的是大学法援机构联合会在三个方面的作用。这三个方面互有联系：首先，联合会进行了一个调查，“绘出”了南非各地人口在获得法律援助方面的地域差异。其次，联合会与一个法律工作者的民间网络联合起来，增进其在南非政府法律援助部门的影响力，影响其拨款决策，纠正官方拨款的不当分配。作为前两个方面努力的结果，全国各地的法律诊所和法律工作者都能获得政府资助，在各地的“正义中心”向公民提供法律援助。

南非一些法学院的法律诊所也在某种程度上涉足公益法，培养学生在此方面的技能，引导学生向公益法领域发展。在这方面处于领先地位的是纳塔尔-德班大学（University of Natal-Durban）的校园法律诊所（Campus Law Clinic）。他们受理土地改革、采矿权、针对 HIV/AIDS 病人的保险歧视、习惯法对两性的不平等适用等问题。该诊所也积极争取政府补贴，在征地补偿问题上提供法律服务。其他的法学院诊所也在近年来也有涉及土地案件。这些案件均产生了超越当事人个人福祉之外的影响。

一些南非学生在法学院读书时立志公益事业，毕业后取得律师资格，即投身公益法。比如，纳塔尔-德班大学诊所的三名校友结束了在诊所的律师实习后，旋即参与公益事业。一个加入了该国最主要的法律援助民间组织——法律资源中心（下文将介绍它的工作），成为部门领导；另一个去了联合国难民署；第三个加入了土地事务部，成为地区领导。尽管在政府工作本身不是公益法领域，但是对公益法的实践非常关键：进步律师要想有所建树，必须找政府中有志同道合者。

当然，在很多国家的政治经济背景下，诊所不可能像南非的诊所那样影响并得到政府法律援助的拨款。在某些情况下，依赖政府拨款反而可能束缚诊所，使之行动受限，处于尴尬地位。但是，南非调查绘制法律援助需求图、与法律工作者结盟以及对每一步都进行政治策划等做法，值得其他国家的法律诊所（及其资助方）学习借鉴。近年来，正义项目、公益法中心与波兰法律诊所基金会合作研究南非经验，在波兰建立法律诊所，并筹集资金支持诊所运转。更具影响的是，2003 年正义项目、南非大学法援机构联合会和纳塔尔-德班大学召集了首届全非洲法律诊所教育研讨会。

3. 以部门法为焦点

致力于服务特定群体、解决他们面对的特殊问题（妇女、儿童、消费者、人权、环境等）的诊所项目和活动并不鲜见——索罗斯基金和其他资助方在多个国家都资助了这类项目。正义项目和公益法中心还组织过妇女儿童权益地区研讨会。

但是，最近联合国难民署在一些前苏东国家法学院发起建立的难民诊所，是一种独特的跨机构的方法，通过培养一批通晓难民法律需求及相关知识、同情难民的律师，构成前苏东地区的核心力量，来服务难民。对于致力于推进弱势群体权益的组织，这是一种极其富有远见的策略。

联合国难民署的一个重要举措是建立了一个区域性民间组织，难民法律援助诊所网（以下简称“难民法网”）。难民法网设在匈牙利的一个人权民间组织——赫尔辛基委员会之下。难民法网主要在前苏东一些国家活动，它除了接受难民署的援助，还接受索罗斯基金和其他资助方的资助。难民法网在多个方面与正义项目和公益法中心展开合作，并召集过一次难民权利区域研讨会。它的主要任务之一是培养律师、法学教授和学生代理难民案件和提供咨询所需的技能。难民法网资助的一些诊所还安排学生到有关机构实习，进一步培养他们的能力，扩大他们的交往。这些活动可能影响他们的职业安排。举例说，比亚韦斯托克大学诊所难民部的学生轮流在波兰赫尔辛基委员会、政府监察专员办公室和联合国难民署驻华沙代表处实习。

有初步迹象表明学生在完成诊所学习后很有可能继续从事公共服务。难民法网收集的数据表明前苏东地区参加联合国难民署资助的政治避难诊所的100名学生，在完成诊所学习后，继续在该领域工作。① 在项目刚刚起步时期，这些数据只能认为学生继续处理政治避难申请和/或在校期间继续参加诊所。但是也有少数学生已经到民间组织、联合国难民署，或在波兰的索罗斯基金网络成员——Batory 基金会工作。

难民法网涉足的领域在不断扩大，包括培养诊所律师敏锐的性别意识，出版关于难民法网活动和该领域动态的时事通信，编辑可以作为国际难民法教程的材料，向合作伙伴法律诊所就筹资提供咨询，支持诊所建立难民法图书馆，等等。

4. 法律服务和人权组织的意义

文章至此一直在讨论诊所法律教育，但是还有其他吸收法学院学生和青年律师参与公共服务的重要途径。其中的主力是在全球多个国家维护弱势群体的法律服务和人权民间组织，尤其是向弱势群体提供法律服务的组织。

菲律宾在这方面有着广泛的经验，始自20世纪80年代。马尼拉安塔尼奥法学院（Ateneo de Manila College of Law）人权中心既是公益法民间组织，又是涉及多个领域的诊所。不仅是“一般的”诊所，而且他们还派学生在暑假到弱势群体聚集地区居住，深入了解当地居民的处境和对法律服务的需求。作为民间组织，中心让学生参与其国内国际关于社会经济权利的研究和援助项目。

菲律宾大学（University of the Philippines）法学院也是菲律宾顶尖的法学院，有著名的法律援助中心以及向学生提供公共服务机会的其他一些院内机构。该院的法律与社会项目由民间法律服务机构资助，这些机构的领导人也在法学院兼职授课；学生学习一学期发展、女权主义和公益法的课程后，安排暑

① LARC, *Refugee Law Clinic Graduates Working in the Asylum Field*, 2002, 8.

假实习。此外，该院有一个独立的学生社团——菲律宾大学法律工作者志愿组织（Paralegal Volunteer Organization），其成员对弱势群体进行法律培训，使他们认识自己面临的法律问题和整体处境。这些项目的资金部分来源于法学院的投入，不过法律工作者志愿组织是完全自筹自支的。

上述两所法学院还援助其他菲律宾大学设立类似的项目，同时，在该国公益律师队伍的建设中发挥着关键作用。他们将学生领进公共服务之门，学生后来即成为民间组织的领导或成员。这些民间组织很多是非传统法律同盟(ALGs)网络的成员。该同盟经常与其他民间组织和由服务对象组成的“人民团体”① 合作，通过对弱势群体的援助（一般是针对集体而非个人），加强弱势群体的法律能力和制度性建设，帮助他们政策目标的实现，实施“发展性律师行动”(Development Lawyering)。过去十年间，非传统法律同盟促成了菲律宾许多关于妇女、土地改革、城镇居民、摆地摊者、原住民和其他弱势群体的法律法规的改革。

一些非传统法律同盟机构吸收法学院学生兼职或实习。这些活动不仅能扩大学生视野，满足组织需要，也使学生和组织双方都可以考虑学生在毕业后到这些民间组织就职的可能性。

孟加拉一流大学的诊所项目也使学生有机会到民间组织实习或从事其他活动。跟在菲律宾一样，学生可能在毕业后到这些民间组织工作。达卡一所大学的项目安排来自全国法学院的优秀学生了解穷人生活、发展问题和民间组织的工作，出版学生实地考察研究的成果。阿根廷至少有一个项目采取了类似的策略。巴勒莫大学（University of Palermo）法学院院长马丁·博莫（Martin Bohmer）指出：“阿根廷经济危机使得我们法学院诊所项目不能只做公益诉讼，因为我们不能指望财政短缺的政府会履行法院判决……所以我们要寻求与基层组织、减贫组织的法律工作者合作，让律师扎根贫困地区。”②

有些民间组织的实习项目给申请者提供公共服务的实践机会。法律援助基金会（Lembaga Bantuan Hukum，LBH））是印尼一个全国性的民间法律服务组织。它下属的某些部招募并培训对法学院学生和青年律师。有意加入该组织的人必须参加几个星期的初期项目。与菲律宾安塔尼奥人权中心的项目一样，该项目要求与弱势群体同吃同住，以了解他们的生存状况。参加初期项目后仍有

① 菲律宾所指的“群众组织”(People's Organizations)，在其他许多国家往往被称做“社区组织”(Community-based Organizations)。

② 作者进行的电话访问，2003-07-15.

兴趣的实习人员必须在法律援助基金会从事6~12个月的志愿工作。只有经过这两个阶段，才有可能被雇用。

俄罗斯叶卡捷琳堡的人权民间组织苏塔尼克（Sutyajnik）也吸收大量法学院学生和实习生参与其诉讼和培训项目。学生和实习生成为其项目的重要支柱，他们学习人权事务，培养相关技能和意识，在离开苏塔尼克后也继续从事相关工作。

法律资源中心是南非排名第一的民间公益法组织。自其1980年成立以来，它的各个部门招收了三大类共500多名实习生。第一类是所谓“候选律师”，即为取得律师资格需要积累实践经验的法学院毕业生。法律资源中心这个项目主要招收法学院毕业生中的黑人和女性，使律师职业队伍更加多元化。第二类是为来自西方国家（主要是美国和加拿大）访问学生和青年律师提供临时实习机会。第三类是让来自撒哈拉以南非洲国家，特别是南部非洲国家的民间组织的律师和法律工作者参与其工作并学习。许多项目都在摸索中，在一国成功的经验在另一国可能并不理想。但是，法律资源中心这个国际性的项目仍提供了其他地区可以借鉴的经验，即一个富有经验的民间法律服务机构可以协助该地区类似组织的发展。

最后，学生组成的民间组织可以在吸收法学院学生从事公共服务方面发挥关键的积极的作用。菲律宾大学的法律工作者志愿组织即是一例。在捷克和孟加拉国，学生社团在诊所项目的设立上发挥了间接的作用。在肯尼亚内罗毕大学，学生组织的“法律援助与研究联合会”也建立了一个广受欢迎的诊所项目，不过该诊所课程现在还不算学分。

5. 国际民间组织的作用

在讨论正义计划、公益法中心和法律资源中心的经验时，许多国际民间组织——这里指在多个国家活动的民间组织——从事更加广泛的使法学院学生和青年律师参与公共服务的活动。比如，开放社会正义项目为前苏东地区的青年律师设立为期两年的奖学金，资助他们到美国大学华盛顿法学院和哥伦比亚大学法学院进行一学期的学习，接着到美国公益法组织实习一学期，然后回本国提名他们申请奖学金的公益法组织工作一年。正义项目在其他国家也有这样的奖学金和实习机会，比如，在布达佩斯的中欧大学设有面向世界各国律师的奖学金，在圣保罗大学设有奖学金，专门资助来自安哥拉和莫桑比克的申请者。

总部在华盛顿的国际环境法中心（Center for International Environmental Law）进一步拓宽了国际民间组织赖以壮大公益律师和法学院学生队伍的途径。该中心依靠福特基金会和其他捐助，在多个发展中国家资助法学院学生在本国实习，与公益民间组织共事，进行农村调查。该中心还对合作的民间组织进行技术援助，以使他们能参与起草或审议与自然资源管理有关的法律法规。国际环境法中心还依靠其在该领域的知识，指导、支持青年律师组建致力于环境保护和环境正义的民间组织，并推进已成立的组织的研究工作及其之间的南南合作。

上述项目只是全球活跃在培养进步法律职业群体的国际民间组织的一个管窥。整体而言，这个群体在推进人权和发展方面也还是困难重重。与诊所项目和法律服务民间组织的情况一样，国际民间组织克服障碍的能力在很大程度上取决于他们掌握的资源。

三、教训和建议

1. 对减贫和其他发展目标的影响

诊所模式促进公益法、人权和司法正义，同时，也不应忽视其将法律和发展结合的基础性作用。本文开始时引用的研究表明，在很多情况下，诊所模式有助于减贫、良好治理和其他发展目标。菲律宾法学院学生参与的项目培养了学生的能力，日后成为从事法律服务的民间组织的工作人员和领导者，促进了菲律宾民间法律团体的建设。非传统法律同盟既在基层活动，也进行政策游说，通过在性别、自然资源、土地改革和其他问题方面的努力对穷人的经济福利、参政议政、权力增长等方面产生了显著的积极影响。因此，非传统法律同盟及参与其活动的法科学生不仅对法律问题产生影响，而且也影响了减贫问题。

同样，阿塞拜疆的法科学生在帮助没有律师的妇女获得司法救济的同时，也帮助她们获得了资源和权利。南非的诊所项目在直接服务穷人、与法律工作者合作并影响国家法律援助政策改革的同时，也对土地、性别、就业等问题产生了影响。他们的活动在律师看来可能是法律问题，但在穷人眼中却大大改善了他们的生活。他们也为从事法律服务的民间组织如法律资源中心提供后备人员，这些组织的工作都与南非的正义和发展问题密切相关。正义项目、公益法中心和国际环境法中心在壮大全球从事人权和发展问题的青年律师队伍并提高他们能力的同时，也对减贫和其他发展目标产生了积极的影响。

资助方和其他发展机构应该重视诊所模式的现实和可能作用。诊所项目可以而且应该是法治项目中的重点，但其他发展机构和人权机构也应对诊所给予资助。在联合国难民署的帮助下，多所法学院建立了难民法诊所。其他专门机构也应该考虑在性别、儿童权利、环境等方面，支持建立以具体部门法为焦点的法律诊所和相关机构。通过吸收法学院学生和青年律师参与具体领域的工作，法学院和民间组织的项目将有助于促进法治以外的发展目标。

2. 能力建设和核心支持

本文讨论的许多项目和能力都面临与发展项目相同的挑战，包括规划、管理、执行效力和筹资等。根据正义项目、公益法中心和其他组织在诊所项目的经验，以及国际环境法中心在与民间组织的合作的经验，最好的解决方法是能力建设，如培训、咨询、项目间交流。这种能力建设在各地积累起自己经验后，可以逐步发展到全国范围和区域性范围。

同时，援助方不能将主要的项目资金和非政府资金投入在能力建设上。从短期和中期来看，许多受助方提出工资和办公费用等核心成本应由外部援助支付。尽管可能有例外，但对于多数附属在经费短缺的法学院的诊所，经济来源的制度化要经历一个缓慢的过程。

能力建设和资金筹集的一种普通但有效的方法是由法学院和民间组织跟踪报告他们提供的法律服务。华盛顿天主教大学的诊所专家莉亚·沃森（Leah Wortham）教授指出："人们乐于做他们必须报告的事情。"① 记录跟踪和分析应着重短期和长期的效果，不管在获得司法正义、提高法律职业群体的公益导向、减贫，还是其他目标的框架内。举例说，诊所报告的内容不仅是诊所项目直接从事的工作，还要有诊所学生毕业后从事的工作。正如沃森教授建议的那样，记录监测和报告的理由在于："报告能推动朝向目标的工作。同时，有助于资助方和受助方都能评价项目影响，积累经验。"

3. 长期和节约成本的投入

华盛顿法学院国际人权法诊所教授理查德·威尔逊（Richard Wilson）写道：诊所教育是"美国进展缓慢的法律教育改革中最近出现的新事物，产生于20世纪60年代社会运动的余波中"。② 这一论断对时间的界定非常精辟，这个"最近出现的新事物"已有30多年。即使在美国这样的富裕社会，慷慨的基金会对法律服务领域投入大量公共和私人资金，诊所在多年后才从制度上站住脚。诊所在美国，也尚处于初级阶段。

在这种背景下，在国际发展项目中采取长远的策略自不待言，资助方、法

---

① 作者在华盛顿的访谈，2002-04-23.

② Richard J. Wilson, *Three Law School Clinics in Chile*, 1970-2000: *Innovation, Resistance and Conformity in the Global South*, 8 Clinical Law Review, 2002: 515-516.

学院和民间组织对引导法学院学生和青年律师进入公益法、人权法和发展领域的项目要有足够的耐心。不是说我们非要等几十年，才会看到资金援助和努力的成果。但是让新思路生根发芽，让新项目破土而出，并在多个层面上持续努力并维持其运行，并非一朝一夕之功。

对于法学院来说，投资诊所将大有裨益。诊所可以帮助法学院吸引优秀的学生，提高法律教育的质量，为法律工作和公共服务培养训练有素的毕业生。对于资助方，他们对诊所的投入与其他项目的投入相比，性价比极高。支持法学院和民间组织的项目的资金，只占资助方整个司法改革和其他法制改革项目投入的一小部分。

最后，资助方和受助方都应考虑如何最有效地利用资源，维持诊所模式的运行。正义项目正在探索律师在私人执业过程中能否进行公益服务，为学生提供指导，以补充诊所项目的有限资源。福特基金会在南非建立的诊所基金和法律诊所基金会在波兰正在进行的尝试，或许可以为上述探索提供一些借鉴。资助方还可以通过培养法学院和民间组织的筹资能力和外联能力，使项目在资助停止后仍能长期运行。

公益法的传播：中国案例研究

Titi M. Liu* 著

田 勇** 译

【内容摘要】本文旨在探究中国公益法发展的独特路径，特别是在中国作为一党执政国家的背景下，这与其他很多国家都不同。虽然外国模式在中国公益法发展过程中起到一定作用，但在很大程度上公益法发展是内生性的。本文将从以下三个方面进行探讨：（1）中国各种形式的公益律师业的发展；（2）公益诉讼及其对国内障碍的应对；（3）诉讼作为社会动员的资源，即使是在司法受到极大约束的国家中。

【关键词】公益法　公益诉讼　社会动员

引言

中国对司法有着严苛的控制，这为公益法的发展带来很多障碍，如不那么独立的法律职业，限制集体诉讼的程序法，以及对结社自由的限制等（使得组织集体行动进行诉讼成为不可能）。即使这样，近年来公益法也已在中国生根发展。中国对公益法在制度和政治上的限制提出了这样一个问题，即一国的公益法是在回应外国援助创造的鼓励和机会而产生的移植品，还是对本土环境回应自发形成的。

本文论证了在中国，虽然公益法受到外国的理念、模式以及基金资助的影

---

* Mina Titi Liu 目前是亚洲法律联会执行总裁。亚洲法律联会是美国历史最悠久的公益法组织，旨在维护亚洲人和太平洋岛民的公民权利。本文是作者在作为华盛顿大学法学院亚洲法格威·舒伯特·拜尔（Garvey Schubert Barer）访问教授时研究并成文的，主要是基于作者在担任福特基金会北京办事处法律与权利项目专员期间（2000.7—2007.3）的经历。

** 田勇，上海市浦东新区人民法院法官，法学硕士。

响，但对其形成和发展起主导作用的却是本土参与者，正是他们摸索出了克服中国现行政治和法律体系中公益代表障碍的策略和技巧。本文由三个部分组成：第一部分描述了中国各种形式公益律师业的发展，并阐述了精英参与者们是如何筛选和吸纳外国理念以推进自身制度利益和思想状态的发展；第二部分探究了一种独特的被中国人称为公益诉讼的公益律师业，并论述了公益诉讼在很大程度上是对国内障碍的应对，只是间接地受到了国外理念和模式的影响；第三部分总结出了即使在一个司法受到限制的国家中，诉讼也可以作为一种社会动员的资源。

一、中国公益律师业的发展

中国法律改革的一个重要方面即是法律职业的私有化。私人律师正在成为一种职业，并在努力扩大自身的经济和社会问题，以及民事、刑事、行政法律程序的所有阶段的影响。与此相似的还有被较少提到的法律工作者。① 在法律体系下不断产生新的纠纷，更为重要的是律师以及法律工作者在交易谈判、解决纠纷过程中起到越来越重要的作用，尤其是律师的角色在既定法律程序中不断扩展。虽然这种角色扩展在很大程度上是利益驱动的，即为了拓展收费业务范围，但同时也有越来越多的法律职业者超越个人利益，接手一些存在制定规范潜质的案件，以寻求代表更为广泛的公共利益。

由于中国法律职业者以及非法律的活动者参与的非营利性法律服务、相关的提倡行为以及动员努力的形式多种多样，本文将中国公益法范围界定得较为广泛。本文追溯了中国法律援助和公益诉讼的发展历程。法律援助是一种个案服务模式，起初是政府着力强调的法律服务，但后来发展出一些更加独立的形式；而公益诉讼则是一种寻求代表更广泛公益以及具有规则制定效应的诉讼和活动。公益法的多样性既有国内践行者的推动，也有各种不同水平外国援助的推动。中国的法律援助接受了国外大量的资助，但公益诉讼的发展则没有，虽然对国外模式的参照对他们创造有利于进行公益诉讼的国内环境是很重要的资源。

（一）经济弱势群体的福利：中国的法律援助

要准确描述出中国法律援助的确切起始时间是困难的，但比较清楚的是直到20世纪90年代中期，中国的律师们才开始为经济弱势群体提供法律援助作

① 在中国，对于法律工作者有全国统一的准入许可。

出意义重大的制度性努力。在此期间，进行的法律改革使得专业法律知识与普通公民的生活日益相关，不断私营化的律师事务所使得法律服务收费大幅增长，同时经济发展也使得贫富差距增加。结果是，越来越多的中国人发现在他们越来越需要法律服务的同时，却越来越无法负担起法律服务的费用。正是在此大背景下才催生了法律援助的制度化。一些早期的著作，最著名的是 Benjamin Liebman 的著作，较为详细地阐述了在 2003 年中国通过国务院《法律援助条例》之前法律援助的发展过程。①

《法律援助条例》规定，在一些特定类型的案件中，为经济弱势群体提供法律援助是政府应尽的职责。② 无论是民事案件还是刑事案件，要获取法律援助必须是经济状况低于特定的最低收入门槛的人或者涉及某些特定类型的案件。③ 这些条件限制将很多潜在的申请援助的人排除在外。然而，官方提供法律援助的数量依然是每年最多的，既包括官方出资的司法部门主管的法律援助中心全职法律援助律师提供的援助，也包括法律援助中心指定的由律师事务所提供的援助。④

在《法律援助条例》颁行之前，全国法律援助中心，即隶属于制定法律援助政策的司法部的组织，曾接受过一些培训其他国家法律援助体系等知识的捐助活动。主要的资助者都是双边或多边的，包括联合国发展项目、加拿大国际发展机构以及皇家荷兰政府；合作的项目包括联合研究、交换以及学习访问。在每种合作中，中国一方的合作者都是司法部法律援助中心。活动包括去美国、加拿大、荷兰、英国、中国香港学习访问，还完成了对这些国家和地区法律援助规范的翻译工作。中国学习的国家或地区的法律援助体系在服务方式以及援助模式上各有不同，但在政府义务法律援助范围方面都涉及范围极其广泛的民事和刑事案件。在 Liebman 的文章中，其展现了中国司法部官员当时在讨论关于中国法律援助重要性时是如何参考国际标准的，很大程度上是为了说

① Benjamin Liebman, *Lawyers*, *Legal Aid and Legitimacy in China*, in Raising the Bar: The Emerging Legal Profession in East Asia 311 (William Alford ed., Harvard Univ. Press 2007); *Regulations on Legal Aid*, adopted July 16, 2003 by the executive committee of the State Council, effective as of Sept. 1, 2003, translation *available at* http: //www. cecc. gov/pages/selectLaws/ResidencySocWelfare/regsLegalAid. php [hereinafter Regulations].

② 《法律援助条例》第 3 条。

③ 《法律援助条例》第 11 条、第 12 条、第 13 条。

④ Jennifer Smith, *Realizing Justice*: *The Development of Fair Trial Rights in China*, 2 Chinese L. & Pol. Rev. 108, 118 (2007).

服国内民众接受他们的价值观。① 这就是国外模式感知性说服力量（perceived persuasive power）的第一个例证，我们将在整个中国公益法发展过程中看到这种力量。

《法律援助条例》的颁行让我们有可能从其中一些条款的规定中看出司法部法律援助中心所言的外国模式的影响有多大。虽然对《法律援助条例》的详细研究并非本文的探讨范围，但有必要指出《法律援助条例》的四个特点。首先，《法律援助条例》强调政府在提供法律援助中的角色。其规定向经济困难的公民提供法律援助是政府应尽的职责，尤其是在地方政府。② 虽然《法律援助条例》中提及政府支持并鼓励非政府组织向经济困难公民提供法律援助③，但是其余部分确立了判断是否符合法律援助标准的制度，并且将依据标准进行判断、指派律师或律师事务所处理案件的权利和义务赋予了地方司法部门。④ 其次，法律援助的范围，无论确定应受救助的人的范围还是应受救助的案件范围，与中国学习的其他国家相比都是非常狭窄的。在刑事案件中，法律援助机构应当提供的情形仅限于被告已经被起诉且案卷已经被移送至法院的死刑案件，或者被告是未成年人或残疾人，前提是被告自己未委托律师。⑤ 在其他刑事案件中，如果被告或者受害人有经济困难，则其可以申请法律援助，但是否提供法律援助由法律援助机构进行自由裁量。⑥ 在民事案件中，有经济困难的人申请法律援助的情形仅限于以下情形，包括依法请求国家赔偿的，请求给予社会保险待遇或者最低生活保障待遇的，请求发给抚恤金、救济金的，请求给付赡养费、抚养费、扶养费的，主张因见义勇为行为产生的民事权益的等。⑦ 其他民事案件中是否提供法律援助也是由法律援助机构进行自由裁量。⑧ 再次，《法律援助条例》对于那些被拒绝提供法律援助的人，除了设定

① Benjamin Liebman, *Lawyers, Legal Aid and Legitimacy in China*, in Raising the Bar: The Emerging Legal Profession in East Asia 311 (William Alford ed., Harvard Univ. Press 2007); *Regulations on Legal Aid*, adopted July 16, 2003 by the executive committee of the State Council, effective as of Sept. 1, 2003, translation *available at* http://www.cecc.gov/pages/selectLaws/ResidencySocWelfare/regsLegalAid.php [hereinafter Regulations].

② 《法律援助条例》第3条。

③ 《法律援助条例》第8条。

④ 《法律援助条例》第14-30条。

⑤ 《法律援助条例》第11条。

⑥ 《法律援助条例》第11条。

⑦ 《法律援助条例》第10条。

⑧ 《法律援助条例》第10条。

了向司法行政部门提出异议外，没有提供其他任何救济途径，而且司法行政部门对异议的处理如前所述一样，在很多情况下都有极大的自由裁量权。① 最后，《法律援助条例》虽然要求对私人律师提供的法律援助工作给予一些补偿，但并没有规定明确的标准，且事实情况是很多被要求去做法律援助工作的律师发现获得的补偿连他们最基本的花费都无法涵盖。②

因此，虽然《法律援助条例》的起草受到西方双边或多边捐助的外国帮助，但是《法律援助条例》最终界定的法律援助形式与借鉴学习的外国的形式并不十分相似。事实上，政府控制了法律援助的提供，包括有权以最低的补偿指派私人律师和律师事务所从事法律援助工作。符合法律援助条件的个人和案件范围都非常狭窄，而且对于政府拒绝提供法律援助没有提供有效的救济途径。《法律援助条例》使得政府可以在没有为潜在法律援助对象创造重要权利的前提下，声称其在加强完善法律体系，减少贫困，解决不平等问题，等等。政府法律援助的规范制定潜力是非常有限的。由于严重依赖于私人律师每人每年进行一次的法律援助，法律援助中心并没有建立起关于经济弱势群体面临问题的专业知识。而且，由于这些法律援助中心高度地依赖于政府机构，使得这些政府机构本身的问题也在法律援助中心凸显出来。

（二）为非政府法律援助创造空间

虽然制定《法律援助条例》的过程基本上是由政府主导的，且产生了在制度上隶属于司法部行政架构的法律援助中心，但是其他形式的法律援助服务也在不断发展着。为了概念上区分的方便，本文将这些《法律援助条例》中称为民间法律援助的服务分为三种类型：非政府法律援助中心、法律诊所教育以及半官方法律援助。在一些情形下，前两种形式在员工、人事关系，甚至是工作内容上都有重叠的地方，但总体的目标还是有所不同。③

自20世纪90年代早期开始，一些被认为是某一法律领域的思想领袖的人，大部分是有关弱势群体的领域，就已经开始建立一些非政府组织中心。这些中心一般是以大学或研究中心为基地，且非常依赖于具有高度专业化知识的兼职的志愿者员工。这些中心关注一些范围相对较小的问题，如性别平等问题、环境保护问题以及刑事法律援助问题等。除了直接代表处理这些问题外，

① 《法律援助条例》第19条。

② 《法律援助条例》第24条。

③ 《法律援助条例》第4~9条。

他们还忙于提倡和研究这些问题。

建立非政府法律援助中心的这些国内参与者大部分是自由主义改革者，主张追求模仿其他国家尤其是美国的公益律师制度。他们起初都是接受福特基金会的援助，然后继续以福特基金会的援助为核心，同时也接受其他国际援助，以实现资金来源渠道的多元化。他们通过各种访问学习、会议、交流与美国公益律师们接触，并发展出一种类似于美国"影响诉讼模式"(impact litigation model）的诉讼，即通过个案来强调系统性的问题。由于中国采用的是大陆法系的法律体系使得通过个案取得系统性的法律影响较为困难，这些中心主要选取个人起诉地方政府或国内外大型企业的违法行为的案例。中心的员工通过媒体、地方人大以及其他渠道进行宣传以强调个案起诉背后所蕴涵的社会正义问题并寻求改变。

中国留给民间社会组织代表不同群体利益的空间非常有限。对于非政府组织的设立设置了非常多的限制，因此大部分民间社会组织都是没有正式注册的，而是挂靠在大学或研究中心。尽管它们要受到国有主管机构的监管，但相对的财务和制度上的独立性使得它们得以进行诉讼或宣传，以强调现行法律体系中有关保护弱势群体权益方面的不足之处。与政府法律援助中心关注个案形成鲜明对比的是，这些准 NGO 倾向于推动关于某一特定问题政策的改变。

虽然 2003 年《法律援助条例》的制定过程以及最终结果都体现了政府的主导作用，但是 NGO 法律援助中心的员工还是利用由《法律援助条例》的发展和实施所创造出的机会，不断改善中心的生存环境。他们利用《法律援助条例》的颁行以及媒体相应的报道，来赢取公众对他们工作的关注。自此以后，他们一直不断地向司法部建议建立非政府法律援助中心。中心的员工们也在不断扩展自己工作的范围和影响，通过在界定问题和提起诉讼方面采取前瞻性的姿态，这与以往只是关注个体的需要不同。中心为自己开拓了不同于政府法律援助提供的发展空间。虽然非政府法律援助组织数量较少、依赖资助，但在通过直接代表诉讼以及影响某些特定问题的法律改革方面已经取得了一些成效。①

与这些独立的非政府组织相对应的是政府认可的代表不同群体利益的社会团体。这些社会团体在国际上以非政府组织的姿态出现，但实际上它们都隶属于党政部门，并接受党政部门的资金支持和人事任免。拥有最多政治资源以及最广泛的群体基础的社会团体包括妇女联合会、中华总工会以及中国残疾人联

① 这样的非政府法律援助组织在中国不到 12 个，它们均接受外国的捐助。

合会。《法律援助条例》明确允许所有这些组织提供法律援助，且它们已经有能力提供法律援助。虽然社会团体的法律援助活动关注特定的群体，但是它们法律援助的性质与政府提供的法律援助很相似。这些法律援助服务主要是解决一些个案法律问题，一般没有太大的规则设定功能。很多社会团体与地方政府法律援助中心合作，在社会团体内部建立政府法律援助工作站。虽然有一些社会团体获得外国资助进行直接的法律援助或培训法律服务提供者，但在它们的总资金来源中只占很小的一部分。

虽然社会团体提供的法律援助领域与政府法律援助有所重叠，但总体上两者的关系是相互合作的关系，社会团体提供的法律援助主要是弥补政府法律援助的空白地带。然而，这种合作关系限制了社会团体能够有效地开展代表它们群体利益的活动，它们在法律领域产生影响的程度取决于它们在党政结构内部的位置。①

最有意思的问题可能莫过于探究为何这些半官方法律援助机构，在与政府存在合作关系且有许多渠道施加影响的情况下，还需要采取诉讼的策略。本文并不打算对此问题进行深入研究，现在关于此问题的学术研究也很少。然而，陈峰对于工会法律动员的研究已经开始试图阐释这个问题。② 问题的部分答案看起来在于工会希望增加自身的自治性，并将自己的角色定位于工人利益的捍卫者。③ 采用诉讼策略反映了工会在工人关系中的限制和机会。④ 陈峰总结认为将劳资纠纷纳入法律程序处理是工会尝试控制管理权力最为现实的机制。⑤ 他在论及工会为何采用诉讼途径时并没有提到外国概念、模式以及资源所起到的作用。⑥ 工会的法律动员不再局限于在个案中代表工人主张劳动权利，而是

---

① Feng Chen, *Legal Mobilization by Trade Unions*: *The Case of Shanghai*, 52 The CHINA J., 2004: 27-45.

② Feng Chen, *Legal Mobilization by Trade Unions*: *The Case of Shanghai*, 52 The CHINA J., 2004: 27-45.

③ Feng Chen, *Legal Mobilization by Trade Unions*: *The Case of Shanghai*, 52 The CHINA J., 2004: 30-32.

④ Feng Chen, *Legal Mobilization by Trade Unions*: *The Case of Shanghai*, 52 The CHINA J., 2004: 30-32.

⑤ Feng Chen, *Legal Mobilization by Trade Unions*: *The Case of Shanghai*, 52 The CHINA J., 2004: 29.

⑥ Feng Chen, *Legal Mobilization by Trade Unions*: *The Case of Shanghai*, 52 The CHINA J., 2004: 29.

呼吁法律得到更为有效的贯彻实施。① 这种动力是否也存在于其他诸如妇联、残疾人联合会等社会团体中还有待更多的研究，但陈峰的个人观察显示在这些社会团体中也有类似的情况发生。然而，这些半官方组织所做的法律援助并未被中国的专家表述为公益诉讼，因为他们被认为仅代表狭窄的、边缘化的利益。

（三）法律教育与社会正义的平衡：法律诊所教育

虽然中国的法律诊所教育项目为弱势群体提供了一些法律援助，但诊所项目的关注点主要是教育性和教学式的。中国的法律诊所教育要追溯至2000年9月。② 最早的诊所项目是由福特基金会资助的，主要是满足个别法学院校和法学教授实验新的教学方法的需要，这种教学方式被认为能够培育出更好适应当前中国正在转型成为市场经济国家以及更自由、更开放社会的国情的法律人才。③ 在对法律诊所教育的态度上，法学教授以及法学院校的领导有两种不同的在某种程度上相互冲突的观点。一种观点认为，法律诊所教育能够提供互动的、方法上更为成熟的培训，以让学法律的学生更好地提高公司或个人代表私人经济利益需求的各种技能。我将这种模式称为“职业教育”模式。另一种观点认为，市场转型以及市场迫使律师必须在“职业教育”模式下提供服务，正在推动形成一个不公正的社会，而法律诊所教育可以鼓励学生反思这些社会不公正问题，并且可以在利用法律解决一些不公正问题方面起到相应的作用。我将这种对法律诊所教育的观点称为“社会正义教育”模式。虽然在这两者之间存在一定的个人和制度的重叠，但在法律诊所教育运动内部时常会出现关于中国兴起的这种新形式的法律教育如何进行描述的冲突。对于大部分人来说，外国捐助法律诊所教育的目的追求改善社会正义的方面，多过职业教育。中国的诊所教育项目最初是由福特基金会资助，先是通过授权个别法学院校，然后通过中国法律诊所教育委员会的支持。福特基金会鼓励中国的法律院校在

① Feng Chen, *Legal Mobilization by Trade Unions: The Case of Shanghai*, 52 The CHINA J., 2004: 29.

② Zhen Zhen, *The Present Situation and Prosperous Future of China Clinical Legal Education*, http://www.law.ucla.edu/docs/zhen_zhen-prosporous-future of chineseclinical educatio.pdf (last visited Feb. 28, 2009) (presented at the Sixth Annual Clinical Conference, UCLA Law, Oct. 7, 2005).

③ *generally id.*; Ford Foundation, International Fellowship Program, http://www.fordifp.net/ (last visited Feb. 28, 2009).

开展诊所教育时要保持职业教育和社会正义两种元素的平衡。随着诊所教育的教授们开始接受其他更多捐助者的捐助，他们发现捐助者主要是对诊所教育的追求社会正义方面感兴趣，名义上主要是为社会弱势群体提供法律援助，以及从事一些具有规则设定效应的诊所诉讼和宣传。而在教学和法学教育方面的兴趣很小。另外，中国的法学教授们为了说服学校的领导以及管理法学教育的政府部门让其相信法律诊所教育的价值，他们不得不关注诊所教育在法学教育方面的独特贡献，尤其是在培训学生职业律师所必备的诸如谈判、事实调查、法律研究以及法庭应诉等技巧。中国的法学教育侧重于实践和职业教育，将法律诊所的价值理解为允许学生在学校期间就扮演起法律实践者的角色，很明显是对法律诊所教育相对肤浅的理解。法律诊所教育的社会正义元素更加微妙，并且很难贯彻。此外，一些法学院校领导和政府监管部门对法律诊所教育的社会正义元素并不感冒。因此，法律诊所教育的提倡者很谨慎地协调社会正义和职业教育两者之间的张力，他们在寻求国外资金捐助的同时，也要获得诸如院校领导及政府监管部门等国内决策者的认同和支持。

总体上，法律诊所教育的发展更侧重于职业教育，这使得它很难产生规则设定的潜力。中国的法律诊所都是在公共财政支撑的大学内发展，因此它们从事法律活动会面临政府的控制和压力等很多问题。大学之外的制度性支持还很微弱。中国的法律职业界只是刚开始了解法律诊所教育及其目的。很多人质疑让学生了解到中国现行法律体系在实际过程中所产生的问题是否具有建设性的教育意义。更进一步说，他们怀疑一次只关注一个当事人、一个案件的方法，尤其是当这种代表和提倡是由相对缺乏经验的学生提供时，能够带来多少系统性的改变。就目前中国法律诊所教育的发展来看，现在评论这些担心是否会发生还为时尚早，但是这些担心的存在确实削弱了法律诊所教育的影响，至少在这些担心能够被有效排除之前是这样。

尽管如此，法律诊所教育在提供法律援助以及法律教育方面还是有一定程度的贡献时。① Pamelaphan 认为法律诊所教育相比政府的法律援助，为弱势群体提供更多的希望。② 原因有两个：一是那些因强制无偿提供法律援助的律师

① Stephen Golub & Xie Gang, *Strategic Review of Ford Foundation Support for Clinical Legal Education and Public Interest Legal Aid Fellowships in China* (Jan. 2007) (unpublishedreport, on file with author).

② Pamala Chan, *Clinical Legal Aid in China*: *In Pursuit of a Culture of Law & a Mission of Social Justice*, 8 YALE HuM. RTS. & DEv. L. J. 2005: 46-145, 117.

有着更低落的斗志并缺乏努力的动力。① 相反，参与法律诊所的学生在大部分案件中会精力充沛，而且他们的理想主义、同龄人的竞争以及获得好成绩的追求使得他们会更加认真地对待代理的当事人。② 二是政府提供的法律援助范围很有限，但法律诊所则有权决定去援助那些政府法律援助范围之外的人或案件。③ 还有第三个原因，没有在 Pamelaphan 的文章中明确表述出来，应该是相比政府提供的法律援助会受到政府的干涉，法学院校的学生和教授的制度地位以及知识倾向使得他们更为独立一些。

二、公益诉讼

在中国，由个人作为原告提起的公益诉讼是一种非传统形式的诉讼，其更注重引起公众的关注和同情而非产生实际的影响。公益诉讼的原告借助于由检察院可提起公益诉讼而创设的合法性、法律援助的知识以及中国的影响诉讼发展出一种特殊的诉讼技巧。这种技巧可以帮助他们避开中国法律及政治系统中代表公众利益的障碍。

（一）第一起案件

中国的法律专家通常认为乔占祥起诉铁道部的案子是中国第一起由律师提起的公益诉讼案。④ 乔占祥这个名字在 2001 年为法律界人人熟知，因为他对铁道部提起诉讼，认为铁道部在春节——中国最大的节假日——提高火车票的

① Pamala Chan, *Clinical Legal Aid in China*: *In Pursuit of a Culture of Law & a Mission of Social Justice*, 8 YALE HuM. RTS. & DEv. L. J. 2005: 146.

② Pamala Chan, *Clinical Legal Aid in China*: *In Pursuit of a Culture of Law & a Mission of Social Justice*, 8 YALE HuM. RTS. & DEv. L. J. 2005: 146.

③ Pamala Chan, *Clinical Legal Aid in China*: *In Pursuit of a Culture of Law & a Mission of Social Justice*, 8 YALE HuM. RTS. & DEv. L. J. 2005: 146.

④ Qiao Zhanxiang v. China Ministry of Railways (1st Intermediate Ct. Beijing 2001) [hereinafter Qiao Zhanxiang v. China Ministry of Railways]; see also Xueguo Wen, *Market Dominance by China's Public Utility Enterprises*, 75 ANTITRUST L. J. 151, 157 n, 2008: 15. 这个案件引起了公众广泛的关注以及学术界深入的探讨，媒体也对该案进行了很广泛的报道。

价格违反了《价格法》。① 乔占祥是一个来自石家庄的私人律师，石家庄是中国北部一个贫困的省会城市，距离北京四个小时的车程。乔占祥在当地主持一个关于交通法规的电话问答节目，并因此形成了对交通法规问题的专业兴趣。② 在春运的火车上，他听到旅客抱怨车票价格突然上涨。经过一些法律研究，乔占祥认为这种价格上涨不符合《价格法》的规定。因为根据《价格法》的规定，公用设施在实施价格合理上涨前必须召开公众听证会征求公众意见。③ 他的目的不仅仅是为了得到自己过高票价的赔偿，因为这样的诉讼并不经济，更不是为了所有那些花了高价买票的人获得赔偿，因为这种集体诉讼在中国民事诉讼程序的实践中并不可行。④ 相反，乔占祥的目的是为了使铁道部遵守《价格法》的规定。⑤ 乔律师在北京中级人民法院及高级人民法院的诉讼都以失败告终，但他获得了法院外的公共民意支持。⑥ 在下一年的春节，铁道部为计划价格上涨召开了听证会。⑦ 乔律师选择这个案子是为了强调提高政府管理透明度的必要性。⑧ 在谈到这个案子的时候，乔律师表示他提起这个诉讼的动机是很单纯的：在这个案子中，他个人的利益和大众的利益是一致的。⑨ 他对于自己决定不让其他情况相似的原告加入而感到自得，事实上也曾拒绝过几个想加入案件的潜在原告。⑩ 乔占祥认为协调不同原告的意见和利益会减弱这个案件的影响力，但一个人提起诉讼的案件如果操作得当，则可以获

① Qiao Zhanxiang v. China Ministry of Railways (1st Intermediate Ct. Beijing 2001) [hereinafter Qiao Zhanxiang v. China Ministry of Railways]; see also Xueguo Wen, *Market Dominance by China's Public Utility Enterprises*, 75 ANTITRUST L. J. 151, 157 n, 2008: 15. 这个案件引起了公众广泛的关注以及学术界深入的探讨，媒体也对该案进行了很广泛的报道。

② 2006 年 12 月 22 日在北京对乔占祥的访谈。

③ 2006 年 12 月 22 日在北京对乔占祥的访谈。

④ 2006 年 12 月 22 日在北京对乔占祥的访谈。

⑤ 2006 年 12 月 22 日在北京对乔占祥的访谈。

⑥ Qiao Zhanxiang v. China Ministry of Railways (1st Intermediate Ct. Beijing 2001) [hereinafter Qiao Zhanxiang v. China Ministry of Railways]; see also Xueguo Wen, *Market Dominance by China's Public Utility Enterprises*, 75 ANTITRUST L. J. 151, 157 n, 2008: 15. 这个案件引起了公众广泛的关注以及学术界深入的探讨，媒体也对该案进行了很广泛的报道。

⑦ 2006 年 12 月 22 日在北京对乔占祥的访谈。

⑧ 2006 年 12 月 22 日在北京对乔占祥的访谈。

⑨ 2006 年 12 月 22 日在北京对乔占祥的访谈。

⑩ 2006 年 12 月 22 日在北京对乔占祥的访谈。

得巨大的公众支持。①

以上案件是最早由律师提起公益诉讼的例子。后来的一些原告在他们的案子里引用乔占祥诉铁道部案、媒体关于检察院提起公益诉讼的报道以及政府和非政府的法律援助作为他们的灵感源泉。② 这些在中国被称为公益诉讼的案子都有一些共同的策略和技巧。公益诉讼的原告往往一个人提起诉讼但却声称代表更广泛的公共利益，并且鼓励其他相似的诉讼以扩大案件影响。原告一般是自筹资金并选择花费较少的案件。公益诉讼案件起诉的违法行为一般是侵犯到大量人群的利益，最理想的是侵犯整个公众的利益。原告也一般选择那些与其自身利益关系甚微或至少自己的利益与在案子上花费的大量精力相比是不成比例的。公益诉讼的被告方一般是行政机构或者垄断国企，它们的行为是明显的违反法律，并且影响到很多人的利益。原告主张这些行为损害了公众的集体利益，因此他要代表公共利益提起诉讼。③ 最后，原告利用媒体来扩大单个案件的影响力。

（二）应对国内障碍的本土化策略

虽然国内原告提起公益诉讼的发展借鉴了国外模式，但大部分具体的策略是直接为了应对本土的法律及政治限制。因此，其与其他国家的公益诉讼有很大的不同。原告提起诉讼并声称是公益诉讼，其实是占用了中国检察院通过代表公众进行民事诉讼创造的空间。所有的技巧都认同这样一个事实，即一个案件潜在的规范设定影响力并非是基于大量的民众得到适当的补偿或为将来建立了一个法律先例，而是通过诉讼来形成一个问题并鼓励公众讨论。

在中国，诉讼的原告只代表自己，因为要组织众多原告提起集体诉讼存在很多障碍。中国的民事诉讼法虽然允许代表诉讼和共同诉讼，这和美国的集体诉讼很相似（这两种不同种类的民事诉讼在中国都被称做集团诉讼），但实际上中国的法院很不情愿受理有大量原告的诉讼。④ 主要有两个原因：第一，中

---

① 2006年12月22日在北京对乔占祥的访谈。

② Qiao Zhanxiang v. China Ministry of Railways (1st Intermediate Ct. Beijing 2001) [hereinafter Qiao Zhanxiang v. China Ministry of Railways]; see also Xueguo Wen, *Market Dominance by China's Public Utility Enterprises*, 75 ANTITRUST L. J. 151, 157 n, 2008: 15. 这个案件引起了公众广泛的关注以及学术界深入的探讨，媒体也对该案进行了很广泛的报道。

③ 黄金荣. 公益诉讼（第1辑)》. 北京：中国检察出版社，2006.

④ 2006年3月13日在上海对章武生的访谈。

国的法院都极度谨慎以防介入可能具有政治性的纠纷。① 涉及受侵害的原告越多，法院越担心原告会寻求外部社会力量通过非法律手段给法院施压，一个对原告不利的裁判可能会引起某种社会动荡。② 一个更为现实的原因是中国的法官和法院每年都有工作量以及其他的一些考核。③ 把集团诉讼拆分成个案，法院可以人为扩大他们的工作量。④ 法院通常只开一次庭，然后为所有具有相似法律和实施问题的案件作出简短的裁判，这样他们就可以在最小化工作量的同时，最大化他们在一定时期内处理案件的绩效。⑤

即使法院愿意受理集团诉讼，公益诉讼律师也会觉得组织数量庞大的个人围绕一个问题进行诉讼，不仅很复杂，而且也有一定的政治风险。⑥ 因此，公益诉讼的原告虽然声称代表公众利益并动员个人，但他们并不直接寻求组织大量潜在的原告。⑦ 大多数公益诉讼律师甚至不愿代理当事人。他们担心如果代理当事人，会遇到利益冲突问题或者支持者和当事人之间可能会出现裂痕。这些有可能被案件的对手所利用。罗秋林是湖南衡阳的律师，他曾提起一个广为媒体报道和学术探讨的被称为中国第一个纳税人公益诉讼案件。⑧ 他和一位叫蒋石林的村长一道，起诉镇政府采购一辆豪华车，认为此举违反了国务院制定的政府采购标准，由于村长是该镇的纳税人，因此有权提起诉讼。⑨ 罗秋林认为蒋石林是一个有原则的、坚强的人。他曾和蒋石林一起成功扳倒一个因篡改选举结果而当选的村长。⑩ 由于承担了太多的压力，蒋石林躲了起来。罗秋林也因不能及时找到他而无法起草上诉状以对一审法院作出的不予受理裁定提起上诉。⑪ 因为任何当事人到最后都可能是不可靠的，罗秋林因而在以后的案件中都只代表自己。一些其他接受采访的律师也表达了类似的感受。⑫

尽管原告只代表自己，但为了扩大案件的影响力，原告采用的技巧之一就

① 2006 年 3 月 13 日在上海对章武生的访谈。
② 2006 年 3 月 13 日在上海对章武生的访谈。
③ 2006 年 3 月 13 日在上海对章武生的访谈。
④ 2006 年 3 月 13 日在上海对章武生的访谈。
⑤ 2006 年 3 月 13 日在上海对章武生的访谈。
⑥ 2006 年 3 月 13 日在上海对章武生的访谈。
⑦ 2006 年 3 月 13 日在上海对章武生的访谈。
⑧ 2006 年 9 月 26 日在北京对罗秋林的访谈。
⑨ 2006 年 9 月 26 日在北京对罗秋林的访谈。
⑩ 2006 年 9 月 26 日在北京对罗秋林的访谈。
⑪ 2006 年 9 月 26 日在北京对罗秋林的访谈。
⑫ 2006 年 9 月 26 日在北京对罗秋林的访谈。

是强调任何一个公民都可以自己提起诉讼，并不需要特殊的技能和资源。他们的目的是为了让其他人模仿他们。这些受过法律训练的原告通常有意淡化其法律专家的身份而强调他们的公民身份。他们也对诉讼需要付出的代价和经历的困难轻描淡写。郝劲松是中国政法大学的法律系学生。他说他的案件只需花费几个小时的时间及不超过1000元的费用。而且参与这些案件很有“趣”，因为他是主导者，可以让诸如铁道部这样庞大的政府垄断部门照他的想法办事。① 邱建东是一个法律工作者，他曾数次参加司法考试，但都没能通过。邱建东在他网站上上传了很多他办的法律案件，以方便其他人提起类似的诉讼。② 个人公益诉讼律师都是自筹资金，因为从中国本土筹集资金相当困难，同时他们也强调提起一个诉讼案件花不了多少钱。

公益诉讼要通过法律裁判来形成社会影响还受到很多其他因素的制约。其中一个重要的因素是中国司法机关在法律体系中的地位。根据法律的规定，中国的法院应当“依法独立行使审判权，不受行政机关、社会团体和个人的干涉”。③ 但是，中国法院解释法律以及让其解释约束法院及其他政府机构的权力是极其有限的，甚至比欧洲大陆法系国家还要有限。除此之外，中国的宪法为法院设立了独特的结构。法院和其他政府部门一样，对同级人民代表大会负责，也因此受党组织的双重领导，同时也要接受上级法院的指导。④ 因此，由于地方法院的财政依靠地方政府且要受到政治监管，他们坚持独立审判将会非常困难，特别是涉及地方政府或当地经济利益的案件，而这常常又是公益诉讼案件。

公益诉讼的原告通过将诉讼的目的调整为形成公众的法律自觉意识，以应对中国法院高度受限的现实情况。因此，媒体的介入极其重要。与媒体建立良好的关系是一项重要的策略，同时也是影响其他策略如案件选择的策略。原告选择那些对公众利益造成极大伤害的但又不会因太具政治性而不允许媒体报道的案件。

为了回应一些对公益诉讼原告动机的质疑，公益诉讼的原告一般选择那些

① 2006年10月20日在北京对郝劲松的访谈。

② 2007年在北京对邱建东的访谈。

③ 《中华人民共和国宪法》(1982年12月4日通过，2004年3月14日最后修正)，第126条。参见：http：//english. peopledaily. com. cn/constitution/constitution. html（最后访问日期2008年11月12日）。

④ Xu Binglan，Economy Grows Fastest in 11 Years，CHINA DAILY，Jan. 26，2007，at 1.

不会为个人带来巨大经济利益赔偿的案件。反而，他们在诉讼上花的钱要比可能得到的赔偿要多得多。尽管如此，他们为了让其他人模仿他们进行诉讼，他们公开强调负担诉讼成本的压力不是太大。原告利用他们法律业务或其他收入来补贴他们的公益活动。尽管有些律师也因为参与公益诉讼而扩大了他们的名气，为他们带来了更多的有偿法律业务，但更多的律师因参与公益诉讼，而丢了潜在的公司和政府客户，因此对他们的业务并无有益之处。尤其对于那些在小城市工作的律师，他们本身客户来源就有限，公益诉讼所造成的客户流失影响更甚。①

公益诉讼原告表达了他们明确的目标，就是要推动法院在有重大社会影响的问题上有所作为，并因此采用了一些基于法律和法院为中心的技巧。他们通过起诉那些损害人数较多民众权益的政府或公司来最大化诉讼的影响，同时通过动员其他社会、行政甚至政治资源（包括媒体报道、行政复议、人大申诉、信访），向法院施压让其裁判支持原告，并且无论法院如何判决都向被告施压让其改变以往的行为。

除了这些共同的特征和技巧外，公益诉讼的案件还可以分为两大类。一种类型的案件是只对个人造成伤害，但鉴于中国法律文化的现状，个人起诉基本不可能得到任何有意义的救济。因此，这类案件的原告起诉仅仅是为了强调案件涉及的问题，希望改变将来的做法。这种类型的案件较为典型的例子就是用工歧视问题。直到现在，对于中国的劳动者虽然因为户籍、年龄、性别、外表以及其他特征被用人单位拒绝聘用是普遍的现象，但是起诉这种行为的案件几乎没有。起诉这类行为的原告并不希望能够得到赔偿或具体的补偿，如希望用人单位最终聘用他，因为中国的法律并未提供此类的救济。他们所要追求的是能够为将来的招聘带来改变。虽然这样的改变由于法院不支持的裁判很难实现，但是在一些案件中，原告成功地通过各种途径向歧视用工的被告施压而改变其行为。在这类诉讼中，原告则是首次将以往被认为是道德伦理问题的歧视转变成法律问题。关于那些尝试将道德伦理主张转变为法律主张的中国工人以及行政诉讼原告的著作有很多，同时也有更多关于法律动员的著作，主要研究在哪些情况下不同类型的纠纷和主张才能转变为法律问题。② 这类案件的原告，不仅仅是试图将他们的主张转变为法律问题，更重要的是试图将他们的主

① 2006 年 9 月 26 日在北京对罗秋林的访谈；2007 年在北京对邱建东的访谈。

② Mary E. Gallagher, *Use the Law as Your Weapon*!: Institutional Change and Legal Mobilization in China, in ENGAGING THE LAW IN CHINA, supra note 2, at 54, 65.

张提升为反对狭隘个人利益的更为广泛的公共利益。

在另一种类型的案件中，原告起诉的案件对个人的损害相对来说不那么重要，并且与之前的案件相反，他们是将法律问题转化为道德伦理问题。原告发现违法行为后，主张这类违法行为损害的是更广泛的公众利益，向法院施压必须要解决此类问题。通过采用这样的策略，这些原告选择的这些法律问题都是纯粹的法律问题并且表面上无关政治，同时赋予这些法律问题更大的社会意义。大部分此类案件起诉的都是行政税费问题以及垄断设施的价格上涨问题。此类案件的争议标的往往都是可以忽略不计的，少于一美元。原告的目的不仅仅是为了获取税费或价格上涨的补偿，因为这类诉讼并不经济，同时也不是为了为每个受到类似侵害的人主张补偿，其目的主要在于向被告以及其他相似处境的主体施压让其改变他们的政策和实践。

因此，与非政府法律援助中心（接受国际捐助，员工是支持采用美国诉讼模式的精英，并且有很多国际交流）相比，大部分公益诉讼原告并没有接受国际捐助，并且他们采用的技巧和要实现的目标在很大程度上是为了适用国内的现状。他们虽然从非政府法律援助以及检察院提起公益诉讼中汲取了一些灵感，并因此间接地受到国外模式的影响，但是直接的接触微乎其微。他们相互之间虽然会非正式地进行探讨和合作，但基本上不会正式地形成组织。最近有少量的个人以及一两个组织接受国外捐助进行公益诉讼；并且组织了其他的原告。但现在评估这些捐助的效果还为时太早。

（三）公益诉讼的原告

公益诉讼另一个显著的特征加强了它的本土性质，即原告身份的多样性。大部分原告都接受过法律培训并且只代表自己，但也有一些反复的原告没有接受过任何法律培训。① 在接受过法律培训的人当中，也只有一部分是律师，很多人是法学专业学生或者法律工作者。虽说公益诉讼的原告广泛地代表了中国社会的一部分有点夸张，但是大部分原告都出生于中国的欠发达偏远地区。事实上，几乎没有什么原告曾接受过外国捐助，也没有直接从外国资源中获取关于国外公益诉讼的信息。然而，他们从媒体报道以及书本中知道了这些信息，包括其他国家的法律援助及公益诉讼，并了解到检察院提起的公益诉讼以及政府或非政府的法律援助等方面的知识。公益诉讼的原告，不像非政府法律援助中心的员工那样，能够直接获得外国的资助和技巧。

---

① 这些原告不仅代表自己，而且还作为公民代理其他原告。

虽然参与公益诉讼并不限于律师，但是从一定程度上看这种现象基本上是在法律职业界范围内发生。中国的法律职业，与其他国家一样，大部分是受利益驱动的。然而，也有一小部分但是正快速增加的私人律师关注于处理有社会意义的案件。① 这些律师追求社会改变的类型以及所运用的方法都较为宽泛。公益诉讼的律师倾向于选择比较温和的并且能够直接对普通公民的生活产生影响的案件，然后通过这些案件来实现有限的政治目标，大多数是围绕推动政府行政的透明度和责任心。很多人也寻求竞选地方公共机构的职位。虽然竞选这些职位仅仅是技术问题并且在理论上也有当选的机会，但在实践中，竞选的过程以及候选人的名单都是由党控制的。在最近一些年，一些个人一丝不苟地按照法律的规定竞选，并获得了任命。这种策略反映了他们主张渐进主义的路径而非根本性的政治变化，通过现存的较小的开放空间来获取从事更大政治活动的机会。

公益诉讼原告最核心的动机就是努力将中国公众以往容忍的违法实践界定为法律上对公共利益的侵害。原告将他们的目标设定为促进法律的公正实施以及不断加强法律机构的地位，以保护普通公民的权益。他们更倾向于要求法院能够做到外界宣传的法治。他们施加影响的策略并不是依赖于在法院的胜利以及这些胜利的实施，而是依赖于将法律诉求作为一种资源和沟通的形式，去起诉那些他们认为滥用行政和垄断公司权力的行为。

公益诉讼的原告最终还是将法律视为一种政治资源，虽然比较温和。在将法律视为工具的社会主义法律文化中，一方面，他们不断地要求中国的法院从那种允许政府将法律作为社会控制的工具的路径中走出来；另一方面，自己却也工具主义地利用法律进行动员。

结语

本文试图以一种较为详尽的方式追溯了各种形式中国公益法的发展过程，以揭示外国因素对不同公益法发展的影响程度。文章试图阐述即使在公益法发展方面，也存在很多不同的践行者，推动着各种不同法律服务模式的发展，以实现各自的价值追求。在中国应该采用哪种发展模式还在争论的大背景下，外国捐助和模式可以作为中国各种践行者参考的资源，借助于这些资源以影响并形成某个特定领域的发展方向。当外国的模式被传播、筛选和调适后，结果常

---

① 这里要感谢香港大学法学教授傅华伶博士提供的这个视角。

常是令人惊讶的，且是不可预测的。

本文展示了外国的理念或支持资源产生复杂影响的过程。当然发达国家如何处理某个问题的例子在国内的争论中可以被使用，也很具说服力。参考国际上已经达成的共识更具说服力。自从改革开放以来，外界的力量在塑造中国法律发展进程方面很明显起到了很大的作用。然而，那些被认为很大程度上得到国外捐助或受国外模式影响的个人和组织，极端一点的话，很容易受到一系列诸如与敌对势力合作的批判，温和一点的话，则是被认为不能适应本土国情。当双边和多边法律合作在中国创设政府法律援助体系方面并不成功，当国际捐助的非政府法律援助未能很好地本土化，公益诉讼的形式已经涌现出来，这种形式间接地受到国外模式的启发，但同时也发展出了一系列适应中国特定法律和政治环境的技巧和目的。其他很多人研究了输入国的精英如何再现输出国通过国际借鉴的影响，国际法律合作在输出国国内斗争中起到的作用，以及在输出国之间竞争的影响。① 本文提供了一些其他方式，揭示了通过非精英践行者进行适应本土环境动员的路径。②

虽然中国公益诉讼的形式具有独特性，但是这种将诉讼作为一种资源动员社会变化的尝试提供了公民政治权利扩张的另外一个例证。③ 虽然在中国结社自由、各种社会运动的缺乏，再加上法院不愿意处理涉及政治的案件，严重地限制了原告将诉讼作为一种政治资源的能力，但审判实践的不成熟以及缺乏其他替代性的政治动员路径会导致人们持续地利用诉讼这种路径，因为这种路径并不会像在美国引起争论的那样，排斥其他选择性的策略。④ 因此，中国的经验表明，诉讼可以被动员为一种政治资源，即使在一个法院受到高度限制的政治体制中，以及国外资源支持此类动员的微妙、复杂的方式。

（译文在发表时有删节）

---

① YVES DEZALAY & BRYANT G. GARTH, The Internationalization of Palace Wars: Lawyers, Economists and the Contest to Transform Latin American States, Univ. of Chicago Press, 2002.

② For more on this dynamic, see LAW AND GLOBALIZATION FROM BELOW: TOWARDS A COSMOPOLITAN LEGALITY (Boaventura de Sousa Santos & Cesar A. Rodriguez-Garavito eds., Cambridge Univ. Press 2005).

③ STUART A. SCHEINGOLD, The Politics of Rights: Lawyers, Public Policy, and Political Change, Univ. of Michigan Press, 2004.

④ GERALD N. ROSENBERG, The Hollow Hope: Can Courts Bring About Social Change? Univ. of Chicago Press, 1991.

美国环境公民诉讼探究

——建立环境公益诉讼向美国学习什么

周艳芳*

【内容摘要】美国环境公民诉讼包括公民起诉违法排污者和公民起诉怠于执法的行政机关两种。后者因接近我国的行政诉讼，理论上比较清楚。对前者，误解较多。前者常被援引作为建立中国的环境民事公益诉讼的模仿对象，但实际上，美国的这种起诉违法排污者的公民诉讼不能简单归为民事诉讼，它赋予普通公民的权力在实质上是行政执法权，更加接近于我国公民享有的监督举报权，只是受理举报的机关不是行政机关，而是司法机关。因此，在学习借鉴的时候，更应该学习其制度创新的精神和精髓，建立我们自己的制度。

【关键词】公民诉讼　美国公民诉讼　公益诉讼

美国的环境公民诉讼（Citizen Suit）① 制度的确是起诉资格的扩大，使普通公民有起诉违法排污者的权利。在创立我国的"环境公益诉讼"制度的讨

---

* 周艳芳，法学博士，华中科技大学博士后流动站博士后研究人员。

① "公民诉讼（Citizen Suit）"和"公益诉讼（Public Interest Litigation）"这两个概念有时被混淆、等同、交替使用。事实上，前者是一个已经被立法确认并且得到实施的具体的诉讼制度的名称（如美国的公民诉讼制度），而后者至少目前在中国还只存在于理论探讨中。尽管在我国，实践中宣称采用了"公益诉讼"制度的个案并不少见，但理论界尚未就"公益诉讼"的内涵和外延达成一致，立法中也尚未确认某种具体的制度为"公益诉讼"制度。因此不应将"公民诉讼"等同于"公益诉讼"。值得特别指出的是，"Public Interest Litigation"在美国也并非一项具体的法律制度，对该概念的理解也并无一致意见。因此，将美国的"Citizen Suit"和"Public Interest Litigation"混为一谈，无论是都译为"公益诉讼"，还是都译为"公民诉讼"，对于我们理解美国相关经验都是有害的，也是造成本文试图厘清的误解的一个重要原因。

论中，美国环境公民诉讼有时被曲解。为了讨论的深入开展从而推动有益的制度在中国最终确立，本文试对美国环境公民诉讼制度的目的、功能、内容以及与其他制度的关系进行探讨，以期明确中国的“环境公益诉讼”究竟要向美国学习什么的问题。

一、是何种诉权的扩大

如前所述，“公民诉讼”是某种诉权的扩大。可是，是哪种诉权的扩大呢?

建立环境公益诉讼制度的提法在过去四年的时间里逐渐升温，在各种不同的方案中，拟建立的公益诉讼制度都要求扩大诉权，尽管需要扩大的诉权性质各异，扩大的范围也各不相同。2005 年两会，民间环保组织“自然之友”创始人梁从诫提出建立“环境民事公益诉讼制度”的提案，要求“用法律形式赋予一切单位和个人以诉讼权”。① 他要求的是民事诉讼主体资格的扩大，是由直接遭受损失的私人主体向非直接遭受损失的私人主体、民间团体及其他主体的扩大。2006 年，中国农工民主党建议，环境民事诉讼原告除向非直接遭受损失的私人主体、民间团体扩大外，还应向检察机关扩大；认为环境行政诉讼主体资格也应当扩大，应由具体行政行为的直接利害关系人向检察机关以及非直接利害关系的私人主体、民间团体扩大，案由为行政机关不当作为、不作为等使环境公益受损。② 这两种制度分别称为环境民事公益诉讼和环境行政公益诉讼。还有学者认为应建立环境民事公诉，并由环保行政机关担当原告。③ 这是民事诉讼主体资格由私人主体向环保行政机关的扩大。

表 1 将以上关于民事诉讼主体资格扩大的各种制度设想提炼如下：

---

① 提案全称“关于尽快建立健全环保公益诉讼制度的提案”，http://www.tt65.net/zhuanti/tian/2005tian/mydoc004.htm，2009 年 4 月 28 日最后访问。

② 周艳芳．建立环境公益诉讼制度 保护公众环境权益．光明日报，2006-07-20．全文网上可见：http://news.xinhuanet.com/legal/2006-07/20/content_5687784.htm，2009 年 4 月 30 日最后访问。

③ 吕忠梅，吴勇．环境公益实现之诉讼制度构想．转引自别涛．环境公益诉讼．北京：法律出版社，2006.

表1　关于民事公益诉讼的各种制度设想

	普通民事侵权诉讼		民事公益诉讼
原告	直接遭受损失的人	⟶（扩大）	16. 非直接遭受损失的人，或者 17. 民间组织，或者 18. 检察机关，或者 19. 环保行政机关
被告	因排污或破坏生态危害人身、财产利益或者造成人身、财产损害的人	（扩大）	造成环境污染或生态破坏的人，而不论是否危害具体的人身、财产利益或者造成具体的人身、财产损害

表2将以上关于行政诉讼主体资格扩大的各种制度设想提炼如下：

表2　关于行政公益诉讼的各种制度设想

	普通行政诉讼		行政公益诉讼
原告	与具体行政行为有法律上利害关系的公民、法人或者其他组织	⟶（扩大）	3. 与具体行政行为有法律上利害关系的公民、法人或者其他组织以外的其他人 4. 民间组织，或者 5. 检察机关
被告	行政机关	（不变）	行政机关

美国的环境公民诉讼指的是多部联邦环境成文法中包含的这样一种规定，即“任何人”可以提起两种形式的诉讼，一种是针对违反排放标准和指令的行为人的诉讼，另一种是针对环保行政机关失于履行职责的诉讼。① 后者与前述环境行政公益诉讼的设想相似，然而前者却与前述环境民事公益诉讼的设想大相径庭。前者涉及的起诉资格的扩大方向与环境民事公益诉讼的设想不同，它是由检察官向私人主体的扩大，如表3所示。这也是为什么这项制度在美国被称为“私人检察官”制度的原因。本文主要探讨这种制度对我们的启示。

① 如美国联邦《清洁空气法》§304；《清洁水法》§505；《固体废物处置法》§7002。

表 3　　美国针对违法排污者的公民诉讼制度的设计

	检察官提起的“民事”诉讼	⟶	针对违法排污者的公民诉讼
原告	检察官代表环保行政机关	⟶（扩大）	任何人①
被告	排污行为违反法律规定的人	（不变）	排污行为违反法律规定的人

考察美国环境公民诉讼有必要对其产生的社会背景进行说明。20 世纪中期，侵权法救济环境污染受害人的局限性在美国日益受到关注：第一，原告证明被告行为与损害结果间的因果关系非常困难；第二，因涉及环境科学知识，原告举证成本高昂；第三，当严重的环境损害后果已经发生时，即便和解，甚至胜诉对于环境损害的修复作用也很有限。② 基于上述原因，需要设计新的诉讼制度弥补传统侵权法在应付环境损害方面的严重不足。此外，美国社会彼时广泛存在的环境违法现象与州、联邦环境执法力量的不足之间的矛盾也亟待解决。③ 新制度应满足以下要求。第一，对环境污染导致的健康恶果进行事前预防，在污染行为产生后、损害后果发生前即进行追究；第二，在公权力怠于执法或因财力、人力不足无力执法时，应当赋予普通公民向法院提起针对排污者违法行为的诉讼。在美国，这项新制度就是针对违法排污者的公民诉讼。成文法上，这一制度赋予“任何一个公民”，④ 在执法机关失于执法的情况下，就行为人违法排污行为向法院起诉的权利，也就是说，不要求污染造成了实际健康损害或其他财产损害，只要行为人违法了，普通公民就可以提起诉讼。法院判处的罚金不用于赔偿原告因污染遭受的损失，仅对原告发生的合理的诉讼费

① 由于判例法的缘故，联邦最高法院要求“公民诉讼”的原告也需满足联邦最高法院法官从美国宪法第 3 条推导出来的起诉资格三要素：（1）事实上的伤害是具体的、实际的或迫近的，而不是推测的或假设的；（2）伤害可以追根溯源到被告而不是第三方的行为；（3）有利于原告的判决可以补救其所受的伤害。这三个限制条件使得公民诉讼的原告并非真的是“任何人”。不过美国判例法上的起诉资格三要素限制远比中国民事诉讼的起诉资格宽松。

② 迈克尔 · E. 沃勒，王立德．兰得洛案例与环境公民诉讼．世界环境，2006（6）.

③ Adeeb Fadil, Citizen Suits Against Polluters: Picking up the Pace, *Harvard Environ Law Rev*, 1985, Vol. 9 (1): 23-84.

④ 吕忠梅，吴勇．环境公益实现之诉讼制度构想．转引自别涛．环境公益诉讼．北京：法律出版社，2006.

用进行补偿，其余上缴国库。如此，针对污染者的“公民诉讼”制度就既满足了预防的要求，又满足了弥补执法能力不足的要求。

要搞清楚这究竟是什么类型的诉讼，就要回过头问一问作为“私人检察官”制度的“公民诉讼”赋予美国公民的是美国检察官所拥有的怎样的诉讼主体资格。

二、检察官具有怎样的诉讼地位

与我国的检察机关不同，美国的检察官是“政府的律师”，在法庭上是政府部门的诉讼代理人。多部美国联邦环境成文法均规定联邦环境行政执法机关可以针对违法行为人向法院提起“民事诉讼（civil action）”,① 这类诉讼必须通过联邦司法部长提起。值得特别注意的是，这类诉讼与我国环境执法机关向法院申请强制执行的程序有本质区别：我国执法机关的申请程序是在被申请人逾期拒不履行已生效的行政处罚决定之后启动的，而美国检察机关代理的此种诉讼中，不仅不存在已生效的处罚决定，而且处罚决定有待法院作出。

以《清洁水法》为例，其“执行”(§1319）一条中规定了刑事、行政、民事三类处罚。刑事处罚包括罚金和监禁，与我国法律类似。在行政方面，执法机关有权作出两种处罚决定：一种是向违法行为人发出执行令（compliance order)(§1319a)，其中，载明违法行为的性质以及责令违法行为人纠正违法行为的时限；另一种是课处罚金（§1319g）——这也与我国环境执法部门的行政处罚相类似②。容易引起混淆的是民事处罚（§1319b，d)。§1319b 款规定，执法机关对于任何其有权针对之发出执行令的违法行为都可选择向法院提起民事诉讼③，§1319d 款规定由法院对违法行为人判处民事罚金。这里行政处罚和民事处罚的区别并不在于是否涉及与违法行为人主体地位平等的受害人，这一点与我国法律上行政处罚和民事赔偿的区别不同。§1319g（行政罚金）与§1319d（民事罚金）之间的区别或可这样表述：对于前者，行政执法

---

① 如《清洁水法》§1319b。王曦．美国环境法概论．武汉：武汉大学出版社，1992：193.

② 但并非完全一致。例如，依该法§1319g（8)，美国环境行政机关作出对违法行为人课以罚金的决定受司法机关事前审查。

③ 这里用“民事诉讼”难免产生歧义。但在美国法上却只能被定性为民事，因为“‘民事程序’中的‘民事’意思是非刑事”。苏本，米卢，布诺丁，梅茵著．民事诉讼法——原理、实务与运作环境．傅郁林，等译．北京：中国政法大学出版社，2004：3.

机关拥有完全的权力，其与违法行为人的关系是处罚者与被处罚者的关系；而对于后者，执法机关的权力不完全，在法官面前，执法机关与违法行为人之间是申请人与被申请人的关系，执法机关的地位降格为违法行为人的平等主体，是否对被申请人执行罚金并具体执行的数额概由法院决定。当然，行政执法机关愿意降格为申请人是有原因的：作为处罚者的行政执法机关可以处罚的最高额为 $125000，而当其作为申请人时，法院可以判处的罚金总额没有上限封顶。① 美国的检察官代理环境行政执法机关提起的正是这种申请民事罚金的诉讼。

显然，这种制度设计的出发点在于对行政自由裁量权的制约——对于较低额度的罚金，行政机关可以自行作出决定，对于较高额度的罚金则必须交由法院作出决定。在我国，罚金水平总体上较美国低，但行政机关的权力却是完全的——无论行政机关作出何种额度的处罚决定都不需要经过法院。也就是说，美国的检察官帮助其行政执法部门通过法院实现的是中国的行政机关根本不需帮助就能自行实现的行政处罚权。回答本小节标题上的问题：美国的检察官拥有的是代理行政机关向法院争取实现完全的行政处罚权的“权利”。② 简言之，检察官的诉权其实就是行政处罚权。

那么美国这种被称为“私人检察官”制度的公民诉讼在功能上与我国环境违法举报热线 12369 相类似。原本处罚违法排污企业是执法机关的专属职权，普通公民只有成为污染受害者遭受了实际的人身财产损害之后才能向法院起诉污染者要求赔偿。由于执法机关的无能或懈怠，违法排污企业常常成了漏网之鱼，若等到漏网之鱼造成了重大损害以后再想补网，则为时晚矣，所以通过“私人检察官”制度发动群众，将法网编织得密不透风，违法一旦发生即遭追究和纠正，防损害于未然。然而举报热线与“私人检察官”的差别也是显著的：举报者发现违法行为后向执法机关报告，而诉讼则是原告向法官报告。前者也可以编织密不透风的网，以期实现预防损害的目的，然而缺陷也是显而易见的：举报可以弥补执法机关的人力、财力不足等“无能”的缺陷，

① 《清洁水法》§1319（g）针对行政罚金规定了两种课处模式：一种为按次计罚（per violation），每次违法最高可罚 $10，000，该模式最高可罚 $25，000；另一种为按日计罚（per day for each day during which the violation continues），每日最高可罚 $10，000，该模式总额最高可罚 $125，000。§1319（d）仅限定了民事罚金按日计罚的每日处罚最高额 $25，000，对罚金总额并未规定上限。

② 因如前所述，这时的行政机关与违法行为人为平等主体，所以是“权利”而非“权力”。

却不能弥补其因其他原因而失于执法的问题，如寻租。以法院作为受理普通公民违法举报的场所增加了公正性，同时，也避免了执法机关无力或怠于受理公民举报情形的发生。

再回到第一小节标题上的问题“是何种诉权的扩大”——在美国，是检察官代理行政机关向法院申请实现“完全”处罚权的权利的扩大，而放在中国，根本不存在这种诉权，也就谈不上扩大了。若问是否可以为中国的检察机关装备这种诉权然后再扩大到普通公民，则等于是问我国的执法机关是否同意接受不完全的行政处罚权，这恐怕不是件容易的事，因为这样的诉权不是增强、而是削弱公权力。

三、应该向美国学什么

美国环境“公民诉讼”制度的创新性和解决问题的务实性是值得我们学习的。制度无法照搬，但精髓可以学习借鉴。如前所述，美国的“公民诉讼”制度是在传统侵权法遭遇现代环境污染问题挑战的情况下发展出来的，精髓是将行政机关的执法权赋予普通公民。当然，要赋予私人行为以公信力，这种私人执法权的实现必须经过公权力认可。由法院审理加以认可既发挥了公众的作用，又保障了秩序，同时还更好地发挥了司法对行政的监督作用。

我们若学习到美国环境“公民诉讼”制度的精髓，则可以设计我们自己的公民诉讼。这种制度赋予普通公民监督违法排污的权力（而非向已经造成损害后果的污染企业索赔的权利），但与过去的制度不同的是，监督的手段不是“检举”、“举报”，而是向法院起诉，由法官根据事实和法律作出判断，对证据确凿的违法排污行为予以认可，判处罚金，执行后像行政罚款一样收缴国库。

然而，这种新制度可能会在如下方面引发人们的质疑：（1）法院不具有专业的环境知识，是否可以作出适当的处罚决定；（2）会不会造成滥诉。笔者的观点是，新制度并不需要法官具备行政执法机关拥有的专业知识，违法事实和行为违反的具体的法律规定以及应承担的法律后果由原告负责举证。这当然对原告举证责任提出了很高的要求。正因为如此，在美国配合公民诉讼制度使用的是严苛的企业守法自汇报制度①。在早期的大多数成功案例中，美国的民间环保机构和环境律师正是利用了企业根据自汇报制度的要求所公开的违法

① 或称企业守法状态的自监测汇报（self-monitoring and reporting of compliance status by pollution sources）制度。

信息满足了举证责任的要求，从而赢得了诉讼。① 这种制度对原告的专业知识要求较高，并且胜诉并不带给原告任何经济利益，因此不会造成滥诉。因这项制度形式上赋予任何人起诉的权利而担忧滥诉的危险其实是没有必要的。事实上，真正可能出现的问题是使用这项制度提起的诉讼过少（美国的经验就证明了这一点②），因为能够和愿意成为原告的必须是真正以公益的增进作为自身使命、有充足的时间和精力、并且具备环境和法律知识的人。这样艰巨的任务只能由专业的环保组织来完成。

结论

不同的制度解决不同的问题。扩大民事侵权诉讼的主体资格，可给予民间环保机构支持污染受害者起诉的空间，解决弱势的受害人无力寻求环境正义的难题；赋予检察机关或行政机关代表环境公益提起民事公诉的权利，可解决普通的民事侵权诉讼漠视环境污染和生态破坏对公共利益损害的问题；邀请司法更多地介入环境保护领域是许多环境公益诉讼提案背后的意思；创立一种全新的“公民诉讼”，即私人主体依据法律和行政法规的规定发现违法排污行为后，在向环境行政执法部门通报不被理睬的情况下，向法院起诉违法行为人，以保障环境法的有效执行。这样的制度设计就是借力司法的一种形式。这种新型的“公民诉讼”在中国的可行性有待更多论证，特别是为防止新制度形同虚设必须同时确保企业信息公开制度发挥实质性的作用。

如果上述制度都符合“环境公益诉讼”的标准，则可以暂且把它们都称为环境公益诉讼。重要的是认清要解决的问题，了解欲借鉴的别国经验的缘由，好让最后设计的制度解决我们自己的问题。

---

① 美国《清洁水法》的公民诉讼条款自1972年制定之后的11年中都很少被使用，直到1982年，律师 Anthony Z. Roisman 将其与国家/州污染物排放消除制度（NPDES/SPDES）下的企业守法状态的自监测汇报制度联系起来。国家/州污染物排放消除制度由《清洁水法》确立，其要求企业向行政机关申请排污物排放许可证，该许可证载明每种物质被许可的最高排放限额，同时要求企业定期汇报实际发生的排放量，并且将该信息向公众公开。据此，即使非专业人士也可以掌握企业违法排污的证据。Roisman 开创的这一方法得到许多环保组织的效仿。自1982年至1984年4月，依据《清洁水法》提起的214件公民诉讼中有162件属此种情形。Adeeb Fadil，Citizen Suits Against Polluters：Picking up the Pace，*Harvard Environ Law Rev*，1985，Vol. 9（1）：23-84.

② 王曦．美国环境法概论．武汉：武汉大学出版社，1992：199.

■ 调研报告 Field Notes

反就业歧视需要媒体推动

刘小楠　刘　庄*

【内容摘要】为了更好地了解目前中国媒体对就业歧视问题的报道情况，本文选取了国内较具影响力的十家报刊，对其在2008年发布的关于就业歧视的报道进行了统计和分析，并进而探讨媒体在促进公民平等权和反就业歧视方面的作用以及如何增强媒体的反歧视意识和相关报道能力，以推进就业机会平等和社会正义。

【关键词】就业歧视　媒体　培训

"近代人权运动的历史，就是反歧视追求平等权利的历史"①。在中国，反就业歧视的概念和理论属于21世纪的新兴事物，但是通过整个社会的共同推动，反就业歧视已经开始进入公众的视野和人们关注的领域。在反歧视的社会行动中，我们越来越发现媒体的重要性。反歧视的推动仅仅依靠学术界的理论研究是远远不够的，只有通过大众传播的方式，才能提高公众的平等理念，并引起政府的重视。因此，媒体在这样的社会行动中所能起到的作用是无可替代的。

一、媒体对就业歧视的报道状况

为了解国内媒体对反就业歧视的宣传报道情况，我们中国政法大学宪政研究所去年对媒体关于就业歧视的报道情况进行了调查统计。

---

* 刘小楠，中国政法大学副教授，法学博士；刘庄，北京大学法学院博士研究生。

① 蔡定剑．中国就业歧视现状及反歧视对策．北京：中国社会科学出版社，2007：2.

（一）对统计对象与标准的说明

1. 统计对象和检索方法

我们选取了国内较具影响力的十家报刊，对其在2008年发布的关于就业歧视的报道进行了统计，这些报刊包括：《人民日报》、《中国青年报》、《中国妇女报》、《法制日报》、《检察日报》、《解放日报》、《新京报》、《21世纪经济报道》、《南方周末》和《瞭望东方周刊》。

在选取统计对象时，我们注重中央报刊与地方报刊相结合，专业性报刊与综合性报相结合，注重选取多种类型、不同视角的报刊，使统计尽量真实、客观、全面地反映2008年我国主要媒体对就业歧视问题报道的情况。

我们通过在图书馆翻阅纸质报纸，或利用报刊网络版，或通过中国期刊网全文数据库检索的方法，基本穷尽了所调查十家媒体2008年全年的所有相关报道。

我们将所选十家报刊对“就业歧视”问题进行的访谈、纪实、个案报道等纳入研究范围。对于一些简单的新闻报道，如仅涉及《劳动法合同法》、《残疾人保障法》等立法进程的，我们不视其为关于反就业歧视问题的报道。

2. 判断“就业歧视”的标准

我国的现有立法尚没有对就业歧视进行定义，但是我国已经加入的国际劳工组织的第111号公约，即《1958年就业和职业歧视公约》，对就业歧视进行了明确的定义。根据该公约，“歧视”是指：（1）基于种族、肤色、性别、宗教、政治见解、民族血统或社会出身等原因，具有取消或损害就业或职业机会均等或待遇平等作用的任何区别、排斥或优惠；（2）有关会员国经与有代表性的雇主组织和工人组织（如存在此种组织）以及其他适当机构协商后可能确定的、具有取消或损害就业或职业机会均等或待遇平等作用的其他此种区别、排斥或优惠。我们据此判断报道中是否涉及就业歧视问题。

3. 统计项目

统计按照以下项目进行：（1）报道的基本情况，如报道题目、报道日期、作者；（2）内容摘要；（3）报道形式；（4）受歧视者声音的受关注程度；（5）歧视原因分类；（6）出现就业歧视现象的社会原因；（7）受歧视群体被如何描述；（8）报道中是否运用权利语言；（9）是否涉及国内近期的法律改革进程；（10）政府、企业主和中华全国总工会在报道中的角色；（11）解决建议；（12）是否出现其他相近概念；（13）报道中对第111号公约，即

《1958 年就业和职业歧视公约》的涉及程度。

（二）调查统计结果①

1. 基本情况

我们调查的 10 家媒体，2008 年全年涉及就业歧视的报道共有 60 则，其中，《人民日报》4 则、《解放日报》1 则、《中国青年报》14 则、《中国妇女报》7 则、《法制日报》14 则、《检察日报》3 则、《21 世纪经济报道》2 则、《新京报》报道 14 则、《南方周末》1 则、《瞭望东方周刊》没有。

2. 报道形式

此项统计各媒体报道文章的叙述形式，旨在了解就业歧视报道的主要视角与写作形式。统计分类包括：（1）从受歧视者视角出发的个人叙事、个人故事；（2）工作领域的歧视揭露；（3）公民社会组织和公益律师的工作；（4）反就业歧视工作开展较好的例子；（5）反就业歧视的法律分析等。其中，受歧视者视角出发的个人叙事，指以受害人第一人称的叙事；个人故事，指新闻记者以第三人的角度对受歧视者遭遇的报道叙述；工作领域的歧视揭露，指对某个行业的共性歧视现象的报道。

经统计，专门的反就业歧视立法方面的报道共 10 则，占所有报道形式的 16.7%；"工作领域的歧视揭露"和"个人故事"有 33 则，占总数的 55%；其他几种报道形式共有 17 则。

3. 报道中涉及的就业歧视的种类

通过调查我们发现媒体对基于生理状况的歧视、性别歧视、社会身份歧视比较关注。

（1）生理状况歧视。

在对生理状况的歧视，包括对残疾、相貌、身高、健康、年龄的歧视。在 60 则报道中，共有 23 则涉及对求职者生理状况的歧视，占总数的 38.3%。

在对生理状况歧视的报道中，主要为对残障歧视和对乙肝病毒携带者歧视的报道。对残疾人歧视的报道有 10 则，占总数的 16.6%。（2008 年，《残疾人保障法》修订，按比例安排就业制度出台，残疾人就业歧视问题引起关注，各媒体纷纷报道，对法律修订的报道有 5 则）。涉及乙肝病毒携带者歧视的报道有 9 则，占总数的 15.2%。其中，有报道指出，45.69% 的乙肝携带者在就业过程中受到歧视。造成乙肝病毒携带者受歧视的重要原因为隐私权保护的缺

① 因篇幅所限，统计表省略；调查统计的 13 项结果也部分省略。

失，致使用人单位可以轻易获得患者的个人资料。

此外，还有涉及相貌歧视的报道有2则、身高歧视有1则，精神疾病歧视有1则，年龄歧视有1则。

（2）性别歧视。

涉及性别歧视的报道有17则，达总数的28.3%。其中，对歧视者的个体故事报道有4则，对行业领域歧视现象的揭露和有关改革建议有13则。

报道中体现的性别歧视的原因主要是：传统上重男轻女的思想观念；用人单位的用人成本考量。

同时，值得注意的是，有的性别歧视中也包含年龄歧视的成分。比如，女博士学历高，但因年龄问题而找不到工作。

（3）社会身份歧视。

我们把对刑满释放人员的歧视、对农村户口公民的歧视、对非中共党员的歧视、对低学历人群的歧视等都纳入社会身份歧视的范围。在我们调查的60则报道中，涉及社会身份歧视的报道共有12则，占总数的20%。

其中，对农村户籍人群歧视的报道有2则。

对学历歧视的报道有6则，主要为对职业高中生、非重点大学毕业生的歧视。另外，还有对高学历、年龄偏大的女性的歧视。

对政治面貌歧视的报道有1则，关注点为部分单位招聘时“党员优先”的规定。

对亲属因系服刑人员而遭受歧视的报道有1则，有关部门积极为刑满释放人员再就业作出努力的报道有2则。

4. 出现就业歧视现象的社会原因

我们把就业歧视的原因分为以下几种：法律保护不力、反歧视意识较低、经济原因、传统（文化）原因、受歧视群体反歧视能力低下等。

在我们调查的60则报道中分析的就业歧视的社会原因，涉及最多的就是因传统观念，如涉及性别、刑满释放人员，而出现歧视现象。此类报道有30则，占调查报道的50%；因经济原因，如企业用人成本而造成歧视的，共有22则，占36.7%；未进行歧视原因分析的报道有11则，占18.3%。

5. 报道中是否运用权利语言

此项统计就业歧视报道中，媒体是否运用权利概念和相关语言作为描述、分析的工具。

2008年关于反就业歧视的大多数报道使用了权利语言，如“公民有平等的就业权利和获得平等待遇的权利”等，共有43则，占总数的71.6%。

6. 政府、企业主和中华全国总工会在报道中的角色

在个案故事中，企业扮演着歧视实施者的角色有33则，占到55%。

绝大多数报道未直接提及政府在就业歧视中的角色，但是，大部分报道提出了对政府的各种建议。

并无报道提及中华全国总工会对反就业歧视的作用。

7. 是否涉及国内近期的法律改革进程

在我们调查的60则反就业歧视中，涉及近期法律进程的有30则，占总数的50%。共涉及以下几部法律法规：《就业促进法》、《劳动合同法》、《残疾人权益保障法》、《关于维护乙肝表面抗原携带者就业权利的意见》和《就业服务与管理规定》。可见媒体对于反就业歧视的立法进程比较关注。

8. 解决建议

此项统计报道中给出的对就业歧视问题的解决建议。在我们调查的媒体报道中，很多通过分析或引述学者的意见，提出了一系列对就业歧视问题的解决建议。

报道中提出完善法律法规的建议的有七则：

《保护八千余万残疾人权益法律再次打磨》，法制日报，2008-02-27 第8版，陈丽平；

《“歧视”的两张面孔》，法制日报，2008-06-01 第10版，叶必伟；

《鼓励创业促就业》，人民日报，2008-03-08 第6版，贺林平、刘晓、汪晓东；

《聋哑人法律保障有待细化》，检察日报，2008-12-23 第3版，王思成；

《〈中国乙肝人群生活状况调查报告〉发布——近半数乙肝人群曾多次受到歧视》，中国青年报，2008-03-10 第7版，王俊秀；

《35岁以下，才能胜任会计工作？会计岗位隐含接待任务年龄再成女性求职门槛》，中国妇女报，2008-10-07 第A04版，袁鹏；

《系列法规保护“弱势劳动者”》，新京报，2008-02-03 第B3版；

其他建议包括：

（1）调整就业结构(《就业促进需推动职业结构改革》，新京报，2008-01-02 第B2版，陈宇峰)；

（2）单位在执行国家退休制度时，不得以性别为由歧视妇女(《不论男女，均应同龄退休》，新京报，2008-12-05 第A03版，吕频)；

（3）完善反歧视性法律，统筹规划“反歧视法”的制定和实施，将《劳动合同法》中的相关内容归入其中(《劳动者理应享有同工同酬权利》，法制日

报，2008-01-10 第 3 版）；

（4）在劳动部门内成立“平等保护委员会”，通过举证责任倒置等法律技术手段，保障反就业歧视工作（《就业歧视是阻碍高校学生公平就业一大顽疾》，法制日报，2008-05-04 第 1 版，陈虹伟、冀化锋）；

（5）建议人们转变观念（《脸面的差距为何那么大》，新京报，2008-01-03 第 A3 版，散人）；

（6）成立乙肝患者协会，保障乙肝患者就业权利（《调查显示：有 45.69% 的乙肝携带者在就业过程中受到歧视乙肝携带者，生存困境何时休》，21 世纪经济报道，2008-07-02 第 14 版，宋伟）；

（7）由国家支付妇女生育成本，创造好的就业环境（《女大学生何以赢在考试却输在就业》，中国青年报，2008-03-21 第 2 版，王俊秀）；

建立性别审计制度（《社科院报告：女性农民平均月工资比男性低 200 元》，中国青年报，2008-05-10 第 3 版，滕兴木）；

或者设立“性别平等”监督办公室等（《山东省政协委员就改善女生就业歧视问题提出建议——政府应建立女性社会保障体系》，中国妇女报，2008-01-22 第 A03 版，姚健）；

（8）发展民间机构力量，保护受歧视者权利（《在第 18 届世界妇女峰会上，与会代表们认为通往性别平等之路崎岖漫长》，中国妇女报，2008-06-10 第 A4 版，朱华颖、徐剑梅、黄海敏）；

（9）明确界定就业平等的含义和就业歧视的可能形式，同时，明确执法主体及违法责任，制定处罚性条款（《35 岁以下，才能胜任会计工作？会计岗位隐含接待任务年龄再成女性求职门槛》，中国妇女报，2008-10-07 第 A04 版，袁鹏）；

（10）政府成立专项基金，给予政策扶持和优惠待遇，将女职工生育保险由单位埋单改由社会统筹或政府财政承担（《工作岗位需经常出差，不适合女性？——女性就业歧视趋向隐性化》，解放日报，2008-04-24 沈轶伦、李圆圆）；

（11）参照英国立法经验完善立法，树立现代反歧视观念（《系列法规保护“弱势劳动者”》，新京报，2008-02-03 第 B3 版）。

9. 报道中对国际劳工组织第 111 号公约，即《1958 年就业和职业歧视公约》的涉及程度。

在我们调查的 60 则报道中，明确提及公约的报道仅有 3 则。

（三）初步的分析

1. 媒体对就业歧视的关注度不足

我们所调查的10家主要媒体，大部分是日报，但是10家媒体全年只有60则相关报道，说明媒体对于就业歧视的关注度不够。尤其是《南方周末》和《瞭望东方周刊》这两个在我国知识界有较大影响力的报刊，其报道偏重社会热点问题，也具有较深层次的人文关怀，但是2008年这两份报刊对就业歧视问题的报道很少，《南方周末》只有1则，《瞭望东方周刊》没有。

2. 媒体对于就业歧视的理解还存在一定的偏差

2008年关于反就业歧视的大多数报道都使用了权利语言，认识到平等的就业机会是公民的基本权利，但是对于企业、政府及工会在反就业歧视中应发挥的作用和所应承担的积极义务却没有足够的认识。

在我们调查的60则相关报道中，企业的角色大都是歧视实施者，但是媒体对雇主的歧视行为进行批评的同时，并没有明确提及提供雇员平等的就业机会是企业的社会责任。很多记者认为，追求经济效益是企业的目的，企业有用人自主权，因此招聘中的偏好是合理的。我们并不否认，如果按照反歧视的标准，则可能在某种程度上会影响到企业的效率，但是对经济利益的追求不是没有限制的，不能为了企业经济效益而忽视人的生存和发展的基本权利。另外，要求企业提供应聘者平等的就业机会，并不是针对某个企业的要求，而是所有的企业都要承担这一社会责任。所以，反歧视并非是强加于某一家或某些家企业的责任和成本，因而并未破坏企业之间的平等竞争和市场规律。扶助社会弱势群体、促进社会和谐正义的责任要由全社会来共同承担，企业作为社会的一分子当然也是难脱其责的。

当然，国家不能将反歧视的成本全部加于企业一方，相反政府应该承担积极义务促进就业机会平等，而不仅仅是消极地禁止歧视行为。我们调查的大部分报道提出了对政府的各种建议，但是绝大多数报道未提及政府在就业歧视中的积极义务以及国际法上的义务。我国已经加入国际劳工组织的第111号公约，积极采取措施保证公民的平等就业机会是我国政府的义务。

另外，我们也没发现有报道提及工会对反就业歧视的作用，这虽然与我国工会的实际情况相符合，但是媒体应该倡导工会在反就业歧视中发挥应有作用。

二、媒体在反就业歧视中的作用

我国实行市场经济改革后，由于贫富差距扩大，企业自主权加强，就业压力增大等原因，就业歧视问题日益严重。我国目前的反就业歧视立法和相关制度不能适应现实的需要。主要问题在于，我国没有专门的反歧视法律，现行法律中禁止就业歧视的范围太窄；现有的反就业歧视的法律规定没有实施机制，没有反歧视的专门机构①，反就业歧视制度没有建立；我国现有的法律本身也存在一些歧视性的规定，形成制度性歧视，对公民就业平等权的普遍严重的损害。除了法律制度的不完善，我国就业歧视普遍存在的原因也在于，社会对于歧视问题处于一种“集体无意识”的状态，社会各界均缺少平等意识和维权意识。

就业机会平等不是一蹴而就的，需要全方面的改革措施和社会各界的推动。除了强化行政措施、改善司法救济、推进反歧视立法外，相关研究、宣传、教育对提高全社会的反歧视意识也非常重要。因此在反就业歧视领域，需要政府、司法、立法机构、学者等各方面的力量共同努力。而媒体也是其中一支非常重要的力量，因为媒体可以传播平等观念，提高就业歧视问题的社会认知度，并给政府施加影响。

1. 媒体在立法倡导及宣传中发挥积极作用

近年来，我国在反就业歧视方面的法律法规有了一定的进步，媒体对此进行了积极的报道。我国于2007年颁布的《就业促进法》中之所以能设立专章规定反歧视的内容，与媒体的努力也是分不开的。我们在调查中发现2008年10家媒体在“反就业歧视立法”方面的报道共有10则，占所有报道形式的16.7%，其中，由于2008年《残疾人保障法》进行了修订，与此相关的反就业歧视立法报道共有5则；《就业促进法》于2008年1月1日开始实施，与此相关的报道共有2则。我们所统计的立法报道并不是只要是涉及有关法律即可，而是能够以独立的篇幅报道记叙和发表意见。还有一些关于法律的颁布实施的简讯虽然没有统计到我们的调查之中，但是也在一定程度上对反就业歧视立法进程起到宣传介绍的作用。此外，一些报道虽然不是专门就反歧视方面的立法进行报道，但内容中涉及近期法律进程的有30则，占2008年10家媒体

① 建立反就业歧视的专门机构是国外的通行做法，如美国的平等就业机会委员会、荷兰平等待遇委员会等。

相关报道总数的50%。

2. 媒体在被歧视人维权中发挥重要作用

由于我国反就业歧视方面的立法存在缺陷和不足，法律威慑力不够，可操作性较差，所以当事人的维权活动尤其需要借助于媒体的宣传和帮助。由于司法机关对于公民平等就业权的重视不够，如果媒体能在诉讼过程中跟踪报道，施加舆论影响，受歧视者的权益比较容易得到救济。本人虽然不提倡媒体影响司法独立，但是在目前反歧视机制没有建立的情况下，借助媒体力量不失为权宜之计。例如，益仁平的总协调人陆军曾谈到，在就业歧视反诉案（广东毅昌科技案）中，公司老总是省政协委员、广东省十大杰出青年，企业是广州百强企业。公司当时声称：原告"一分钱也别想拿到"，甚至反诉"劳动者将案件在网上发布，使公司的形象受到影响。"但后来益仁平将所有媒体对这一案件的相关报道进行了汇总，寄给公司，公司的态度有了显著的改变。

没有进入诉讼程序的就业歧视案件，媒体的积极报道也有助于受害者的维权。例如，媒体提供了很多的反就业歧视的个案解读，挖掘劳动者群体内隐藏的故事和内心感受。根据我们的调查，2008年的相关报道中"工作领域的歧视揭露"和"个人故事"的有33则，占总数的55%。媒体的正面宣传报道使维权人坚定信心，对社会也起到警示和示范作用。

3. 媒体在摒弃社会偏见，传播平等理念方面也发挥重要作用

我国就业歧视的严重状况已经到了影响社会公平和社会稳定的地步，不仅政府的反歧视观念薄弱，而且劳动者自身的权益意识也比较弱，在遭遇歧视时，往往选择默默忍受，而不愿意对外人倾诉和求助，许多歧视受害者得不到法律的应有保护。例如，南京中医药大学的一个研究生，因小儿麻痹症致腿部残疾，在求职过程中投出28份简历均被拒绝，但之后他总是礼貌地对应聘者说，"没关系，我可以理解"。当前推动反就业歧视的关键是要提高全社会反歧视意识，而社会公众意识的提高最关键的是靠传媒和记者的努力。媒体可以更多的对歧视概念进行宣传，引起公众的重视。

另外，很多就业歧视来源于无知和偏见。例如，在健康歧视方面，由于对疾病的恐惧和无知，以及一些商业广告在利益驱使的误导宣传，很多人对乙肝和艾滋病患者和病毒携带者非常排斥，使这些人丧失了平等的就业机会。政府对于相关的艾滋病、乙肝的科普宣传力度不足，因此排除社会偏见，传播反歧视思想方面，就在更大程度上需要依赖媒体。在学术界，对于反就业歧视的理论研究刚刚起步，而且学者的相关文章对公众影响很小。媒体也可以通过医生、律师、学者、公民社会组织等专业人士的评论来传达科学和法律知识，通

过媒体能够放大平等和人权理念，让社会更为关注就业歧视问题。

三、提高媒体反歧视报道能力

我们充分认识到媒体在反就业歧视中的重要作用，但同时也发现媒体在对就业歧视问题进行报道时存在的一些不足。

一是媒体对就业歧视问题的关注度还不够。这与媒体的行业特点有关，媒体必须要抓住新闻点，但是由于歧视现象普遍存在，已经见怪不怪，而且维权效果难以立竿见影，因此媒体对就业歧视问题的关注度下降。

二是媒体缺乏相关法律知识，报道能力有待提高。比如，很多记者对于就业歧视的概念和分类比较模糊，而且有时自身也存在歧视观念或对某个人群存在刻板印象和偏见。因此，报道中有时出现歧视的观点和歧视性、标签化的词语。此外，在报道中记者也经常忽视隐私权保护之类的细节问题。

媒体是公众了解信息的一个最直观，最重要，也是最有影响力的途径。媒体重不重视就业机会平等问题和能不能真正理解什么是歧视的概念，关系到媒体怎么对待、能不能报道就业歧视问题，能否将正确的反歧视信息报道给公众，它关系到整个社会反歧视意识的提高。因此，如何提高记者的反歧视意识和相关报道能力是推动中国的反歧视事业，实现平等就业机会和社会公正的重要环节和基础。为此，我们中国政法大学宪政研究所进行了一些探索。从2009年开始，我们与《法制日报》、《南方周末》每年联合举办两次反就业歧视记者培训。全国有志于推动就业机会平等，反对就业歧视的记者均可报名，其中，有过反歧视报道经验的记者优先考虑。培训要求参加培训记者须能全程参加两次培训，并能遵守培训要求，不得中途离会；两个培训之间要求培训参加者写一篇反就业歧视的相关报道作为作业，也为第二次培训提供基础。

媒体反就业歧视培训主要向记者介绍反就业歧视的基本知识和发展前沿，以及媒体在反就业歧视中的作用以及如何发挥作用。具体而言，培训内容主要包括：

（1）反就业歧视基本背景知识的介绍：①就业歧视基本概念和分类；②国际上的现行标准，主要包括国际劳工标准及国外劳工组织发展的情况；③中国就业歧视的现状、原因及为什么要反对就业歧视；④中国目前现有反歧视的法律制度，存在的缺陷和解决歧视的途径；⑤国外在反歧视方面的法律制度和经验。

（2）媒体与反就业歧视：①媒体在反歧视中的角色和作用；②如何发挥

媒体在反歧视中的作用，怎样提高媒体反就业歧视报道的质量，提高报道的能力和敏感性。例如，如何寻找新闻源头，海外媒体反歧视的经验，如何开辟新的战场，寻找新的兴奋点；③邀请海外记者介绍海外媒体反歧视的经验。

在培训方法上，针对记者的特点，采用灵活多样的培训方式：

（1）专家讲授。对反歧视的一般概念和标准等内容需要专家进行讲授，但在讲授中采用互动的形式。

（2）案例教学模式。对相关法律制度的介绍不是单纯地从法律条文出发，而是针对个案进行讨论，选取比较有代表性的案例，主要选取国内的案例，国外的案例也有所涉及，通过模拟、分组讨论等互动形式进行分析讨论。这样容易让记者产生兴趣，比较容易接受。

（3）实践游戏。利用角色扮演等形式，呈现真实的案例，供培训者讨论互动。例如，由参会者扮演招聘者和应聘者，模拟招聘现场，让记者亲身感受就业歧视，并对雇主提出的各种招聘条件是否合理、是否属于歧视，进行充分的讨论。

（4）邀请记者现身说法。记者介绍自己亲身经历或发现的歧视事例，供大家共同讨论；请有相关报道经验的记者介绍和交流报道经验。

（5）运用多媒体手段，播放反就业歧视宣传短片。

反就业歧视是促进平等权和实现社会公正的一项伟大事业，推动这一事业需要媒体的大力支持，我们希望能通过培训使记者能持续关注和报道反歧视问题，并在报道中能结合所学知识，提高报道能力。

广州市最低工资制度实施情况调查报告*

孔繁华**

【内容摘要】通过问卷调查，了解广州市最低工资制度的实施情况。调查所得数据表明，过半的劳动者不知道最低工资标准；绝大多数劳动者认为最低工资不足以维持基本生活；劳动者基本生活开支大于最低工资标准；部分劳动者需要通过加班维持自己的生活。针对调查结果，研究者认为，在政策制定过程中，政府信息公开和劳动者的充分参与才是保障最低工资制度切实合理的关键。

【关键词】最低工资　社会调查　政府信息公开

一、调查说明

（一）研究目的

本次调研的目的是为了初步了解广州市最低工资制度的实施情况，劳动者日常生活基本开支的项目、数额，以及劳动者对最低工资制度的态度，《最低工资规定》在多大程度上实现了“保障劳动者个人及其家庭成员基本生活”的目的。为了避免产生歧义，本报告对最低工资制度采用法定的定义，《最低工资规定》第3条规定：“最低工资标准是指劳动者在法定工作时间或依法签订的劳动合同约定的工作时间内提供了正常劳动的前提下，用人单位依法应支付的最低劳动报酬。正常劳动，是指劳动者按依法签订的劳动合同约定，在法定工作时间或劳动合同约定的工作时间内从事的劳动。劳动者依法享受带薪年

* 本次调研得到了亚洲法律资源中心（香港）的支持，在此表示感谢。

** 孔繁华，华南师范大学法学院副教授，法学博士。

休假、探亲假、婚丧假、生育（产）假、节育手术假等国家规定的假期间，以及法定工作时间内依法参加社会活动期间，视为提供了正常劳动。”最低工资包括月最低工资和小时最低工资，前者更具有普遍意义，本报告主要针对月最低工资展开调研。

（二）调查方法与问卷设计

本项目主要采取问卷调查的方式。鉴于研究目的的一致性和区域分布的差异性，本次调查基本采用深圳劳维律师事务所于2009年在深圳开展的“深圳市最低工资标准调查问卷”，该调查问卷共包含30个问题，其中，有2个问题是开放式的，需要受访者根据自己的情况填写。为了统计的方便，根据问题的内容我们作了调整，将开放式问题改为选择的封闭式问题。此外，问卷中有2个问题是多选题，被调查者可根据自己的情况选择多个答案，其余全部为单选题。

（三）调查对象与样本选择

本次调查的对象为劳动者，意图从劳动者那里获知关于最低工资制度实施的现实情况，劳动者日常生活的基本开支，便于与最低工资标准作进一步的对比，以证实或反证我们的理论假设。

本次调查的地点为广州市。限于条件制约，我们只能采取随机抽样的方式寻找被调查者。为了增强样本的代表性，我们按地区分布选择样本，从有效回收问卷的地区来看，样本分布如下：天河区（51）、越秀区（24）、荔湾区（29）、海珠区（36）、白云区（55）、黄埔区（2）、萝岗区（16）、南沙区（24）、番禺区（31）。花都、增城和从化虽然也隶属于广州管辖，但由于地理位置较远，从历年广州市最低工资标准来看，番禺、花都、增城和从化都是执行同一标准，本次调查选择番禺区作为代表。

（四）调查实施

本次调查从华南师范大学法学院硕士研究生中选择8人作为调查员，在项目负责人的带领下赴各地进行调查，调查时间集中在2009年6月至8月。

本次调查调查共发放调查问卷300份，回收有效问卷268份。问卷回收后，由专门人员进行分类、编码，并录入计算机，采用SPSS统计软件进行数据处理分析。受访者中各类人员的比例如下：服务业人员82人，占30.6%；

建筑工人 18 人，占 6.7%；普工 45 人，占 16.8%；技术人员 28 人，占 10.4%；管理人员 30 人，占 11.2%；做小生意等自谋职业者 20 人，占 7.5%；其他 45 人，占 16.8%。

二、理论假设与分析框架

（一）多数劳动者对最低工资制度只有模糊认识

最低工资制度正式建立于 2004 年，以当时的劳动和社会保障部颁布的《最低工资规定》为标志。这一旨在保护劳动者的制度，对劳动者的宣传力度却严重不足。根据初步访谈了解和自身的经验判断，我们认为有很多劳动者不知道最低工资制度，对这一制度也漠不关心，因为“制度抵不过老板一句话”，“与老板谈最低工资，他直接就会炒了我”。部分劳动者虽然知道这一制度，也不知道最低工资的具体标准以及每两年提高一次的要求，觉得“制度归制度、实践归实践，完全是两回事”。从我们对周围亲友的了解来看，他们几乎没有接受过关于最低工资制度的宣传，“完全不了解是什么”，甚至认为“与自己没多大关系”。据此我们初步判断：最低工资制度宣传力度不足，多数劳动者对最低工资制度只有模糊认识。

（二）最低工资标准不足以维持劳动者的基本生活

最低工资制度的目的是为了“维护劳动者取得劳动报酬的合法权益，保障劳动者个人及其家庭成员的基本生活”,① “确定和调整月最低工资标准，应参考当地就业者及其赡养人口的最低生活费用、城镇居民消费价格指数、职工个人缴纳的社会保险费和住房公积金、职工平均工资、经济发展水平、就业状况等因素。”② 国际上一般月最低工资标准相当于月平均工资的 40% ~ 60%，首先让我们来看看广州市 2005—2008 年最低工资标准与月平均工资的对比，对比的目的在于说明两者的比例是否符合国际惯例，由于广州市内与番禺、花都、增城、从化执行不同的标准，此处只选择广州市内的标准为研究对象。如表 1 所示。

---

① 《最低工资规定》第 1 条。
② 《最低工资规定》第 6 条。

表 1　广州市 2005—2008 年月最低工资与月平均工资对比

年份	月最低工资		月平均工资		
	标准元/月	文件	标准元/月	文件	40% ~60%
2005	684	穗府[2004]57 号	2820	穗劳社养[2006]2 号	1128 ~1692
2006	780	穗府[2006]33 号	3027	穗劳社规[2007]1 号	1210.8 ~1816.2
2007			3349	穗劳社规[2008]1 号	1339.6 ~2009.4
2008	860	穗府[2008]5 号	3780	穗劳社规[2009]1 号	1512 ~2268

表 1 数字对比说明，2005—2008 年期间，每年的最低工资标准都没有达到月平均工资的 40% ~60%。不止表 1 列举的年份，从总体上来看，历年最低工资标准都没有达到月平均工资 40% ~60% 的比例。据此我们初步判断，最低工资无法达到保障劳动者及其家庭成员基本生活的目的。

三、调查结果与分析

（一）过半的劳动者不知道最低工资标准

从表 2 可见，268 份有效问卷的被调查者都对这一问题进行了回答，其中，有 160 人不知道广州市 2008 年的最低工资标准，占 59.7%，其余被调查者则认为自己知道这一标准。“知道”这一标准的人中，不排除“错误知道”或“认为自己知道实际上不知道”的情况，但至少表明他们对这一制度有一定程度的了解。

表 2　您是否知道广州市 2008 年最低工资标准

选项	回答人数	百分比
是	108	40.3
否	160	59.7
合计	268	100

（二）绝大多数劳动者认为最低工资不足以维持基本生活

从表 3 可见，76.1% 的被调查者认为最低工资不足以维持自己在广州的基本生活。可见，多数被访者对这一制度持怀疑甚至否定态度。这一调查结果与前述“您是否知道广州市2008年最低工资标准”相结合，更具有科学性。只有知道2008年广州市最低工资标准的被调查者才知道才能准确地判断这一标准是否足以维持自己的基本生活，但在268份问卷中，只有一份无效回答，其余267人全部为有效回答者。这其中不排除有些被调查者并不知道最低工资标准，但依然对“最低工资是否足以维持您的基本生活”问题作了回答，答案的选择具有随意性和不准确性。从经验性的判断来看，不明确者多倾向于选择否定性的答案，这也从一方面说明了表3中“否与是”的比例偏差比较大。本表显示的调查结果至少在一定程度上说明：公众对最低工资制度持怀疑态度，即使在不了解这一制度的情况下，也认为其不能维持自己在广州的基本生活。

表3　　您认为最低工资是否足以维持您在广州的基本生活

选项	回答人数	百分比
是	63	23.5
否	204	76.1
无效回答	1	0.4
合计	268	100

（三）劳动者基本生活开支大于最低工资标准

如果说前表的调查结果是被访问者的感性认识，那么下述一系列数据则是从理性角度证明了感性认识的调查结论：劳动者基本生活开支大于最低工资标准，最低工资不足以维持自己在广州的基本生活。《最低工资规定》附件中规定了最低工资的“科学”测算方法，即比重法和恩格尔系数法，本次调研的目的不在于检验这些方法的准确性，而是从结果出发，将最低工资标准与劳动者基本生活开支作一对比。基本生活开支包括哪些范围？我们认为，下述事项是必要的生活开支：衣服、日用品、交通、伙食、住房、医疗、通信、赡养、抚养和扶养费用、适当的业余生活。调查结果如表4至表23所示。

1. 衣服、日用品开支

接近一半的受访者（累积比例为49.1%），其每月用于衣服、日用品的开支为150元以下，1/3的受访者（累积比例为35.1%），此项开支为100元以下，50~100 元这一区段的比例最高，为 18.3%。该组数据的平均值为 3.89，即 144.5 元/月。

表 4　　您每月用于添置衣服、购买日用品的开支

选项	回答人数	百分比
50 元以下（包括 50 元）	44	16.4
50~100 元（包括 100 元）	49	18.3
100~150 元（包括 150 元）	37	13.8
150~200 元（包括 200 元）	36	13.4
200~250 元（包括 250 元）	20	7.5
250~300 元（包括 300 元）	18	6.7
300 元以上	61	22.8
无效回答	3	1.1
合计	268	100

2. 伙食开支

有 98 名被访者（占 36.6%）可以享受单位的员工餐，自带餐食的比例也相当高，达到 18.7%。32.9% 的受访者“叫外卖（14.2%）”和“外出用餐（18.7%）”。超过一半的被调查者每天的伙食开支集中在 10~20 元和 20~30 元的区间，合计比例为 53%。上述两个问题相比较，每天伙食开支 10 元以下的，多为单位提供员工餐或从家里自带午餐，餐费转嫁为家庭开支。每天伙食开支 30 元以上的，超出维持温饱的基本生活的范畴，对于计算基本生活开支意义不大，由于该组数据比例不高，计算平均值时没有剔除。从统计结果上看，伙食开支的平均值为 2.68，即 16.8 元/月。

表 5　　您每天上班的用餐方式

选项	回答人数	百分比
自带	50	18.7
叫外卖	38	14.2
外出用餐	50	18.7
员工餐	98	36.6
其他	31	11.9
合计	268	100

表6　　您每天用于伙食的开支

选项	回答人数	百分比
10元以下（含10元）	53	19.8
10~20元（含20元）	96	35.8
20~30元（含30元）	46	17.2
30元以上	31	11.6
0元	42	15.7
合计	268	100

3. 住房开支

住房开支是居民日常生活的重要组成部分，而且支出数额较高。作为一种员工福利，有些企业提供员工宿舍，以解决员工住房问题，节省员工生活开支，单位提供员工宿舍的有66人，占24.6%。租房（包括与人合作与单独租住）的比例累积达到47.6%，约占受访者的一半。对于租房的劳动者，有些单位会在基本工资以外发放住房补助，而有些单位根本没有此项福利。由于住房补助不具有普遍意义，我们将住房开支纳入基本生活开支的一项计算。住房开支的平均值为2.53，即359元/月。

表7　　您的居住情况

选项	回答人数	百分比
单独租房	59	22.0
与人合租	68	25.4
按揭购房	16	6.0
住员工宿舍	66	24.6
自有房产	43	16.0
其他	15	5.6
无效回答	1	0.4
合计	268	100

表 8　您的住房人均面积

选项	回答人数	百分比
$5m^2$以下（含 5 m^2）	31	11.6
5 ~ $10m^2$（含 10 m^2）	89	33.2
10 ~ $20m^2$（含 20 m^2）	71	26.5
20 ~ $50m^2$（含 50 m^2）	49	18.3
$50m^2$以上	26	9.7
无效回答	2	0.8
合计	268	100

表 9　您每月的住房开支

选项	回答人数	百分比
0 元	83	31.0
200 元以下（含 200 元）	52	19.4
200 ~ 500 元（含 500 元）	66	24.6
500 ~ 1000 元（含 1000 元）	46	17.2
1000 ~ 2000 元（含 2000 元）	14	5.2
2000 元以上	6	2.2
无效回答	1	0.4
合计	268	100

4. 交通开支

对于交通工具问题的调查，为多项选择题，不限定被调查者选择答案的数量。47.7% 的受访者选择公交车、地铁作为主要的上班出行方式；选择自行车代步的为 13.1%；步行上班的为 20.6%；虽然广州市已明令“禁电”，但仍有 18 名受访者选择了电动车作为主要交通工具。选择的士和小车的合计比例为 8.7%。绝大部分受访者每月的交通开支为 150 元以下。交通开支的平均值为 2.66，即 83 元/月。

表 10　　　　**您主要使用的交通工具（可多选）**

选项	回答人数	百分比
公交车、地铁	164	47.7
自行车	45	13.1
电动车	18	5.2
的士	9	2.6
小汽车	14	4.1
公司班车	23	6.7
步行	71	20.6
合计	344	100

表 11　　　　**您每月用于交通的开支**

选项	回答人数	百分比
50 元以下（包括 50 元）	83	31.0
50～100 元（包括 100 元）	64	23.9
100～150 元（包括 150 元）	61	22.8
150～200 元（包括 200 元）	19	7.1
200～250 元（包括 250 元）	15	5.6
250～300 元（包括 300 元）	11	4.1
300 元以上	14	5.2
无效回答	1	0.4
合计	268	100

5. 业余生活开支

20.5%的受访者没有任何业余生活方式，而对于很多为了基本生活而谋生的劳动者来说，上网也许是最节约同时也是最容易打发时间的方式，36.9%的被调查者选择了上网作为自己的主要业余消遣。看电影、逛书店、泡吧、体育运动、逛公园等娱乐方式，比例均在百分之十以下。业余生活开支主要集中在 100 元以下，50 元以下的比例最高，占 33.8%。业余生活开支的平均值为 2.24，即 62 元/月。

表 12　　**您的业余生活方式**

选项	回答人数	百分比
无	55	20.5
看电影	26	9.7
逛书店	14	5.2
上网	99	36.9
泡吧	19	7.1
体育运动	21	7.8
逛公园	4	1.5
其他	30	11.2
合计	268	100

表 13　　**您每月用于丰富业余生活的开支**

选项	回答人数	百分比
50 元以下（含 50 元）	90	33.6
50～100 元（含 100 元）	79	29.5
100～200 元（含 200 元）	40	14.9
200～300 元（含 300 元）	57	21.3
无效回答	2	0.8
合计	268	100

6. 医疗开支

37.8%的人在生病后会选择“到药店买药”，超过一半（52.4%）的劳动者生病后寻求一定的专业机构治疗，包括到市属大医院、社区医院或小诊所，不过也有 17 人选择不治疗。医疗支出是居民日常生活一项非常重要的开支，而且数额可能非常庞大，占家庭支出相当大的比例。如果家庭收入仅够维持日常生活，那么一旦有家庭成员生病，日常消费就会被打乱，或者压缩本应支付的医疗开支。由于医疗开支并不是每月必需的支出，因此，此项数据仅具有一定的参考价值。医疗开支的平均值为 1.39，即 69.5 元/月。

表 14 您生病后会在什么医疗机构接受治疗

选项	回答人数	百分比
不治疗	17	6.3
市属大医院	59	22.0
社区医院	43	16.0
小诊所	38	14.2
去药店买药	101	37.7
其他	9	3.4
无效回答	1	0.4
合计	268	100

表 15 您每月用于医疗的开支

选项	回答人数	百分比
50 元以下（含 50 元）	195	72.8
50～100 元（含 100 元）	49	18.3
100～200 元（含 200 元）	14	5.2
200 元以上	9	3.4
无效回答	1	0.4
合计	268	100

7. 通信开支

表 16 您每月用于通信的开支

选项	回答人数	百分比
50 元以下（含 50 元）	59	22.0
50～100 元（含 100 元）	127	47.4
100～200 元（含 200 元）	48	17.9
200 元以上	33	12.3
无效回答	1	0.4
合计	268	100

电话已成为现代社会生活必需的交流方式之一，通信开支费用也随之成为必需的生活开支。通信开支主要集中在 50～100 元的区间，约占被访者的一半，比例为47.4%。通信开支的平均值为2.21，即60.5元/月。

8. 其他开支

其他开支为一些难以计算的杂项开支，对于不同的消费人群，具体数额差异较大。此项调查数据分布较平均，除 50～100 元的区间人数比例较多（30.3%）外，其他四个区间段都在20%左右。该项支出的平均值为2.55，即77.5元/月。

表 17　　**您用于其他方面的开支**

选项	回答人数	百分比
50元以下（含50元）	53	19.8
50～100元（含100元）	81	30.2
100～200元（含200元）	66	24.6
200元以上	67	25.0
无效回答	1	0.4
合计	268	100

9. 赡养、抚养（扶养）开支

有2/3（65.6%）的受访者有抚养孩子的负担，抚养孩子的人数一般为1～2人，每月抚养孩子的支出为500元以下的占大部分（61.2%）。超过一半（58.1%）的被调查者有扶养和赡养负担，人数一般也为1～2人，月平均支出主要在500元以下（65.6%）。抚养小孩的平均值为1.36，即180元/月。赡养、扶养其他人的平均值为1.37，即185元/月。

个人为了保障本人及其家庭成员的基本生活，必要的开支包括：

基本生活费=衣服、日用品+交通+伙食+住房+通信+赡养、抚养和扶养费用+业余生活+其他

将调查所得的平均值计人这一公式：

基本生活费=144.5+16.8×30+359+83+62+60.5+77.5+180+185

=1655.5元/月（不包括医疗费）

劳动者为了维持个人及家庭成员的基本生活，每月必需的生活支出为1655.5元，这一标准是广州市2008年最低工资标准860元/月的将近两倍，

是广州市月平均工资3780元/月的42.79%。可见，最低工资标准不足以维持劳动者及其家庭成员的基本生活。

表18　　　　您是否有需要抚养的小孩

选项	回答人数	百分比
是	92	34．3
否	175	65．3
无效回答	1	0.4
合计	268	100

表19　　　　您需要抚养的小孩人数

选项	回答人数	百分比
0人	149	55.6
1人	68	25.4
2人	36	13.4
3人	1	0.4
4人	0	0
5人及以上	1	0.4
无效回答	13	4.9
合计	268	100

表20　　　　您每月用于抚养小孩的开支

选项	回答人数	百分比
0	26	9.7
500元以下（含500元）	156	58.2
500~1000元（含1000元）	47	17.5
1000~1500元（含1500元）	10	3.7
1500~2000元（含2000元）	12	4.5
2000元以上	4	1.5
无效回答	13	4.9
合计	268	100

表 21　　您是否有需要赡养、扶养的人

选项	回答人数	百分比
是	155	57.8
否	112	41.8
无效回答	1	0.4
合计	268	100

表 22　　您需要赡养、扶养的其他人人数

选项	回答人数	百分比
0 人	96	35.8
1 人	75	28.0
2 人	71	26.5
3 人	13	4.9
4 人	4	1.5
5 人及以上	3	1.1
无效回答	6	2.2
合计	268	100

表 23　　您每月用于赡养、扶养其他人的开支

选项	回答人数	百分比
0	13	4.9
500 元以下（含 500 元）	172	64.2
500～1000 元（含 1000 元）	54	20.1
1000～1500 元（含 1500 元）	14	5.2
1500～2000 元（含 2000 元）	7	2.6
2000 元以上	2	0.7
无效回答	6	2.2
合计	268	100

（四）部分劳动者需要通过加班维持自己的基本生活

这一结论我们通过工作时间与工资收入的对比来判断。

1. 约定工作时间与实际工作时间对比

劳动者与用人单位约定工作时间在 8 小时以内的为 164 人，占 61.2%；8～12 小时为 78 人，占 29.1%，12 小时以上的为 13 人，占 4.9%。而实际工作时间则与约定工作时间并不对应，实际工作 8 小时以内的为 127 人，占 47.4%；实际工作时间为 8～12 小时的为 110 人，占 41%；12 小时以上的为 13 人，占 4.9%。其他工作时间，如不定时、综合计算工时工作制，因为具有特殊性，没有普遍意义，在此不作具体分析。将两组调查数据作一对比，发现约定 8 小时以内工作时间的人数比例高于实际工作 8 小时以内的人数，也就是说有相当一部分人约定的是 8 小时以内的工作，而实际工作时间超过了 8 小时。而实际工作时间的调查结果验证了这一结论：实际工作时间为 8～12 小时和 12 小时以上两个时间段的选择人数比例大于约定的时间段人数比例。也就是说，有一部分劳动者超过劳动合同规定的时间从事工作，实际工作时间超过 8 小时的人数比例为 45.9%。如表 24、表 25 所示。

表 24　　您与用人单位约定的工作时间

选项	回答人数	百分比
8 小时以内（含 8 小时）	164	61.2
8～12 小时（含 12 小时）	78	29.1
12 小时以上	4	1.5
其他（如不定时、综合计算工时）	21	7.8
无效回答	1	0.5
合计	268	100

表 25　　您每天实际的工作时间

选项	回答人数	百分比
8 小时以内（含 8 小时）	127	47.4
8～12 小时（含 12 小时）	110	41.0
12 小时以上	13	4.9
其他（如不定时、综合计算工时）	16	6.0
无效回答	2	0.8
合计	268	100

2. 约定基本工资与实际工资对比

约定工资与实际工资的对比分析告诉我们，40%以上的劳动者其约定工资与实际工资都集中在1000～2000元，约定工资为1000元以下的比例为35.2%，而实际拿这一档次工资的人数比例仅剩19.4%，1000～2000元与2000～3000元两个工资段的调查数据，实际工资比例都高于约定工资比例。我们的调查问题设定为“您与工作单位约定的基本工资（不包含加班费、津贴、绩效奖金等”是多少？而劳动者实际领到的工资不限于基本工资。与前一个工作时间的调查结论相印证，我们不难发现，部分劳动者领到的实际工资之所以高于约定工资，是包含了加班费。通过进一步的走访发现，有劳动者反映“不加班没活干，自然就拿钱少”。在今年经济危机的大背景下，有些企业效益降低、订单下降，加班时间自然减少，劳动者出现了盼望加班的情绪。与生存比起来，休息权、健康权都已成了奢侈的追求。由于调查样本的局限性，我们不敢肯定这种情况具有代表性，但至少反映了一种不合理的现象。如表26所示。

表26　约定基本工资与实际工资对比

选项	约定基本工资		实际工资	
	回答人数	百分比	回答人数	百分比
1000元以下（含1000元）	94	35.2	52	19.4
1000～2000元（含2000元）	107	40.1	120	44.8
2000～3000元（含3000元）	32	12.0	47	17.5
3000元以上	24	9.0	49	18.3
未约定	10	3.7	0	0
合计	267	100	268	100

结语

我们对广州市最低工资制度实施情况的调查结果，与其他项目组同期在武汉和深圳展开的调查在一定程度上相印证。简而言之，劳动者维持“基本生活”的开支大于最低工资标准，为了维持“基本生活”，往往需要通过加班来达到目的。以政府主导制定的最低工资标准，劳动者的参与程度非常有限，最低工资标准的制定过程基本处于不公开的状态。项目组通过政府信息公开期冀获得最低工资标准制定过程的相关资料，并以此推动信息公开，也遇到了重重阻碍。本就处于弱势地位的劳动者，与其切肤相关的最低工资标准的制定却缺少他们的充分参与，又如何能指望他们的权利获得保障呢？劳动者在乎的不仅是最低工资的具体标准，而且更重要的是这一标准是如何制定出来的。实现这一目标依然任重而道远！

中国实施《经济、社会和文化权利国际公约》现状管窥

——中国七城市道路和建筑物的无障碍建设调研报告

吴淞豫　李　傲　李薇薇　项　焱*

【内容摘要】 通过访谈、问卷调查等方式，了解中国七城市道路和建筑物的无障碍环境现状。调查所得数据表明，被调查城市的无障碍建设均由政府主导；无障碍建设已有初步组织；相关立法有待细化；无障碍理念认知尚模糊但前景乐观；无障碍设施建设和维护监管缺位严重。针对调查结果所显示的现状，建议全面普及无障碍理念，无障碍建设由政府主导转向政府民间协同工作；完善组织保障；弥补立法空白以及细化相关规则。

【关键词】 经济、社会和文化权利国际公约　无障碍环境

一、调研概述

1. 调研缘起

2001 年 6 月 27 日，《经济、社会及文化权利国际公约》(简称《公约》)被全国人民代表大会批准，正式在中国国内生效。2003 年 6 月 27 日，中国如期向经社文权利委员会提交执行《公约》情况的首次报告。2005 年 4 月 27 日至 29 日，委员会正式审议中国履约报告。委员会在通过关于中国履行《公约》报告的“结论性意见”，肯定中国履约成就的同时，提出相关改进建议，尤其是确保《公约》第 3 条、第 15 条规定的非歧视原则得到切实遵守等内

* 吴淞豫，大连海事大学法学院教师，中国政法大学博士后流动站博士后研究人员，法学博士；李傲，武汉大学法学院教授，法学博士；李薇薇，深圳大学法学院教授，法学博士；项焱，武汉大学法学院副教授，法学博士。

容。根据委员会的要求，中国应于2010年提交第二期履约报告，经过五年的努力，中国在反歧视方面履约状况如何？履约过程中的主要成就和障碍何在？上述问题是本研究的缘起。

作为反歧视，平等、共享人类文明的重要一部分，残疾人、老年人平等参与社会生活的权益为公约所确认和保障。老年人和残疾人有和其他人一样的社会交往、经济往来、信息沟通的权利和需求，缔约国必须满足他们的基本权利和需求，为其参与社会持续提供各种便利。

无障碍环境，是残疾人、老年人走出家门、参与社会生活的基本条件，也是方便老年人和社会全体成员的重要措施，是完善公共服务和城市功能不可或缺的基本元素。它不仅包括基本设施等硬件上的无障碍，而且还包括信息交流方面的渠道无障碍。

截至2006年4月，中国残联统计数据显示，中国有残疾人员8296万人，占总人口的6.34%。截至2007年底，中国8000多万残疾人中城镇残疾人就业人数已经达到433.7万人，农村残疾人就业人数达到了1696.6万人。仅2007年，城镇新安排残疾人就业人数已经达到39.2万人。"① 另一不容置疑的现实是中国正迈向老龄化社会，据统计“2007年中国65岁及以上老年人口已达1.1亿人，占全部人口总量的8.8%，预测到2020年，中国65岁及以上老年人口所占比重将达到11.92%，到21世纪中叶，老年人口比重将达到25%，每四个人中就有一个老年人”②。与残疾人口数相加，两项约占总人口的比例将从现在的15.14%攀升到惊人的43.26%。

中国大陆无障碍设施的建设是从无障碍设计规范的提出与制定开始的。1985年3月，在“残疾人与社会环境研讨会”上，中国残疾人福利基金会、北京市残疾人协会、北京市建筑设计院联合发出了“为残疾人创造便利的生活环境”的倡议。北京市政府决定将西单至西四等四条街道作为无障碍改造试点。1985年4月，在全国人大六届三次会议和全国政协六届三次会议上，部分人大代表、政协委员提出“在建筑设计规范和市政设计规范中考虑残疾人需要的特殊设置”的建议和提案。1986年7月，建设部、民政部、中国残

---

① 2008年8月8日上午，“中国残疾人事业发展状况”新闻发布会国家人力资源部和社会保障部就业促进司司长于法鸣所作通报；另见国家统计局、第二次全国残疾人抽样调查领导小组公布的数据，取样自中国大陆31个省、自治区、直辖市，截止时间为2006年4月1日零时。

② 2009年9月11日国家统计局发布全国人口变动情况抽样调查报告。

疾人福利基金会共同编制了我国第一部《方便残疾人使用的城市道路和建筑物设计规范（试行）》，于1989年4月1日颁布实施。十多年来，随着经济发展和社会进步，我国的无障碍设施建设取得了一定的成绩，北京、上海、天津、广州、深圳、沈阳、青岛等大中城市比较突出。在城市道路中，为方便盲人行走修建了盲道，为方便乘轮椅残疾人修建了缘石坡道。建筑物方面，大型公共建筑中修建了许多方便乘轮椅残疾人和老年人从室外进入到室内的坡道，以及方便使用的无障碍设施（楼梯、电梯、电话、洗手间、扶手、轮椅位、客房等）。但总的来看，设计规范没有得到较好执行，同残疾人的需求及发达国家和地区的情况相比，我国的无障碍设施建设还较为落后，甚至有较大差距。

本课题组成员着眼于硬件设施中的无障碍环境建设现状，认为城市道路和建筑物的无障碍设计是针对残疾人、老年人等的生理和心理的特殊需要，通过对城市道路、公共建筑、居住建筑有关部位提出的便于这类弱势群体行动和使用的一种系统设计，帮助残疾人、老年人尽可能实现正常生活、参与社会劳动、获得与正常人相等权利的重要途径。为观察、回顾部分中国履约实际状况，切实关注未来中国应当在残疾人、老年人权益保障方面的努力方向和改进设想，本课题组认为，考察近20年来残疾人、老年人平等参与社会生活的基本条件之一的无障碍环境，尤其是中国城市道路和建筑物的无障碍环境现状，将是一个较为直观且方便的路径。

2. 调研区域

本课题主要立足各主要城市的物质环境无障碍现状调研，其他，如信息无障碍环境和农村无障碍环境建设现状、城市残疾人士家庭设施无障碍环境现状等，不在本次调研范围内。

根据2007年国家统计局发布的第二次全国残疾人普查报告显示，各省总人口和残疾人口比例如表1所示。

考虑到调查所需样本的地域代表性和人口基础数量，同时，避免重复选择既往已经调研的城市如上海、北京、广州、南京，并结合本课题经费和人员方便程度，本课题组选择中国六个副省级城市和一个直辖市为调查对象①，七城市分布如图1所示。

① 最初选择城市是乌鲁木齐市，由于2009年7月原定调研时间内该市处于紧急状态，考虑到调研方便程度和地区代表性后确定改为哈尔滨市。

表1　　各省总人口和残疾人口比例

地　区	残疾人口数（万人）	占总人口比例（%）	地　区	残疾人口数（万人）	占总人口比例（%）
北京市	99.9	6.5	湖北省	379.4	6.6
天津市	57.0	5.5	湖南省	408.0	6.4
河北省	495.9	7.2	广东省	539.9	5.9
山西省	202.9	6.0	广西壮族自治区	337.5	7.2
内蒙古自治区	152.5	6.4	海南省	49.4	6.0
辽宁省	224.2	5.3	重庆市	169.4	6.1
吉林省	190.9	7.0	四川省	622.3	7.6
黑龙江省	218.9	5.7	贵州省	239.2	6.4
上海市	94.2	5.3	云南省	288.3	6.5
江苏省	479.3	6.4	西藏自治区	19.4	7.0
浙江省	311.8	6.4	陕西省	249.0	6.7
安徽省	358.6	5.9	甘肃省	187.1	7.2
福建省	221.1	6.3	青海省	30.0	5.5
江西省	276.1	6.4	宁夏回族自治区	40.8	6.8
山东省	569.5	6.2	新疆维吾尔自治区	106.9	5.3
河南省	676.3	7.2			

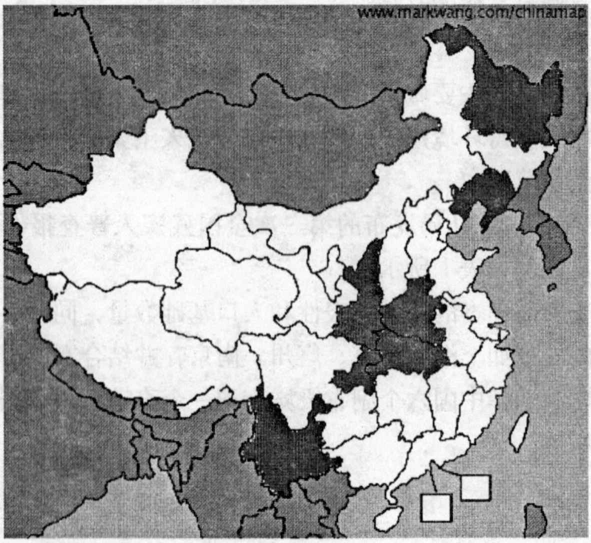

图1　七城市分布

上述城市分为两个类型：

第一类，已颁布城市道路和建筑物无障碍设施建设和管理方面的地方性政府规章或者法规的城市：如大连、西安、哈尔滨、武汉；

第二类，尚未制定颁布上述规章或法规的城市：如郑州、昆明、重庆。

调研组对该城市中的两个方面的数据重点收集：

（1）城市道路和建筑物无障碍设施的现状，观察《中华人民共和国残疾人权益保护法》以及国际公约有关条文在该市的实施状况。

（2）研究该城市建设无障碍环境的主要困难和初步的解决方案。

具体包括：

（1）道路交通公共设施类（公共汽车车辆及车站、火车站、飞机场、港口、天桥、交通信号等）中无障碍环境。

（2）城市公共建筑物类（餐馆、宾馆、公共浴池、大型零售业、民用住宅小区、政府行政服务中心、学校等为代表）的建筑物中无障碍环境。

（3）政府官员及民众对城市道路和建筑物无障碍现状的认知程度。

3. 调研方法

本课题组进行的“中国主要城市道路和建筑物的无障碍环境建设现状调查”，是一个集认知型和现状型于一身的调查，采用调查员实地走访统计、访谈、问卷回答方式进行。

调查问卷主要涉及如下八个方面的内容：

（1）道路无障碍状况。

道路的人行道设置盲道，路口设置缘石坡道；路口、人行横道设置提示盲道和与红绿灯同步的过街音响信号装置。

（2）公共建筑无障碍状况。

公园、广场、医院、商场、银行、邮局、电信营业厅、博物馆、影剧院、音乐厅、宾馆、餐厅、旅游景点等公共建筑物出入口进行坡化处理；内部通道无障碍，设低位服务窗口和低位电话、无障碍厕所或厕位。体育、文化观演场所按比例设轮椅席位。宾馆饭店按一定比例设立无障碍客房。停车场设置无障碍停车位。

（3）公共交通无障碍状况。

公交、地铁、城铁车站，火车站、长途汽车客运站、客运码头出入口坡化处理；站台设行进盲道和提示盲道，轨道交通站台高度与车厢地板是否基本平齐；站内设有轮椅水平及垂直通道设施、低位售票口、无障碍厕所或厕位；主要车站设置盲文站牌和电子信息提示牌，大型场所设置无障碍行进路线图和无障碍标志；公交车车厢内是否设有字幕。是否使用无障碍低底盘公交车辆。飞机场、火车站、客轮等出入口和内部设施是否符合无障碍要求，是否设置无障碍卫生间等，安检区设有轮椅安检设备。航班信息字幕、语音提示系统要及时提供语音和文字信息。公共交通方面是否根据不同类别残疾人的需求提供服务。

（4）该市城市残疾人士（包括年龄在65岁以上老年人士）的数量和分布状况。

（5）被调查道路和建筑物的建设时间。

（6）现有无障碍设施投资者、管理者状况。

（7）该市无障碍环境建设立法状况及评价。

（8）残疾人士对现有无障碍设施满意度。

问卷和访谈的对象有三类：

（1）城市建设委员会建设审批和城市档案部门访谈，了解无障碍环境创建历程和现状数据，了解无障碍环境建设中的政府观点。

（2）调查员自行观察填写和市民访谈，市内主要道路、公共交通设施、公用建筑物、住宅小区无障碍环境建设现状。

（3）残疾人联合会、残疾人士访谈，无障碍环境建设满意度调查。

自2009年5月至11月，本课题组发放问卷情况如表2所示。

表2　问卷调查

发放对象	问卷类型	哈尔滨	大连	郑州	西安	武汉	重庆	昆明	合计
市民	发放数	200	220	210	220	210	250	250	1560
	有效数	174	210	204	217	205	247	244	1501
政府	发放数	5	5	5	5	5	5	5	35
	有效数	5	5	5	5	5	5	5	35
残疾人士	发放数	50	50	50	50	50	50	50	350
	有效数	50	50	50	50	50	50	50	350
残联	发放数	1	1	1	1	1	1	1	7
	有效数	1	1	1	1	1	1	1	7

二、调研数据分析

1. 城市残疾人和老年人总量和比重现状

课题组从国家统计局数据公报分析得出七个城市中残疾人和老年人的数量状况如表3所示。

表 3　　　　　　七城市残疾人和老年人统计概表

工作生活在城区内的人口类型	哈尔滨	大连	郑州	西安	武汉	重庆	昆明	平均比例
总量（万）	277.05	225.12	735.6	288.86	474.98	441.16	164.39	
残疾人口（万）	15.79	11.93	52.96	19.35	22.94	26.91	10.69	6.2%
60 岁以上人口（万）	19.28	15.88	51.20	20.10	33.06	30.70	11.44	6.69%

注：城市人口数据来自国家统计局 2009 年 119 个城市人口数据公报；城市老年人人口按照国家统计局 2008 年公布全国 60 岁以上人口占总人口各省市平均比例为依据；城市残疾人口数量按照 2007 年国家统计局全国第二次残疾人普查公报第二号的各省市比例计。

由表 3 知，上述城市残疾人和老年人总数占城市总人口数的比重在 12.89% 左右，结合未来老年人口上升的趋势，按目前生育水平预测，“到 2020 年，中国的人口总量将达到 14.3 亿人；人口总量高峰将出现在 2032 年前后，达 14.7 亿人左右。未来十几年，16 岁及以上人口的规模总量在 9 亿人以上，2013—2020 年将超过 11 亿人，并呈快速增长趋势”。如前文所述，老年人和残疾人口比例如果达到 43.26%，无障碍环境建设的需求量激增的现实不容置疑。

2. 与无障碍相关的立法状况

涉及反歧视和残疾人保障方面，中国已经加入并批准的国际公约有《残疾人权利公约》、《公民经济社会文化权利公约》；承诺为残疾人提供合理便利并从立法上保障残疾人基本权利。

宪法层面，《中华人民共和国宪法》第 33 条第 2 款、第 3 款明确阐明，“中华人民共和国公民在法律面前一律平等”，“国家尊重和保障人权”。并在第 45 条第 3 款规定，“国家和社会帮助安排盲、聋、哑和其他有残疾的公民的劳动、生活和教育”。

法律层面，1990 年的《中华人民共和国残疾人保障法》第 46 条规定，“国家和社会逐步实行方便残疾人的城市道路和建筑物设计规范，采取无障碍措施”。2008 年修订后的《中华人民共和国残疾人保障法》增加了“无障碍环境”一章的六个条文，规定国家和社会的无障碍环境建设义务，突出强调“新建、改建和扩建建筑物、道路、交通设施”等无障碍设施建设义务和“已建成设施的改造，优先推进与残疾人日常工作、生活密切相关的公共服务设施”，逐步推进改造义务，规定“新建、改建和扩建建筑物、道路、交通设施，不符合国家有关无障碍设施工程建设标准，或者对无障碍设施未进行及时维修和保护造成后果的，应由有关主管部门依法处理”。就无障碍设施的建设、改造义务等方面给出了明确的依据。

行政法规层面，我国至今尚未出台一部专司无障碍环境建设的行政法规。

部委规章和规范性文件层面，1989 年就有行业标准，即《方便残疾人适用的城市道路和建筑物设计规范》，1998 年，建设部颁布《关于做好城市无障碍设施建设的通知》，2001 年，建设部等部门颁发了《城市道路和建筑物无障碍设计规范》，2002 年，建设部、民政部、中国残疾人联合会发布关于行业标准的《城市道路和建筑物无障碍设计规范》通知，《铁路旅客车站无障碍设计规范》、《民用机场旅客航站区无障碍设施设备配置标准》、《特殊教育学校建筑设计规范》等也先后发布。

地方立法层面，北京、上海、天津、济南、本溪、武汉、大连、西安、哈尔滨九个城市，山东、河北、广东、湖北、辽宁、福建、安徽七个省已经出台了无障碍建设地方性法规或规章及规范性文件。详细情况如表 4、表 5 所示。

表 4　　**无障碍建设地方性法规或规章及规范性文件**

序号	名称	实施时间	制定者	效力等级
1	北京市无障碍设施建设管理条例	2004 年 5 月 16 日	北京市人大	地方法规
1	西安市无障碍设施建设管理规定	2002 年 9 月 10 日起施行 政府令 2 号	西安市政府	地方政府规章
2	上海市无障碍设施建设和使用管理办法	2003 年 4 月 3 日 政府令 1 号	上海市政府	
3	南京市无障碍设施建设管理办法	2004 年 11 月 11 日 南京市人民政府令第 232 号	南京市政府	
4	杭州市无障碍设施建设和管理办法	2004 年 5 月 1 日起施行 市长令 201 号	杭州市政府	
5	天津市无障碍设施建设和管理办法	2004 年 12 月 15 日实施 政府令第 85 号	天津市政府	
6	辽宁省无障碍设施建设使用管理规定	2005 年 4 月 15 日起实施 政府令第 182 号	辽宁省政府	
7	广东省无障碍设施建设管理规定	2005 年 7 月 1 日起施行 省长令	广东省政府	
8	武汉市扶助残疾人若干规定	2006 年 1 月 1 日起施行 政府令 168 号	武汉市政府	
9	哈尔滨市城市无障碍设施建设管理办法	2007 年 5 月 1 日起施行 政府令第 156 号	哈尔滨政府	
10	河北省无障碍设施建设使用管理规定	2008 年 10 月 1 日实施 省长令	河北省政府	
11	湖北省无障碍设施建设和管理规定	2008 年 7 月 1 日起施行 政府令 317 号	湖北省政府	
12	内蒙古自治区无障碍建设管理办法	2008 年 6 月 1 日起施行 自治区政府令 156 号	内蒙古自治区政府	

续表

序号	名称	实施时间	制定者	效力等级
1	山东省无障碍设施建设管理办法	2006年3月1日 鲁建发［2006］4号	山东省建设厅	地方政府部门规范性文件
2	安徽省无障碍设施建设管理规定	2006年3月1日起施行	安徽省民政厅、建设厅、省残疾人联合会	
3	福建省无障碍设施建设管理暂行规定	2001年5月18日 闽政办［2001］104号	省建设厅、省残疾人联合会	
4	秦皇岛市城市无障碍设施建设管理办法	2001年5月13日颁行 秦政办［2001］149号	秦皇岛市政府	
5	大连市城市无障碍设施建设管理规定	2003年5月8日起施行 大政发［2003］43号	大连市政府	
6	北京市商业无障碍设施改造财政补助资金管理办法	2005年7月1日	北京市财政局 北京市商务局	
7	富阳市无障碍设施建设管理办法	2005年5月1日起施行 富政办［2005］15号	富阳市政府	
8	济宁市无障碍设施建设管理办法	2006年6月9日 济政办发［2006］28号	济宁市政府	
9	临沂市无障碍设施建设管理办法	2006年10月18日 临政2006-33号	临沂市政府	
10	本溪市无障碍设施建设和使用管理实施细则	2006年12月1日起施行	本溪市政府	
11	东营市无障碍设施建设管理办法	政府令118号	东营市政府	
12	济南市无障碍设施建设管理办法	2009年10月1日 济政办发［2009］39号	济南市政府	

可以说，中国近50%的省份已经出台相应的地方立法或规范性文件，立法开始引导无障碍环境建设。

表5　中国（除港澳台地区）涉及无障碍建设方面的法律法规及规范性文件颁行情况表

类型数量＼年份	1998	1999	2000	2001	2002	2003	2004	2005	2006	2007	2008	2009
法律	无	无	无	无	无	无	无	无	无	无	1	无
行政法规	无	无	无	无	无	无	无	无	无	无	无	无
地方性法规	无	无	无	无	无	无	1	无	无	无	无	无
规章	无	无	无	无	1	1	3	2	1	1	3	无
规范性文件	2	2	无	2	4	9	5	8	5	9	17	11

中国（除港澳台地区）地方政府已经颁布无障碍建设方面的地方政府规章效力等级以上的区域如图2所示。

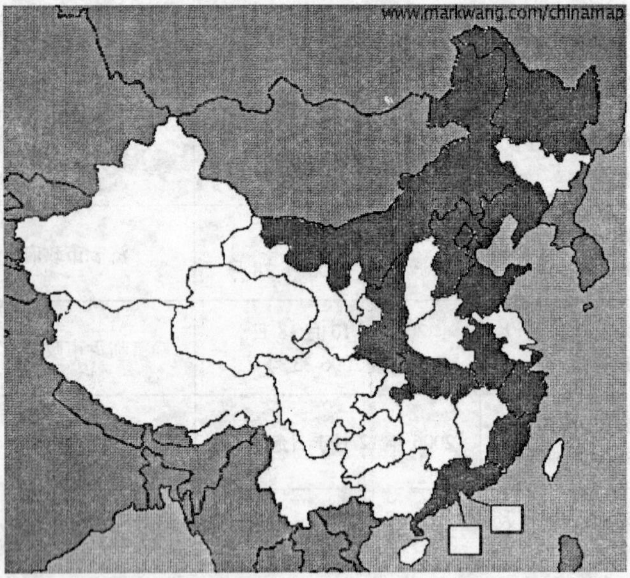

图2　中国（除港澳台地区）地方政府颁布无障碍建设方面的地方政府规章效力等级以上的区域

3. 城市无障碍环境建设工作机制和组织保障状况

据调查，涉及无障碍工作的政府公共职能部门主要有17个，各自职能和分工如表6所示。

表6　涉及无障碍环境建设的公共职能部门

序号	机构名称	分　工
1	市政府（无障碍工作领导小组、市政府办公会议）	领导、组织各机构落实无障碍工作
2	建设委员会（建设局）	城市新建、改建无障碍设施
3	规划局	建设项目中无障碍规划审批
4	市政管理委员会（公共事业局、市政管理局）	已建成公共道路上无障碍设施的维修养护
5	城市管理部门（城市管理局）	城市公共区域内除其他部门管理之外的无障碍设施的使用状况监督
6	公安局	过街音响设施的维护管理
7	教育委员会（教育局）	教育机构中物质无障碍设施建设、维护、管理和信息无障碍条件的建设和监督
8	民政局	康复中心残疾人服务中心中的无障碍设施建设、维护、管理
9	交通委员会（交通局）	城市道路无障碍设施的规划和建设
10	铁路管理部门（铁路局）	铁路客运站和车辆的无障碍设施的规划、建设、维护、管理
11	民航管理部门	民航无障碍设施的规划、建设、维护、管理
12	旅游局	旅游景点、宾馆等旅游服务场所的无障碍设施的规划、建设、监督、管理
13	信息产业局	社会信息交换中信息无障碍设施的规划、建设、维护、管理
14	广播电视局	广播电视中信息无障碍设施的规划、建设、维护、管理
15	残疾人联合会	无障碍环境建设数据统计、信息反馈、协调、监督
16	老龄委	相关信息反馈、监督
17	妇女联合会	相关信息反馈、监督

为切实了解城市道路和建筑物无障碍建设的政府组织投入状况，2009 年 4 月 25 日以调研组成员名义，向七个城市有关部门提出政府信息公开申请，要求提供截至 2009 年 3 月 30 日，市内各区中属于贵单位的无障碍设施建设的有关数据①，政府信息公开申请中，要求有关机关回复形式为书面邮寄或者电子邮件，答复状况如表 7 所示。其中，“申请公开的信息不存在”为内容的答复占到了 112 个答复量的 30.36%，仅有的 78 个答复也并未能完整提供历时五年的数据，仅仅提供了 2006 年或 2008 年接受建设部有关部门检查时进行统计的当年资料，历年的无障碍建设方面的确切建设数字缺乏统计，有关职能部门亦缺乏专人从事数据收集工作。详见表 7 所示。

表 7　　七城市有关部门无障碍数据统计状况表

答复状况	哈尔滨	大连	郑州	西安	武汉	重庆	昆明	专人进行数据统计的比率
市政府（无障碍工作领导小组、市政府办公会议）	Z	Z	Z	Z	Z	Z	Z	0.5
建设委员会（建设局）、规划局	Z	Z	O	Z	Z	Z	Z	0.43
市政管理委员会（公共事业局、市政管理局）	Z	Z	Z	Z	Z	Z	Z	0.5
城市管理部门（城市管理局）	Z	Z	Z	Z	O	O	O	0.29
公安局	Z	Z	Z	Z	Z	Z	Z	0.5
教育委员会（教育局）	Z	O	O	Z	Z	O	O	0.21
民政局	Z	Z	Z	Z	Z	Z	Z	0.5
交通委员会（交通局）	Z	Z	O	Z	Z	Z	Z	0.43
铁路管理部门（铁路局）	Z	Z	Z	Z	Z	Z	Z	0.5
民航管理部门	Z	Z	Z	Z	Z	Z	Z	0.5

① 申请公开 2003—2008 年历时五年的九类数据统计结果：地下通道及人行天桥的无障碍设施建设率和建设总里数、总个数、坡化数；盲道（公里）、路口坡化（处）、缘石坡道（处）建设情况；无障碍公交车数量；无障碍室外公共厕所数量以及比率；大中型商场、购物中心的无障碍设施建设率、改造率；已建成的具备无障碍设施的居住小区数量；残疾人综合服务中心、福利院、干休所的无障碍设施建设率、改造率。上述无障碍设施的管理人和投资人因为破坏、拒绝、占用无障碍设施作出的行政处罚数量和处罚主体名称。

续表

答复状况	哈尔滨	大连	郑州	西安	武汉	重庆	昆明	专人进行数据统计的比率
旅游局	Z	O	O	Z	Z	O	O	0.21
信息产业局	O	O	O	O	O	O	O	0
广播电视局	Z	Z	O	O	O	Z	O	0.21
残疾人联合会	Z	Z	Z	Z	Z	Z	Z	0.5
老龄委	O	O	O	O	O	O	O	0
妇女联合会	O	O	O	O	O	O	O	0

注：申请公开的政府信息不存在图示为O，申请公开的政府信息只有部分数据被有关机关进行统计的图示为Z。

4. 城市道路和建筑物无障碍建设现状

建设方面，中国600多个城市中只有少数城市相对系统地开展了无障碍建设（以北京、上海、广州、深圳为代表），而大部分城市的道路、公共建筑、居住小区、公共交通未进行无障碍改造，新建的设施也多存在不规范、不符合无障碍规范要求的问题。目前，调查七个城市抽样所得资料显示如表8所示。

表8　七城市三级甲等医院门诊用房无障碍设施建设状况抽样调查情况表

所在城市	修(改)建年份	出入口是否坡化	无障碍低位服务窗口(个)	无障碍低位电话(部)	卫生间是否设置无障碍标志	无障碍厕位(个)	低位小便口(个)	无障碍轮椅席位(个)	停车场无障碍停车位(个)	是否设置行进盲道	是否设置提示盲道	是否设置无障碍电梯
哈尔滨	1959年(2000年改建)	是	4	无	无	无	无	无	1(急诊车专用)	无	无	是
大连	1958年(2002年改建)	是	4	无	是	16个	16个	无	1(急诊车专用)	是	是	是
郑州	1989	是	无	无	是	1	1	无	1(急诊车专用)	无	无	是
西安	1952年(1999年改建)	是	无	无	是	15	15	无	1(急诊车专用)	是	是	是
武汉	1949年(2000改建)	是	无	无	是	22	22	无	1(急诊车专用)	是	是	是
重庆	1957年(2007年改建)	是	12	2	是	25	25	无	1(急诊车专用)	是	是	是
昆明	1984年(1995年改建)	是	无	无	无	1	1	无	1(急诊车专用)	无	无	是

医院的无障碍设施状况从七城市的三级甲等医院门诊用房实地调研可知，三级甲等医院经过2000年前后的集中改造，普遍都设置了无障碍设施，无障碍环境建设方面走在各类公共建筑前列。

同样，七城市的政府行政服务中心的无障碍设施建设也走在公共建筑无障碍设施的前列。在入口坡化、无障碍电梯等方面具备无障碍要求，在个别城市的政府行政服务中心，存在卫生间无障碍设施建设的空白点，在无障碍低位电话和停车场、无障碍轮椅席位方面显示被调查对象在此方面的全体空白。应当说，政府行政服务中心的无障碍设施建设取得初步的进展，但尚有努力之处。详见表9所示。

表9　七城市市辖区行政服务中心无障碍设施建设状况抽样调查情况表

所在城市	修(改)建年份	出入口是否坡化	无障碍低位服务窗口(个)	无障碍低位电话(部)	卫生间是否设置无障碍标志	无障碍厕位(个)	低位小便口(个)	无障碍轮椅席位(个)	停车场无障碍停车位(个)	是否设置行进盲道	是否设置提示盲道	是否设置无障碍电梯
哈尔滨	1997	是	全是	0	0	0	0	0	0	否	否	是
大连	2002	是	全是	0	是	2	2	0	0	是	是	是
郑州	2002	是	全是	0	是	1	1	0	0	否	否	是
西安	2009	是	全是	0	是	1	1	0	0	是	是	是
武汉	2005	是	全是	0	是	1	1	0	0	是	是	是
重庆	2003	是	全是	0	是	2	2	0	0	是	是	是
昆明	2001	是	全是	0	0	1	1	0	0	否	否	是

公共购物商场的无障碍状况从表10看，情况令人担忧。课题组选择了2000年以后建设的四个商场，选择2000年建设的三个商场，发现除了入口坡化和无障碍电梯已经具备条件外，其他无障碍设施严重缺位。交款处的低位服务窗口在2000年以前建设的商场几乎为零，无任何改造，而2000年以后建设的商场也有一个城市的商场没有设低位服务窗口。商场中普遍缺乏无障碍停车位，就是已在使用中的电梯，由于其电梯的楼层数字多为不锈钢凹纹线雕刻，对视弱者构成识别困难，必须借助他人才能完成楼层选择。

表10　七城市居民区附近综合商场无障碍设施建设状况抽样调查情况表

所在城市	修(改)建年份	出入口是否坡化	无障碍低位服务窗口(个)	无障碍低位电话(部)	卫生间是否设置无障碍标志(个)	无障碍厕位(个)	低位小便口(个)	无障碍轮椅席位(个)	停车场无障碍停车位(个)	是否设置行进盲道	是否设置提示盲道	是否设置无障碍电梯
哈尔滨	2002	是	34	0	0	0	0	0	0	否	否	有
大连	2003	否	32	0	2	2	2	0	0	是	是	是
郑州	2003	否	0	0	4	4	4	0	0	否	否	是
西安	2003	否	32	0	2	2	2	0	0	是	是	是
武汉	1997	是	0	0	0	0	0	0	0	是	否	否
重庆	1997	是	0	0	0	0	0	0	0	是	否	否
昆明	1997	是	0	0	0	0	0	0	0	是	否	否

课题组选择了2003年以后建设或改建的公共电影院考察无障碍设施状况，除了两个城市的电影院外，全部都能在电影院的入口进行坡化，并设立低位服务窗口。并且有三个城市的电影院，每个放映厅都有轮椅专用的四个观影位，无障碍设施的建设有很好的基础。但是，由于以上电影院都是和商场公共建筑一体使用停车场等基础设施，改造力度与综合商场一样，存在较多无障碍设施建设的空白点。详见表11所示。

表11　七城市公共电影院无障碍设施建设状况抽样调查情况表

所在城市	电影院	修(改)建年份	出入口是否坡化	无障碍低位服务窗口(个)	无障碍低位电话(部)	卫生间是否设置无障碍标志(个)	无障碍厕位(个)	低位小便口(个)	无障碍轮椅席位(个)	停车场无障碍停车位(个)	是否设置行进盲道	是否设置提示盲道	是否设置无障碍电梯
哈尔滨	华辰	2004	是	4	0	0	0	0	0	0	否	无	无
大连	奥纳	2003	是	1	1	2	2	2	40	0	否	是	是
郑州	大会堂	2000	否	0	0	0	0	0	0	0	否	否	否
西安	红叶	2007	是	1	1	2	2	2	28	0	否	是	是
武汉	亚汇	2005	是	0	0	0	0	0	0	0	否	否	否
重庆	星美	2006	否	0	0	0	0	0	0	0	否	否	否
昆明	上影永华	2007	是	1	1	2	2	2	24	0	否	是	是

课题组实地考察了七城市部分公交线路发现，公交车内电子信息牌配置普遍达到75%以上，但是在其他公交无障碍设施建设上，存在较多的空白点。详见表12所示。

表12　七城市部分公交线路无障碍设施建设状况

所在城市	站台高度与车厢基本平齐	站台是否坡化	站台是否设置盲道及提示	车内是否设有轮椅专用区域	车内电子信息提示牌	盲文站牌	已经配置低底盘公车的公交线路（条）
哈尔滨	少于25%	少于25%	少于25%	无	51%至75%	无	0
大连	少于25%	25%至50%	少于25%	无	75%以上	1	1
郑州	少于25%	少于25%	少于25%	无	51%至75%	无	0
西安	少于25%	少于25%	少于25%	无	25%至50%	无	0
武汉	少于25%	25%至50%	少于25%	无	75%以上	无	0
重庆	少于25%	25%至50%	少于25%	无	75%以上	无	0
昆明	少于25%	25%至50%	少于25%	无	75%以上	无	0

调查中发现，火车站的无障碍设施建设状况堪忧。老年人和残疾人士乘坐火车存在较大困难。从购票到进站、上车等环节，除了能利用老弱病残专门候车区、无障碍电梯外，其他的无障碍设施几乎是空白。站台和站台之间，站台和候车室之间多为台阶式的过道，残疾人士或者老年人通过存在较大障碍，没有无障碍厕所成为普遍的现象；仅有的为数不多的无障碍设施，被挪做他用的现象较多，如某市火车站的无障碍电梯成为有偿搬运行李服务的专用通道，只有缴纳了搬运费方可使用。详见表13所示。

表13　七城市火车站无障碍设施建设状况

所在城市	站台高度与车厢基本平齐	站台是否坡化	站台是否设置盲道及提示	是否设有轮椅专用区域	候车电子信息提示牌	盲文站牌	是否设置无障碍电梯	低位售票窗口（个）	无障碍厕所
哈尔滨	少于25%	25%至50%	少于25%	无	75%以上	无	是	0	2
大连	少于25%	25%至50%	少于25%	无	75%以上	无	是	0	2
郑州	少于25%	25%至50%	少于25%	无	75%以上	无	是	0	6
西安	少于25%	25%至50%	少于25%	无	75%以上	无	是	0	6
武汉	少于25%	25%至50%	少于25%	无	75%以上	无	是	0	4(汉口)
重庆	少于25%	25%至50%	少于25%	无	75%以上	无	是	0	2
昆明	少于25%	25%至50%	少于25%	无	75%以上	无	是	0	2

道路盲人过街音响设施配置状况，针对课题组的调研需求，仅有大连和重庆两市公安局给予正式回复。大连拥有22套，重庆拥有18处76套。其他城市的有关部门未能在截稿日期前给予答复。

5. 无障碍建设社会认知状况

课题组首先选择普通市民作为访问对象，共计访问1560名市民，有效问卷为1501份。通过该问卷，主要了解市民对无障碍环境的内涵、必要性的认知程度和无障碍设施的识别能力，并且了解对无障碍建设经费投入的态度。

问及是否了解“无障碍环境”这一说法的含义，被访市民回答如表14所示。

表14　**“无障碍环境”含义知晓状况表**

类型/百分比	哈尔滨	大连	郑州	西安	武汉	重庆	昆明	平均比
完全没有听说过	34.3	79.8	28.4	21.2	40.8	41.2	28.2	39.1
知道一点点	48.8	12.3	56	63.1	49.2	40.8	55.3	46.5
清楚知道它的含义	16.3	7.8	15.6	15.7	10	19.4	16.8	14.5

市民对无障碍设施专用标志牌的含义知晓程度如表15所示。

表15　**无障碍设施专用标志识别状况表**

类型/百分比	哈尔滨	大连	郑州	西安	武汉	重庆	昆明	平均比
注意有残疾人	7	15.3	14.2	4.6	12.4	11.2	7.2	10.3
残疾人士专用设施	71.5	63.2	64.7	75.1	64.2	66.8	82	69.6
轮椅运动专用区	15.7	11.7	12.2	14.3	15.4	13.2	8.8	13
有残疾人需要帮助	5.2	9.8	8.9	6	8	8.8	10.8	8.2

为了解无障碍设施建设必要性方面市民的认知状况，课题组设计了“城市中供残疾人及老年人适用的无障碍设施应当在何时进行建设”和三个备选答案。被访者回答如表16所示。

表 16　　无障碍设施建设必要性认知状况表

类型/百分比	哈尔滨	大连	郑州	西安	武汉	重庆	昆明	平均比
有充足资金支持的时候	20.9	34.5	26.2	12.4	35.3	52.8	38.5	31.5
无条件地与建筑物的建设同步进行	68	62.1	66.9	79.2	46.8	40.4	52.5	59.4
残疾人和老年人数量达到一定程度的时候	11	16.3	6.4	7.8	17.9	6.8	17.2	11.9

关于无障碍设施建设经费问题，问卷假设城市居民小区有残疾人和老年人，在小区公共部分需要建设无障碍设施，被访市民认为建设费用承担者应是谁。被访者选择结果如表 17 所示。

表 17　　城市居民小区公共部分无障碍设施经费承担者选择表

类型/百分比	哈尔滨	大连	郑州	西安	武汉	重庆	昆明	平均比
政　　府	72.9	77.3	67.9	71.9	58.7	78.5	75.3	71.8
小区全体业主	9.9	3.3	9.7	3.2	9	6.3	5.4	6.9
残疾人和老年人自己	2.4	9.2	0.5	1.4	6.5	2.7	1.8	3.5
前述三方共同出资	14.7	10.2	20.9	23.5	25.8	12.5	17.5	17.9

在市民社会认知状况调研完成后，课题组重点进行了有关职能部门工作人员对无障碍建设认知状况的调查，主要是就无障碍建设时机和经费承担方面的认知和态度。

在无障碍设施建设必要性方面，七个城市中均显示了必要性较高的认识。详见表 18 所示。

表 18　　对无障碍设施建设必要性政府职能部门认知状况

类型/百分比	选择数（总数 35）
有充足资金支持的时候	2
无条件地与建筑物的建设同步进行	32
残疾人和老年人数量达到一定程度的时候	1

在经费承担方面，政府有关职能部门共识在于社会、受益人、政府三方共同承担或者政府承担，认为只由受益人或者社会公益人士承担的方式并不可取。详见表 19 所示。

表 19　城市道路和公共建筑无障碍建设经费承担者政府职能部门认知状况

类型/百分比	选择数（总数 35）
政　　府	11
社会公益人士	0
残疾人和老年人自己	0
政府、社会公益人士、残疾人、老年人共同出资	24

课题组就上述问题访谈残疾人士发现，超过 90% 的被访残疾人士认为政府对无障碍设施建设负有全部义务；在城市道路和公共建筑无障碍设施建设经费承担上，认为应当由政府负担的高达 97.14%；100% 的被访者都有在公共建筑、公共交通中遭遇通行障碍的经历，公交、商场、银行的障碍尤其突出。另一个值得注意的现象是，近 22% 的被访者并不确切知道无障碍的含义。

问及市民对无障碍环境建设有何建议？

在此部分，共有 51 位受访者写下了自己的建议，经筛选整理，所提建议主要集中于以下几个方面：

第一，加强宣传、教育。宣传就是有关部门要加强对无障碍设施及其使用规则、无障碍标志、残疾人权利等的宣传力度，使得公众真正认识和了解无障碍设施，避免因不知道而无意识地占用或破坏了无障碍设施；教育就是要采取积极措施教育、引导公众树立尊重和维护残疾人权利、遵守相关规则的意识，着力提高市民素质，增强社会责任感，尽量减少漠视甚至恶意占用、破坏无障碍设施的行为。

第二，在无障碍设施的建设方面强化政府责任。一方面，政府要在经济持续快速发展、老龄化越发明显的情况下加大对无障碍设施建设的投入，要以政府投入为主导，因为公益性事业依托民间目前明显动力不足，而且这也是政府责任所在；另一方面，政府要完善制度设计，加强监管，使得诸如居民小区无障碍设施建设等应由其他单位和个人承担的任务落实到位。

第三，从实际出发，科学规划，而不可一味追求大而全。由于部分无障碍设施的建设成本较高，使用次数相对较少，因此，也不能脱离具体地区或部门实际盲目建设。比如，车站、医院、公共道路等对残疾人影响重大的公共场所应尽可能建立完善的、优质的无障碍设施体系，而在其他对残疾人影响相对较小的场所设置相应层次的无障碍设施即可，比如，有些低层建筑不必一味要求设置无障碍电梯。

第四，完善政府管理和相关奖惩制度。要明确相关单位和个人对相应无障碍设施的管理责任，加大对占用或破坏无障碍设施行为的惩罚力度，对此方面工作做得较好的单位和个人要有相应的奖励机制。这方面最为突出的是盲道的治理问题。多位受访者反映要加强巡逻，加大惩罚力度，同时，尤其要做到公平执法，加强对部分“有权位”部门和个人乱占盲道现象的整治。

第五，大量增设无障碍标志牌，公交车“无障碍”工作应尽快推进。

第六，学习国外先进和成熟的经验。市民反映希望政府和相关的社会机构能够引进国外先进和成熟的无障碍设施建设管理的经验。吸取国外建设的优点和长处，结合本市的实际情况，加快无障碍设施的建设。

6. 破坏、占用、改变已有无障碍设施违法行为及其查处状况

截至成稿日，仅有昆明市有关部门向课题组提供了一组2006年政府职能部门查处破坏、占用、改变无障碍设施违法行为的统计数据，“2006年之前的五年间，共审查商场、小区、医院、学校、图书馆、博物馆等建筑工程项目1000多项，审查出违反无障碍设计问题120余条，均要求送审单位进行了改正”。“2006年上半年共取缔或责令迁移一环路以内占道亭棚276个，对34个设置超核定范围和占压盲道的非机动车停放点下发了整改通知，对3600余起占压盲道经营的摊贩和商家进行了处罚”。而其他六城市因缺乏专人统计，无法提供此方面数据。

课题组采用实地走访的方式，发现破坏占用无障碍设施的状况比较普遍，尤以下列几种违法行为较为突出：

（1）盲道被停车位或者商家经营设施占用。

（2）无障碍厕所成为杂物间。

（3）公交车电子信息牌成为广告牌，未能实现报站功能。

（4）无障碍电梯占用为商场、火车站的货运电梯，禁止顾客使用或必须有偿使用。

（5）无障碍专用入口被停车位封口。

（6）2003年以后，新建设的天桥、商场等公共建筑无障碍设施没有同步建设。

通过与有关部门的访谈得知，对无障碍设施破坏的查处，主要是由城市建

设管理部门、公安局、规划局等机关进行。然而，这些机关同时承担着其他行政职责，执法人员数量严重不足，对无障碍设施的执法也没有一个联动机制，执法未能形成协作综合治理的局面。

三、初步结论

《中国残疾人事业"十一五"发展纲要（2006—2010 年）》提出在全国 100 个城市开展创建全国无障碍设施建设城市工作，初步形成我国城市无障碍化的基本格局。但是由于该纲要仅是倡议，只有 12 个城市在积极推行，这 12 个城市即被列为示范建设重点城市。有些省份的省会市都尚未正式启动该项工作。

1. 政府主导型的无障碍设施建设

无障碍设施建设从世界各国建设经验看，存在民间推动型和政府主导型两种。前者适应人权保障历史传统浓厚、民众维权意识浓厚的情形；后者适应公民社会尚在发育期的情形。从七个城市的调研中，课题组发现上述城市中无障碍设施建设的积极主导者正是政府，政府主导型特征明显。政府从无到有对无障碍设施建设的持续投入功绩毋庸置疑，值得充分肯定。

2. 组织保障尚在萌芽

课题组通过调研发现，七个城市围绕无障碍工作，均成立有无障碍设施建设领导小组，性质属于临时性工作组织，主旨在于协调和促进本市的无障碍建设工作。该领导小组，一般由主管建设工作的副市长担任组长，各相关职能部门领导为副组长。领导小组的办公室作为常设机构，由残联或建设主管部门的有关工作人员担任负责人。无障碍设施建设、管理、执法的事项按各机关事务范围分头负责，工作人员均为兼职。可以说，七个城市的无障碍建管已有机构负责。

然而，必须指出，由于行政机关职能分立，工作组织是临时性机构，在无障碍设施建管组织保障方面，上述七城市尚存三点明显不足。

第一，结构上缺失无障碍设施建设的科研和评估部门。

组织机制发挥效用的前提是组织内部构成符合客观要求。城市无障碍设施应如何规划建设，如何提高利用率，需科学分析和评估。

现有的七个无障碍领导小组中一直没有吸纳有关专家进行决策和监督顾问工作。各建筑类科研院所、相关专业的高等学府并未成为其中一员，决策缺乏科学指导，城市无障碍设施的建设存在"各自为政"、"一哄而上"、"忽冷忽热”、“利用率低下”、“供给不足”的情形。

第二，机制上缺乏经常性长效机制。

无障碍设施建设从规划、建设到使用、违法查处是一个系统的工作，仅仅靠一个部门或者几个部门无法完成。这就需要无障碍设施建设所涉及的各个行政主管机关，形成执法信息的交流、执法决策协调、执法成果通报和评估的经常性工作机制。

本次调研没有发现上述经常性工作机制。领导小组的职责虽写明有监督等项，却因为缺乏专门的人员和工作机制保障，仅成为一个传达、收集无障碍建设信息的“秘书”机构。相关数据收集和整理也未能坚持专人负责，有的仅在国家建设部进行工作检查时才进行数据统计和整理。

无障碍设施建设组织的办公经费主要是从残联的日常工作经费中列支划拨，没有专项资金保障和相关规定及文件。现有的部分制度，只是办公的常规制度，即使上报了部分信息，所得数据的功效也仅停滞在书面。数据没有被良好地利用和反馈，所暴露问题也没有及时分析并反馈给有关职能部门，工作机制本身不适应监督职能的需求。

第三，效能上无障碍设施监管执法能力培育不足。

无障碍设施建设、监管是一个专业的执法活动，执法人员首先需要识别破坏、占用、改变无障碍设施的违法行为，然后才能进行查处。然而，通过调研发现，无障碍领导小组对此一直缺乏投入。

现有的行政执法培训体系中，对无障碍设施破坏、占用、改变的违法行为识别能力的考核缺失，造成执法人员虽有执法资格，却未具备相应的执法能力；甚至出现执法人员执法中停车占用盲道或者堵塞无障碍通道的情形，无障碍设施执法能力堪忧。

3. 相关立法有待细化

国际社会普遍认为无障碍是残疾人的一项重要权利，并从立法上予以保障。中国也为此作了积极的努力，尤其以2008年修订后的《中华人民共和国残疾人保障法》为代表，增加了“无障碍环境”一章的六个条文，规定国家和社会的无障碍环境建设义务，突出强调“新建、改建和扩建建筑物、道路、交通设施”等无障碍设施建设义务和“已建成设施的改造，优先推进与残疾人日常工作、生活密切相关的公共服务设施”逐步推进改造义务。同时，规定“新建、改建和扩建建筑物、道路、交通设施，不符合国家有关无障碍设施工程建设标准，或者对无障碍设施未进行及时维修和保护造成后果的，应由有关主管部门依法处理。”本法在为中国无障碍环境建设首次提供专门的法律依据方面功不可没，但是也暴露出不容忽视的四点欠缺：

（1）无障碍设施改造资金承担义务人不明。

（2）无障碍设施日常管理方式和责任分配未能规定。

（3）针对侵占、损毁无障碍设施行为的执法措施缺失。

（4）无障碍设施本身致害引发赔偿处理的规定欠缺。

上述内容是否均需要在法律中逐一规定，课题组持审慎态度。课题组认为可以通过行政立法或者地方人大立法将问题细化，但需要法律进行明确授权。

近五年来，有关部门制定了《城市道路和建筑物无障碍设计规范》、《铁路旅客车站无障碍设计规范》、《民用机场旅客航站区无障碍设施设备配置标准》、《特殊教育学校建筑设计规范》等行业无障碍设施建设的规章或规范性文件，但是尚未能上升为政府职责和义务层面，无障碍环境建设在全国范围内只是靠政策来局部推动。

如前文所述，地方立法层面，北京、上海、天津、济南、本溪、武汉、大连、西安、哈尔滨九个城市，山东、河北、广东、湖北、辽宁、福建、安徽七个省已经出台了无障碍建设地方性法规或规章及规范性文件。但是更要看到，这些立法的立法位阶较低，其中，规范性文件占多数，宣誓性条文比重大，缺乏对筹资、管理、执法等问题的制度性安排。立法尚不能够引导解决无障碍建设管理中的中心问题。

4. 无障碍理念认知尚模糊但前景乐观

无障碍理念认知尚模糊。通过实地调研，课题组发现，几乎有四成被访市民没有听说过无障碍的概念，清楚知道其含义的不到15%。应当说，无障碍的概念尚未被普通市民知晓，无障碍的理念也远没有普及。这一点从无障碍设施屡被占用、破坏，有些新建公用建筑未能实际建设无障碍设施等状况，也得到了印证。

无障碍理念认可前景乐观。课题组发现，当访问者被告知无障碍设施的用途后，近六成被访者认识到，无障碍设施必须和建筑物建设同步进行。课题组认为，无障碍理念宣传获得认可的可能性非常高，只要政府在宣传上真正落到实处，无障碍理念会很快普及并深入人心。在访谈中，约3%的被访市民写下了一些对无障碍建设和管理的具体建议，其中，主要集中在政府责任的强化和制度保障上。这些建议对无障碍建管中的核心问题洞察深刻，所提的建议也体现了较高的可参考性，民众中无障碍理念存在高水平认识的现实不容否认，这将构成未来认知面和认知深度拓展的有利因素。

对无障碍经费筹措的态度，市民多强调政府有责任做唯一出资人，这和政府部门主张多方出资第一位的选择相左。大多数被访市民强调了政府责任的第一位，多方出资的方式只有不足18%的市民选择，而选择全部由政府出资者达七成之多。无障碍建设的经费如果向市民筹措，则将遭遇的阻力可想而知。政府认为多方出资的方式较为可取，在未能形成多方出资的局面时，才由政府买单。

究其原因，可能源于政府资金不足的现实和无障碍设施建设的必要性之间的冲突。被访谈的政府工作人员无一人选择由非政府参与的方式进行出资建设，使得课题组有理由相信，政府工作人员对无障碍设施建设的政府职责已有较高认知度，值得充分肯定。

5. 无障碍设施建设和维护监管缺位严重

调研发现，已建无障碍设施的管理亟待加强，部分区域公共设施尚未全部覆盖，部分设施的利用率不高，部分新建或改建设施不达标。无障碍设施常态长效管理有待提高。无障碍设施还未完全纳入城市设施维护范畴，日常维护经费尚未完全落实。设施被人为侵占或挪用的情况时有发生，对侵占无障碍设施行为的执法管理，也有待进一步强化，全社会关注无障碍的氛围还未凸显。以盲道为例，被书报亭、停车处侵占现象随处可见；因为随意修路，造成的“断头”也很多，还有汽车、自行车占用盲道的现象比比皆是。而放任的现象十分普遍，执法人员既有“管不过来”的困境，也有“不想管”的心态，建设和监管缺位是不争的事实。

四、改进中国城市道路和建筑物的无障碍环境建设的建议

1. 无障碍观念的真正普及

20世纪初，由于人道主义的呼唤，建筑学界产生了一种新的建筑设计方法——无障碍设计。它运用现代技术建设和改造环境，为广大残疾人提供行动方便和安全空间，创造一个“平等、参与”的环境。国际上对于物质环境无障碍的研究可以追溯到20世纪30年代初，当时在瑞典、丹麦等国家就建有专供残疾人使用的设施。1961年，美国制定了世界上第一个《无障碍标准》。此后，英国、加拿大、日本等几十个国家和地区相继制定了有关法规。

无障碍理念源自人类对群体成员的人道主义关怀，源自人权平等保护的人类共存共荣的基本需求。据不完全统计，残疾人中“先天残疾者只占到全部

残疾者数量的20%，绝大多数的残疾人致残原因是工作、生活中遭遇到伤害或疾病”①，残疾人口是社会文明进步付出的代价，是在人类社会各种负面因素的直接受害人和特别牺牲者，全社会都有义务和责任帮助残疾人平等地参与社会生活，而不是将他们隔离起来，使之脱离社会。

课题组认为真正的观念无障碍至少应认识如下基本内容：

第一，无障碍环境建设的必要性。社会每一个成员都有平等参与政治、经济、文化生活的权利，人权应被平等保障。

第二，无障碍环境建设的无条件性。人权不仅需要被平等保障，而且更需要及时被保障，经济发展状况不能成为无障碍环境建设的主导因素。

第三，无障碍环境建设的责任者。实现残疾人、老年人平等参与政治、经济、文化生活的权利方面，政府、社会有着共同的责任义务；其中，政府应居于主导者和第一责任者地位，其他社会成员是协同者。

第四，无障碍理念普及、教育重点群体。首先是涉及无障碍环境建设的立法、执法、司法保障部门的工作人员，他们具有无障碍理念对整个社会的理念普及起到决定性作用。

2. 从政府主导型走向政府民间协同

我国无障碍环境建设上只能是选择政府主导型的模式，这由中国国情决定。但并非否认民间参与之必要性或强调政府为唯一责任人。课题组认为，中国无障碍环境建设上的实际状况需要从单纯的政府主导型走向政府和民间协同的转变。这不仅增强政府的监管职能，帮助改善目前无障碍设施建设中执法力量不足的现状，而且将使得无障碍建设效果更加凸显乃至倍增。课题组认为，上述转变需要做好如下三个方面的事项：

第一，重点培育关心无障碍事业的民间力量。除了残联、老龄委之外，中国涉及无障碍事业的公益性组织寥寥无几，而残联由于承担较多政府委托的行政事务，人员和精力均不足。当前中国尤其缺乏对无障碍设施的建设和监管进行专门科学研究的公益性调查、研究机构，政府要想发动民间力量投入无障碍建设，应建立积极的政策制度以培育和奖励有关企事业单位、公民个人从事此方面的生产、研发、服务工作。

第二，保持民间力量的独立第三方地位。培育民间力量，但是并非将民间力量纳入体制内，失去独立第三方的监督者地位。必须保持民间力量独立性才

① 2007年6月18日国家统计局、第二次全国残疾人抽样调查领导小组28日发布第二号调查公报相关内容。

能保证无障碍事业的健康发展获得正向力。

第三，畅通民间力量发挥作用的渠道。目前立法已经确认单位和公民个人均有对无障碍设施建设监管提出建议批评的权利，但未规定受理和答复程序；提出建议批评者该向哪一级部门或者机构进行投诉等问题也没有明确。考虑到现在我国无障碍设施管理方面各自为政，归口处理的情形，即使有公民、法人、其他组织想提出建议批评，也会因为缺乏处理机制而夭折。课题组认为，应当在立法中确认批评建议人有权要求行政机关就查处情况在规定的期限给予答复，行政机关对是否作出了处理，作出何种处理等直接答复投诉人并向社会主动公开，并且在无障碍设施附近明确标示投诉接受机构地点和联系方式。

3. 完善组织保障

结合中国的国情，课题组认为，无障碍设施建设监管的组织保障方面应重点做好如下三点：

第一，在现有建设监管职能分立状态下，着力强化无障碍领导小组的协调职能，建立信息定期收集、分析反馈机制，建立投诉、答复的程序性规定，建立无障碍设施建设监管上的公务人员奖惩标准等长效机制，保障无障碍设施建设所涉各行政机关的一致行动。

第二，吸纳无障碍设施建设的科研和评估部门成为领导小组成员，增加决策的科学性。聘请民间组织、公民担任无障碍设施建设监督者角色，承担对各职能部门无障碍工作绩效的定期考核并公开。

第三，培育行政执法人员对无障碍设施建设方面的违法识别和查处能力，在全体执法人员培训体系中增加无障碍设施监管能力考核要求。

4. 立法补白和细化

国务院应当尽快制定无障碍设施方面的行政法规，弥补现有立法在无障碍设施改造资金承担义务人、无障碍设施日常管理方式和责任分配、针对侵占、损毁无障碍设施行为的执法措施缺失、无障碍设施本身致害引发赔偿处理的空白点。地方立法方面，需要各级立法机关进行修订和增补有关筹资、管理、执法等方面的制度性安排，减少宣誓性条文，作出制度创新，待时机成熟时，可以适当提高立法位阶，出台适合本地实际的地方性法规。

结语及展望

调研历时七个月，参与课题调研的28位成员形成的共识较多，但分歧犹存，在无障碍设施监管方面是采用集中式还是分散式，一直存在较大争议。应当说，这可能是了解中国国情者的共同难题，直至截稿，也未能拿捏到位。此篇调研报告的价值更多在于发现了中国在无障碍设施建设中的问题，而解决方案，由于时间人力所不逮，有着不尽如人意的地方在所难免。种种不尽如人意之处将一直鞭策课题组成员的深度挖掘和思考，以期砥砺中国的无障碍设施建设事业，以期弱者的法定权利早日从纸面转为现实。

课题组另一点深切感受，中国的人权保障社会意识已经形成并不断加强，且不可逆转，在各个领域落实公约权利的时机正在成熟。从“社会精英觉醒”到“民众和政府的协同”两类范式中，针对中国政府和民众的理念引导和培育必须持之以恒。课题组拟在对政府工作人员、残疾人士、老年人、社会团体、志愿者进行专题性的理念宣导，并积极以个案突破推进无障碍建设各种制度的完善。这不仅是对前一阶段中国民间组织和力量在反歧视方面成果的巩固，而且更是人权保障事业持续进行不可或缺的一步。展望下一步的研究和实践，中国人权保障事业任重道远但曙光已现，以全面落实公约为契机，新一轮反歧视、人权保障事业必会有进一步的成就。

课题研究留有一个遗憾：由于参与者的能力和学术背景所限，调查之始，热情高于理性，尤其社会学研究方法掌握程度较低，导致在选取样本、比较等方面存在较多缺陷，数据本身说服力让人不能满意。课题组公布此成果的原因，一方面，调研存在较多不满意的地方，但在发现问题和初步解决问题方面，值得初步肯定；另一方面，期待专业批判，为后来者作为借鉴。在法学和其他社会科学的研究方法融合运用，发现和解决现实问题方面，我们虽然遗憾最初的尝试有诸多不尽如人意之处，但我们更愿为之付出持久的努力。

短评与随笔 Notes and Essays

制而用之，微步生莲

——中国公益诉讼与公民社会观察随笔

丁　鹏*

就字面意思而言，公共利益是指不特定的人群的利益集合，与个人利益相区别，也不同于特定群体的利益或民族/国家利益，后者可以通过行业团体或代议机构、国家机构（检察院等）等表达、维护其利益。公共利益以个人利益为基础，需要由公民个人及其社会组织在公共领域表达和主张，进而获得保障与实现。

在此意义上，起源于20世纪60年代美国民权运动的公益法将法律作为维护公益（特别是少数群体、弱势群体之利益）、保障权利、推动发展的重要方式，旨在通过公益诉讼、公共参与和法律教育、倡导，促成基于权利的发展与法律体系的变革。

在中国，尽管存在原告资格受限、举证不易、规则缺乏、成本高昂等种种局限，但从以身“试”法的测试案件（test case），到力求“变”法的结构变革诉讼（structural reform suit），公益诉讼不仅包容个体权利救济，而且更能够发出边缘群体的声音，促进广泛的获得司法正义（access to justice）和实现社会正义。

从公益诉讼到公益法运动

公益诉讼是一种策略诉讼，其开展进路并不限于诉讼本身，而需要综合运用诉讼、社会调查、倡导、传媒和公共教育等多种工具，因时因地制宜进行。当前局势下的公益诉讼需要新的视角：不仅要从权利的视角看公益诉讼的意义，而且还要从法律赋能的视角丰富公益诉讼的路径。

* 丁鹏，武汉大学公益与发展法律研究中心助理主任，法学硕士。

公益诉讼对权利的倡导是最有力量的，同时，有助于建立法律、司法的权威。公益法运动与基于慈善和一般社会需求的活动区别开来，而建基于个体权利和对权利的主张。发达的慈善活动也提供公共物品，乃至比政府供给更有效率，但其发端于富人主动的给予，体现了文明社会一种较高的道德标准。关注社会需求的公共活动，将受众的地位凸显出来，使个人发展之需求获得正当性，被言说出来。这是一般公民社会组织提供公共物品、维护公共利益的起点，其行动的成本/收益分析也比政府供给有效率。但这两者没有基于权利的进路（rights based approach）和法律赋能（legal empowerment）视角，尚不算是公益法运动。

法律赋能，或者译为赋权、充权、培能、增能、增权、使能等，有不同的定义，但大致而言，都是强调运用法律手段、尤其是让弱势群体学会自己运用法律武器，通过诉讼等法律途径，保护自身权益，摆脱贫穷，提升生活质量。公益诉讼能增强法律赋能的四大支柱：获得司法正义、劳工权、财产权和经商权。个人有权利获得法律援助和赋能。法律赋能让每个人得以认识、运用法律，能够以自己为主导，通过个别的或集体的行动，实现自身的权利与发展。此处赋能，乃法律之赋、同伴之赋，而非“施惠者”、“解放者”之赋。法律赋能，不是行动者给人权利/权力，也不限于激发无权者自身权能，而是通过法律，通过同伴、网络的知识、信息、技巧分享，实现对权威的制约（power against authority），对能力和影响力的提升（power with ability and influence）以及对需求的实现（power for need）。社会弱者因知法、用法而增能。这种权能增加，既有主体“先验”理性、固有禀赋的激发，又有自由意志对道德律令的崇尚、对社会正义的坚持和对民权理念的践行，还有人际温情在心理上对绝望的克服。

近年来，国内已经有越来越多的公益诉讼在挑战违反公共利益的法律和制度。这些案件都积极利用公益诉讼的影响力，在现有法律框架内逐步改变国家权力和个人权利之间的疆界。这些公益诉讼就其特有的影响力而言（与影响性诉讼重叠），是一种对社会的法律教育。

法律教育作为法律赋能的主要路径，具有重大意义。法律教育可分为两种，法律职业教育和社区法律教育（community legal education）。就后者而言，公众首先要知道自己有权利才能主张权利，然后他们进一步需要知道如何主张权利。法律人不能只是为公众服务（work for），而是要与公众一起努力（work with），因为他们才是所主张权利的真正主体，也最了解自身的状况。如果公众都能获得意识提升，则公益诉讼和法律倡导会更加行之有效。法律职业教育改革一直受到广泛关注，而作为“赋能”过程的社区法律教育还比较缺乏。为此，各种公益法机构不仅通过个案代理实现权利救济、维护公共利益，还不断探索如何提高社会弱者的权利意识和保护自身权利的能力。比如，组织公益法律人的培训并在课程中注入公益、人权和赋能等要素，使其不仅具备公益诉讼的视野和理念，而且还可成为社区法律教育和赋能的前线——法律人变成法律知识和社会公众之间的桥梁。

公益诉讼与人权、公共参与

在关注对象和行动依据等方面，公益诉讼与人权的实现紧密联系。人权是每个人最基本的、固有的、不可转让分割、相互依存的权利，关乎人的尊严的实现，是最低限度的标准，也是普世的价值。与人权的“弱者导向”一致，公益法律人关注每一个个体，尤其是弱势和少数群体，而不是简单相信“少数服从多数”，他们致力于为弱者提供与强者平等的获得正义的机会，而不愿安于做“大企业的附庸（corporate adjuncts）”。人们的基本权利不能实现的阻碍常常是由在资本、权力、知识、信息等方面占优势的个人或团体造成。因此，个人单独的行动难以撼动资本或权力的根基或对抗其来势汹汹的“反扑”，而需要借助公民社会组织的力量，参与到公共领域中，就利益攸关的政策制定进行抗争。公共参与不是劫富济贫，仇富尚贫，也不是或头痛医头、脚痛医脚，为了满足各式需求（个案正义）疲于奔走却成效微弱，而是升斗小民摆脱蚁附地位，自主为权利的实现而奋斗。现代社会的治理，首重法律权威。参与公共领域，也意味着尊重他人合法律的权利，并依法主张自己的权利。但是，如果法律本身就是不公正的，则公共参与就还需要加入沟通理性，在建立人们对法律的信任的同时，通过法律倡导促成法律体系的变革与发展。

这种倡导的主体不限于职业法律人，还包括民间组织及整个公民社会的成员。公民社会的建立与完善是实现社会正义的最重要的因素。如果没有公民对权利的敏感度和法治意识，则公益诉讼不可能依靠法律人的一厢情愿持续发展；法律倡导如果没有公民的参与与支持，就无法使法律真正成为公民权利的保障。所以，公众参与至关重要，需要渗透于公共政策制定的各个环节。公众知情权、监督权和发表意见的权利必须得到充分保障。要实现这些权利，政府信息公开、听证等制度的自上而下的实施不可或缺，但更基础的是要提高公众的参与意识，自下而上推动公众参与。

公益诉讼与公民社会发展的行动主体

人是社会与文明发展的主体，是历史演进的目的，是世间立法的尺度。在公益诉讼带动的公民社会发展中，在制度的批判与变革之外，新的行动主体的形成万分可贵。

虽然路途坎坷，步履艰难，人们看到越来越多的青年法律人选择公益法事业，成为公益法运动的职业主体。今后这个职业群体还会不断壮大。在这些前赴后继，当仁不让的坚定行动背后有着从功利到超越功利的激励因素：

(1) 知识精英的社会责任感。哈佛、耶鲁最优秀的毕业生投身公益活动的较高比例即为一例。衣食足而知荣辱，知识精英希望追求体面生活之后的生命意义升华。相较之下，这意味着对中国的法学院乃至大学的法律与人文教育有了更高的要求。

(2) 对父老乡亲的同情——公益法律人的自身经历导致对社会弱者的人文关怀，进而在求解求变之中，求思权利的实现与法律的变革。其投身于公民社会发展，虽然没有丰厚的经济回报，但同样能形成功利计算之外的自我实现与心理满足（如朋友帮忙搬家，红包致谢无法形成满足）。

(3) 公益法律人乃至更一般的 NGO 工作，本身已经成为体面的工作和有意义的职业发展历程。在资金方面，奖学金、商业保险、工作薪资等构成多重、多样的支持；在个人成长方面，高阶公益（Pro bono）律师的参与、指导以及公益机构网络、同行交流机制的形成，能促成同伴教育，有助于青年法律人的成长。当然，在目前的形势下，资金的保证仍然很重要，公益诉讼的费用支付制度、社会捐赠与税收制度等都有待完善。此外，整个大学教育中的职业发展规划环节还比较薄弱，尚不能为那些有公益才能（talent）和情怀的人从事公益法事业提供咨询、引导和支持。

此外，作为公民社会的一般主体，公民能从公益诉讼中得到什么？如前所述，诉讼成功，会有许多人的基本权利得到保障，法律制度得到改善。诉讼未果，如果有足够的公民参与和法律赋能策略，那么，人们的权利意识提升，为权利而起身争取的行动能力增强。

比较而言，从事公益诉讼的法律人“上庭”而不“上街”，在对法律秩序及其权威损害最小的限度内，以个案为媒介，将坚守法律和权利的方式都交给人民。由此，融入权利与法律赋能视角的公益法运动，让无助者（helpless）得到帮助，无权者（powerless）获得能力，每个人都可以按照自己的意愿，追寻社会正义、人的尊严、自由和幸福。

结语

制天命而用之，是公益法律人体认当代文明社会发展规律后的主体精神。基本权利的保障与实现，公民社会的建设与发展，这是历史与文明的普世潮流。知其不易而为之，长路漫漫而求索，也就蕴涵着吾辈青年法律人秉持中国文化传统而对法治的贡献可能。天听自我民听，天意自我民意。基于权利的发展视角和法律赋能视角，如此制而用之，秉大道，立人本，公益诉讼对于促进公民社会的发展，大有可为。

然而，人们有必要清醒地认识到这些体系变革的局限，进而以一种更深层而坚定的情怀投身于公益法运动。当下中国社会剧烈转型，传统、现代与后现代的多元生活方式并存，社会问题盘根错节，牵一发而动全身，既不可能“全盘法制化”，毕其功于一役，也不能相时而动，在消极等待中沦落于悲观与虚无。公共领域之缺失，沟通理性之匮乏，公民社会之荒芜，是数千年中国文明积淀的厚重之果，也是两百年来中国民族历经亘古未有之变局，思变求新，折挫图强，弃专制，寻法治的革命宿命之果。而这份历史重负如此根深蒂固，难以割弃，以致吾辈反思个人行动乃至公益法运动所关注的法律体系变革，将不可再追求“乌托邦”的实现，而毋宁是“零星社会工程”(波普尔语)中的积步前行。为此，从公益诉讼到整个公益法运动致力于重开新的法治因果：每一次诉讼、研究、教育和倡导，都为公民社会种下一个微末而重要的新因，会开出新的果，经年累月，凌虚而进，微步亦生莲。一如涓流汇集，在奔赴到海的一刻，自是“堂堂溪水出前村”(杨万里诗)。是故，吾辈致力于公益法事业，唯有“挑那重担，走那长路”(胡适语)，劳薪作火，相与继传远志，接续寻求中国公益与法治的美好图景。

“影响性诉讼”的“七年之痒”

——中美“影响性诉讼”的比较和思考

胡 健*

无论是好讼者，还是厌讼者，恐怕都无法拒绝这样一个论断——法治，某种程度上就是把纸面上的法律转变成为现实中运行的法律。因而诉讼作为这一功能的承担者和落实者，对于推动法治的发展举足轻重。无论是普通法系中那些具有里程碑意义的判例，还是中华法系源远流长的历史中通过街头巷尾的说书、戏剧等方式流传下来的那些“沉冤昭雪”且颇有教化功能的案子，都在不知不觉地塑造我们对法治的理解，乃至重构了法治发展的路径。

中国的传统文化其实是不鼓励诉讼的，不仅有“厌诉”的传统，甚至“形成了浓厚的以追求无讼为特征的和谐诉讼文化”①。这一点，和西方发达国家，尤其是那些施行判例制度的国家的法治传统存在较大的差异。相比而言，美国却是比较典型的“诉讼社会”，无论是诉讼制度的设计（比如风险代理制度的发端和滥觞），还是律师群体的力量，都在有意或者无意地推动各种社会纠纷和矛盾通过诉讼这一规范化、程序化和制度化的方式去解决。

鸦片战争之后，中国社会进入急剧变动的历史进程中，我们对西方的学习，也经历了由浅入深、由表及里，由“器物”到“制度”再到“文化”不断深化的复杂历程。在这一过程中，“法治”无疑是重要的参照物和推动力。经过百多年的困顿、求索、沉沦和奋进，我们最终选择了“依法治国”这一全人类普适的道路，对“诉讼”内涵与价值的理解也在不断地更新。

近些年来，一个崭新的词汇进入法学界、法律界、新闻界乃至社会各界关注的视野——“影响性诉讼”。所谓“影响性诉讼”，是指“那些个案价值超

---

* 胡健，清华大学法学院博士生（宪法与行政法学），中国法学会案例研究委员会影响性诉讼研究小组成员。

① 陈小葵．中国古代诉讼中的“和谐”观．学习论坛，2006（11）：78.

越本案当事人诉求，能够对类似案件，对立法、司法和社会管理制度改进以及人们的法律意识转变产生较大促进作用的个案"①。在当前中国的法治实践和舆论生态之下，"影响性诉讼"集合了学术界和媒体界各自的优势，统合了法律与新闻等专业人士的力量，通过挖掘个案的制度价值，推动法治的发展和进步。尽管，有时候会产生"民意影响司法"的极端个案②，"影响性诉讼"也受到一些善意的批评，但总体而言，当前通过"影响性诉讼"聚焦个案进而挖掘制度成因，彰显正义进而凝聚社会共识，对于寻求真相、公民监督以及法治进步，都是利大于弊的。尤其是2003年春，经媒体披露，因未携带身份证而含冤死在收容遣送所的大学生孙志刚的悲惨遭遇激发了公众积蓄已久的对收容审查制度的强烈不满和愤怒。"三博士"和"五学者"相继上书之后，国务院废止了已实施了21年的《收容遣送办法》，并以新的《救助管理办法》取代。这是一起比较典型的通过自下而上的民意表达、专业参与和社会舆论有效结合，促进执政者及时审视和检讨的案件；在很大程度上，"孙志刚案开启了以个案影响法治的影响性诉讼的先河"③。

从2005年开始，笔者一直关注"影响性诉讼"的发展。六年下来积沙成丘，每年评选出的"十大影响性诉讼"的案例已经累积到60个，其他备选的案例也有120个，几乎都是当年甚至连续几年充满争论，为社会公众所密切关注和积极参与的。正如苏力所说，"越是有争论，越有可能有影响"。现在的"影响性诉讼"，其争议性基本上已经具备了"影响力"，或者说一定程度上的"媒体关注度和社会参与度"，但是否实现了"发现立法、行政与司法中的缺陷，完善法治"(江平先生语）的初衷呢？至少从个人感受上看，恐怕结果并不乐观。因此，在我们与"影响性诉讼"的"亲密接触"即将到"七年之痒"的时候，对照或者参照美国的"影响性诉讼"模式（Impact Litigation），梳理一下我们自己的"影响性诉讼"运行的内在规律和发展逻辑，是很有必要的。

第一，从案件类别上看，刑事案件仍然占据主流。仅仅是2010年的35个

① 吴革．影响性诉讼：一种个案到法治的实践活动和研究范式．转引自吴革．中国影响性诉讼2005. 北京：法律出版社，2006：5.

② 如浙江杭州"七十码"案、河北石家庄"我爸是李刚"案、陕西西安"药加鑫"案等。

③ 艾佳慧．网络时代的影响性诉讼及其法治影响力．中国影响性诉讼2009年卷．北京：法律出版社，2010.

备选案例中，刑事案件就有近20件①，关键词都是刺激我们敏感神经、十分扎眼的“撞”、“抓”、“杀”、“死亡”、“监狱”等体现国家机器强力和暴力的词汇。刑事司法牵涉公民的基本权利尤其是人身自由和生命权，对人权保护意义甚大，向来是法治优先关注和强化的领域。但历年来，刑事案件受“关注”、被“围观”的比率居高不下，一方面，固然是由于刑事案件天然具有八卦性、新闻性，进而容易吸引人的眼球；另一方面，也凸显了我国刑事司法实体认定和程序保障方面的软肋。比如说，监所的非正常死亡，暴露了公安部门管理看守所的制度弊端；安元鼎的“黑监狱”更是揭露了当前公民行使各项正当权利的困境和风险。各种案情简单、法律适用也不复杂的案件成为“影响性诉讼”，一定程度上也体现出当下社会公众对刑事司法系统存在极大的疑虑和不信任感。

个人浅见，关注刑事司法领域是法治初级阶段的必然，因为法治的发端，首要的就是保护人身自由和生命权利。没有完善的、对人权的刑事司法保护，就没有稳定的社会秩序；处于不安全感中的公民，很难激发创新的激情和创业的活力，法治的其他领域也无从谈起。我们转向美国却很惊人地发现，美国的“影响性诉讼”，宪法问题是主流。无论是刑事案件、民事案件还是行政诉讼，美国最高法院在作出终审判决之时，已经将这个案件转化为宪法案件。换句话说，那些常识上看都明显违法的案件，已经很难成为美国人关注的案件，因为自有一套完善的程序去纠正和解决，加上还有议会、媒体等监督力量的关注。能够调动美国人神经的，往往是那些似是而非、体现社会不同价值选择、似乎双方都有“道理”的案件。只有这些案件，需要通过宪法的解释，对所涉及的基本权利予以确认、保障或者限制。正因其牵涉每个公民的现实生活，才引起诸多关注，如堕胎、限制持枪的案件，都是很典型的例子。

第二，从民众关注的热点来看，事实问题仍然多于法律问题。如果再仔细分析一下这些案例，那么我们还会发现，对很多案例的争论尚且没有进入“法律问题”的高级阶段，仍然停留在“事实问题”这一初级阶段。由于各种人为因素的阻挠，“真相”时刻牵动社会公众的心弦，被冠之以“不明真相”的“群众”，其实充满了焦灼感和不安感。如果事实都有可能被掩盖甚至篡改，那么无疑是对法治基石的巨大破坏，再一次印证了人治思潮或明或暗的“复辟”、“卷土重来”。从“七十码”案到“钱云会”案，从“躲猫猫死亡”

---

① 之所以不是确切的数字，是因为有的案件很难仅仅归类为刑事案件，或者可能涉嫌犯罪，但尚未或者并未进入刑事诉讼程序。

到“喝开水死亡”乃至形形色色、越来越离奇、匪夷所思的“非正常死法”，事实真相背后的权力身影，一次次影响乃至左右了事实的认定，更加强化了普通民众的不安全感和不信任感，某种程度上推升了一起简单刑事案件的社会关注度。

相较而言，美国的“影响性诉讼”已经逐步走出了“低级阶段”，“事实问题”一般不会成为公众纠结之处，因为严格的证据制度、严密的诉讼程序以及无处不在的媒体眼睛，让执法者时刻保持警醒，绝不敢在事实问题上做任何手脚。甚至在刑事案件中，对事实的认定权力已经“交”给了“陪审团”。律师和检察官可以想尽一切办法去“影响”陪审团的判断，却谁也不能保证可以“左右”陪审团。陪审团作为公民参与司法的一种特殊形式，某种程度上缓解了社会公众的忧虑感和不信任感。无论是“马锡五审判方式”为代表的人民司法理念还是具有西方文化背景的陪审团制度，对中国而言都有借鉴意义，因为需要解决的是同样的问题——司法的公信力。民众的关注仍然纠结于事实问题，本身已经说明了司法公信力的孱弱；进而言之，仅仅关注事实问题，忽视更为重要的法律问题，对于制度的完善和法治的进步，只有弊没有利。

第三，从案件出现的频率来看，仍然有较高的重复率。北京大学法学院姜明安教授曾将影响性诉讼的影响概括为五个方面，“第一，暴露和凸显了我国现有法律制度的某些缺陷；第二，引导人们对我国法律制度如何完善进行思考；第三，催生一些法律和制度的建立；第四，确立一些影响我国法制化进程的原则；第五，形成影响我们法律发展进程的法治理念”。如果影响性诉讼果真实现这五个方面的影响，理论上而言，类似案件不应该重复出现，至少不会高频率的重复出现。可现实是，“年年岁岁花相似，岁岁年年人不同”。比如说，关系公民言论自由和批评监督政府权力的案例，自彭州诗案、西峰公安进京抓记者案之后，仍然出现了“河南灵宝跨省抓捕网络发帖人”、“陕西渭南警方进京抓作家案”等一系列类似的案件。再比如说，监管场所非正常死亡的案例，从“躲猫猫”之后就层出不穷，发展出“喝开水死”（河南王广辉）、“秋衣自缢死”（河南赛车手刘建民）、抽搐死（河北方江伟）、“床上摔下死”（福州温龙辉）、“做噩梦死”（江西李文彦）、“睡姿不对死”（福建陈某）等几十起离奇死亡的案例。原因是什么呢？这些影响性案件发生后，只是引起了一时的媒体热议和民意高涨，却没有引发制度的检讨、修正和进步。是部门利益作祟，还是个人力量阻挠？是体制问题难以解决，还是机制问题不愿解决？我国是一个成文法国家，制度的完善主要体现在立法上，如新法的制定、旧法的修改乃至“恶法”的废止，相较而言，司法从宪制设计上只被赋予适用法律的职能和权力，不能直接地推动一项制度的建立或者修改。这种制度设计，固然保证了法制的统一，但在现实中却遇到了很大的困境。一是，不少案件同案不同判，司法掌握的标准不一，引发当事人的不满和民意对司法不公的反弹；二是，恶性案件层出不穷，像割韭菜一样，“一茬又一茬”，像野草一样，“野火烧不尽，春风吹又生”。因为司法只是解决了个案，并没有确定统一的司法裁量标准，也没有确立对类似案件的处理模式和防治办法，在立法尚未有动作之前，“影响性诉讼”的重复性出现，几乎成为必然。

美国等普通法国家实施判例法，最高法院的判例是下级法院必须遵循的，所确立的原则、标准等，往往为行政机关和立法机关充分尊重。因此，一个标杆性案件出现后，类似案件就不会再成为热点，因为已经有先例可循。只有在最高法院的司法理念或者意识形态因为法官的更替发生了重大转变时，有关判例才有被推翻的可能，导致相关原则和标准发生变化。但是，这样的先例发生的并不多，法官终身制以及司法的相对保守，决定了判例的稳定性。只有社会发生重大变迁，法官司法理念出现重大调整，加上合适案例的出现，才会有判例的变化，这也是制度新一轮的更新和相对的“进步”。我国虽然是成文法国家，但也有必要赋予司法机构一定的参与制度设计的权力。事实上，最高法院和最高检察院的“司法解释”，某种程度上已经在行使这项权力。从去年开始，“两高”相继推出了“指导性案例制度”，试图以此解决同案不同判的制度难题，但笔者更关注的是，这一制度能否解决影响性诉讼重复率过高的问题。期待这一制度的建立，逐步树立司法的权威以及民众对司法的信心，真正让影响性诉讼及时成为指导性案例，先在短期内避免恶性事件重复出现，再从长计议，推动立法的进步，保障相关制度进步的成果。

回顾“影响性诉讼”七年来走过的艰辛道路，我们看到了这个社会最无助和弱势的人群面对强权和不公时发自内心的坚强，看到了法律人与媒体人对法治这一共同理想的坚守，也看到了在中国这样一个存在浓厚的封建传统和人治思维的大国，仍然走在转型之路上，时快时慢，有时步履蹒跚，有时高歌猛进，但方向是明确的，历史的潮流浩浩荡荡，并非某个人或者某个组织所能左右。我们期待着，经历过“七年之痒”，“影响性诉讼”能够走出热闹的喧嚣，既与传媒密切合作，顺应“围观改变现实”的网络时代参政问政新潮流；又与炒作保持距离，时刻警惕非理性的民意形成多数人保证，挤压本就岌岌可危的司法权威的空间。我们期待着，“影响性诉讼”走进推进制度构建的新阶段，以开放包容的心态，以理性缜密的分析，以个案为契机但又不拘泥于个案，高扬公益的旗帜，积极鼓励和发动专业人士、民间组织的有序参与，将“影响性诉讼”转化为“指导性案例”和“立法”，从而真正推进法治的点滴进步并为其长远的发展奠定坚实的基础。

能动司法与公益诉讼

朱晓飞 *

在公益诉讼的发展史中，法院一直扮演着举足轻重的角色。考察不同国家和地区的经验，公益诉讼的演进与司法性质和功能的转变有着密不可分的关系：无论在何种法律文化背景下，法院在公益诉讼中均程度不一地体现出灵活应用法律和回应社会需求的特征。换言之，由于公益诉讼本身蕴涵的公共政策形成的性质，司法权不可避免会表现出一定程度的能动性。正因如此，人们常常将公益诉讼与司法能动主义联系在一起讨论。在我国，由于政治和法律体制的不同，司法理念及权力设置与西方诸国自不可相提并论。虽然存在着种种制度障碍，但实践中毕竟出现了一些可谓成功的公益案件，或是虽然败诉但得到法院受理的影响性案件，因此至少可以认为，在现有制度框架内，司法机关依然能够在公益诉讼领域有所作为。由于在我国的司法实践中，法院或法官的判决活动除了将法律作为正式的指引和依据外，司法政策亦是不可忽略的考量因素，因此有必要在能动司法的政策背景下思考公益诉讼的困境与前景问题。囿于篇幅和主题，本文无意介入应否提倡能动司法的争论，而只是将“能动司法”作为一种既定的政策背景加以接受，并以此为视角思考我国公益诉讼的应对之道。

在讨论问题之前，让我们先对能动司法和盛行日久的司法能动主义作出扼要的比较。西方公益诉讼的产生和发展及其导致的种种争论，与司法能动主义理念密不可分。对法院处理公益案件正当性和能力的质疑，始终是公益法实践者绕不过去的难题。一般认为，司法能动主义兴起于美国，其基本宗旨是法官应该审判案件而不是回避案件，应当通过法律解释回应社会现实情势而非拘泥于成文立法或先例，并且应广泛运用司法权力，尤其是通过扩大平等和个人自

* 朱晓飞，中华女子学院社会与法学院教师，北京东方公益法律援助律师事务所志愿者，法学博士。

由的手段去促进社会正义。在此过程中，法院常常运用司法审查等手段实现上述目标。虽然面临对其正当性的种种质疑，但司法能动主义的支持者坚持认为，这种司法理念实际上反对的只是刻板教条的法条主义，法官应当灵活运用法律解释行使广泛的司法救济权。至于能动司法的含义，在王胜俊大法官的讲话中得到了明确阐述：中国的能动司法就是“发挥司法的主观能动性，积极主动地为党和国家工作大局服务，为经济社会发展服务”，因此体现为服务型、主动型和高效型的司法。① 那么，如何认识司法能动主义和能动司法这二者的关系呢？我国法律界对此多有分歧。比如，一种看法认为，应当严格区分能动司法和司法能动主义，两者无论在理念还是实践上都有根本的区别。另一种看法则认为，司法能动主义应当被视为一种普遍适用意义上的司法哲学，对这个概念不应作单一固定化的理解，而应当结合不同国家的具体实践加以多元的划分或解释，能动司法只是其表现方式之一。本文大体赞同后一种思路，并以此来认识公益诉讼与司法能动主义理念之间内在的逻辑关联。在公益诉讼发展势头强劲的美国、印度等国家，司法能动主义虽然屡受指责和挫折，它依然称得上是公益诉讼产生和发展的理论基础之一。即使在司法形象相对保守的大陆法系国家，司法权的一定扩张也为公益诉讼的发展带来了更多机遇。因此，我们倾向于从广义上理解司法能动主义，即应当结合不同国家和地区的制度、经验和文化作出多元的理解和把握。

从这个角度看，能动司法与司法能动主义对于公益法实践者而言存在着较多的共通性。比如，它们均强调法官不拘泥于法条的灵活解释、司法判决的前瞻性和回应性、倡导法院在政治——社会生活中的积极角色、结合运用不同方式达到审判的综合效果，并以民众获致实质正义为最终依归等，这些与公益诉讼的策略和目标恰相契合。不过，这两者也有一些基本的差别。比如，从主要内容看，我国能动司法既有一定的创新性（如强调调解的常规化运用以及便民、利民），也有较大的保留（如不承认法官造法，也不倡导超越法律规定）；从实施基础上看，西方司法能动主义的正确实施是以司法独立性较强、全社会规则意识较为明确、法官职业化制度十分成熟为基本条件的，而中国显然难以满足这样的条件。② 从根本上来说，由于不具备权力分立和司法独立的制度背景，我国能动司法的含义和司法能动主义的普遍意蕴依然有一定距离，这是考

① 最高人民法院院长王胜俊2009年8月28日在江苏省高级人民法院调研座谈会上的讲话“坚持能动司法，切实服务大局”。

② 顾培东．能动司法若干问题研究．中国法学，2010（4）．

察和建构我国的公益诉讼事业不可忽视的前提。

转型时期司法功能定位的变化对我国公益诉讼的未来发展意味着什么，是否蕴涵着新的机遇抑或潜在的挑战？面对新的司法政策环境，公益律师应该做出什么样的策略调整呢？无论如何，公益诉讼所追求的是法庭政治而非街头政治，它坚持在现有制度允许的空间内借助法律途径推动制度的变革。因此，公益法实践者应当摒弃激进倾向，奉行一种有理想的现实主义逻辑。就此而言，当我们习惯以域外模式作为自身法律实践的参照时，必须格外留意公益法活动所得以展开的外围制度环境的变化。本文认为，在能动司法背景下思考公益诉讼的发展，需要注意以下几点：

首先，由于我国的能动司法并不具有司法审查的含义，而仅仅涉及司法机关的角色和司法功能的转变（也即不具有准立法的功能），因而“能动司法”政策并不能为公益诉讼创造足够的制度空间，乃至可能因为被误读而对后者的发展造成不利的影响。站在法院的立场看，暂不受理或驳回某类案件常常是由于司法自身力量和正当性不足，因此较为稳妥的选择是尽量避开政治风险，将自身仅仅视为推进政策目标、服务大局的手段。因此，公益律师在高扬理想旗帜的同时，必须把握住法院的心态和立场，将重点放在诸如消费者权益诉讼、环境公益诉讼等政治敏感度低的案件上，尤其应当借助于政府当局对环境公益诉讼的正面肯定大力推进相关实践，通过这些种类的案件逐步取得诉讼领域的全面成功。在充分认识司法力量局限的基础上，公益法实践者还应当努力发展多元化的公益法策略，与公益诉讼在相辅相成的过程中共同发展。

其次，将公益诉讼的发展与司法机关的工作现状及案例指导制度的背景结合起来考察，并采取对应的诉讼策略。在能动司法政策的激励下，当前各级法院更为积极地参与到社会矛盾化解当中。随着案件量的急剧上升，法院面临着案多人少的超负荷局面，从而可能会背离能动司法政策的初衷——法官疲于应付大量涌入法院的案件，而解决法律问题及创设规则的功能却受到了削弱。当然，这种矛盾在不同地区法院的表现是不一样的，对公益诉讼案件的影响也有所不同。在大中城市的法院，法官虽然有更多创新的意愿，但由于大中城市的案件量过多，他们往往没有时间和精力去受理公益诉讼案件；边远地区的法院案件量相对要少，但法官的创新意愿却往往并不强烈。这种矛盾局面客观上会导致如下的结果：当案件缺乏法律依据，或者受理与不受理均两可的情况下，法官多半会避免处理麻烦重重的公益诉讼案件。因此，在案例指导制度出台的背景下，公益诉讼需要大批量出现才能真正进入法院的视野。换言之，必须有足够多和分量足够大的公益案件出现，使得法官能有动力去受理这类案件，从而形成有指导意义的案例。从这个角度而言，公益律师的积极运作和法官能动地受理公益案件之间是存在着正相关关系的。这也为我国公益诉讼的发展提供了新的机遇。

最后，从能动司法政策产生的社会背景看，经济结构深刻调整、利益格局变动、矛盾纠纷日益激化使得司法需要突破传统的诉讼模式，改革和创新有效的司法机制以回应社会的复杂要求。如果将能动司法理解为司法机关更为积极主动回应社会的需求的话，那么积极满足民众对正义的诉求，应当成为我国当前司法改革的目标。就此而言，公益诉讼主张维护公共利益、扩大民众平等和自由的要求，也应是司法改革的题中之义。在公益法实践者与司法机关的互动过程中，司法机关将有可能在“能动司法”的口号下获得重要的权力扩张机会，公益诉讼也可以因此把握时机摆脱困境，获得新阶段的发展。

图书在版编目(CIP)数据

中国公益法论丛.第一卷/林莉红主编;张万洪执行主编.—武汉:武汉大学出版社,2012.5

ISBN 978-7-307-09683-7

Ⅰ.中… Ⅱ.①林… ②张… Ⅲ.①慈善事业—法律—中国—文集 ②法律援助—研究—中国—文集 Ⅳ.D922.182.04-53

中国版本图书馆 CIP 数据核字(2012)第054014号

责任编辑:辛 凯　　责任校对:刘 欣　　版式设计:马 佳

出版发行:武汉大学出版社 (430072 武昌 珞珈山)
(电子邮件:cbs22@whu.edu.cn 网址:www.wdp.whu.edu.cn)
印刷:湖北民政印刷厂
开本:720×1000 1/16　印张:19　字数:319千字　插页:1
版次:2012年5月第1版　2012年5月第1次印刷
ISBN 978-7-307-09683-7/D·1154　定价:36.00元